E21

Verlag Wissenschaft und Politik

Inhaltsverzeichnis

Geleitwort von Johann Baptist Gradl 7

Vorwort des Herausgebers 9

Vorwort des Verfassers und Lebenslauf 13

1. Kapitel
Volkssturm und Zusammenbruch 1944/45 15

2. Kapitel
Die Russen in Kleinmachnow 30

3. Kapitel
Eine neue Partei entsteht 47

4. Kapitel
CDU-Sieg in Kleinmachnow 66

5. Kapitel
Kampf um Selbstbehauptung und der Beginn der Gleichschaltung . . 82

6. Kapitel
Politischer Alltag 1947 100

7. Kapitel
Die Illusion 1948 119

8. Kapitel
1949: Der Kampf erweist sich als aussichtslos 138

9. Kapitel
Das bittere Ende 1950 163

Abkürzungsverzeichnis 184

Anmerkungen 186

Geleitwort

Die Lebenserinnerungen, die Peter Bloch niedergeschrieben hat, umfassen die Jahre 1945 bis 1950. Das ist jener erste Nachkriegsabschnitt, der in schlimmer Weise schicksalhaft war sowohl für die Menschen im sowjetischen Besatzungsbereich als auch für die gesamtdeutsche Entwicklung. In jenen Jahren wurde Deutschland gespalten und einem Teil Deutschlands nun zum zweiten Mal ein totalitäres System aufgezwungen. Herbeigeführt wurde beides durch die Sowjetmacht und die ihr verbundene kommunistische Partei. Es geschah gegen entschiedenen Widerstand der deutschen Demokraten. Die in Berlin neugegründete Christlich-Demokratische Union Deutschlands hat dabei unter der Führung von Andreas Hermes und nach seiner Absetzung unter Jakob Kaiser eine wesentliche Rolle gespielt.
Dies alles ist geschichtlich und politisch inzwischen dargestellt worden, gründlich und wissenschaftlich. Trotzdem haben die Aufzeichnungen von Peter Bloch eigene Bedeutung. Er war im Sommer 1945 unter dem Eindruck der Geschehnisse im wörtlichen Sinne zu einem Christdemokraten der ersten Stunde geworden und beteiligte sich sehr aktiv an den politischen Auseinandersetzungen an der Basis. Wie dies damals zuging im Pro und Kontra an der politischen Front, dies beschreibt er aus eigenem Erleben.
Die Verhältnisse wurden für ihn wie für alle, die auch unter sowjetischer Besetzung eine Demokratie nach deutschen Vorstellungen aufbauen wollten, zu der großen Herausforderung. Für Bloch bekam sie noch einen eigenen Akzent durch das Schicksal seines Wohnortes Kleinmachnow, das in jenen Jahren des noch relativ freien Verkehrs sozusagen offenes Grenzland zwischen Berlin und der Sowjetzone war. Die Nähe Berlins – die Bevölkerung hatte sich von jeher als zu Berlin gehörig verstanden, postalisch damals Berlin-Zehlendorf – vermittelte engere Verbindung mit den politischen Vorgängen und dem publizistischen Leben der Viermächtestadt und mit der Führung der CDU.
Die Peter Bloch bald zugefallenen Aufgaben in der CDU Potsdam-Brandenburg gaben ihm mit den Pflichten auch Einblick in die sowjetisch-kommunistischen Methoden draußen im Lande. Das unmittelbare Beteiligtsein auf mannigfache Art macht die niedergeschriebenen Erinnerungen von Peter

Bloch in besonderer Weise aufschlußreich und lesenswert. Er stellt aus eigenem Erleben jene Anfangsjahre sozusagen hautnah dar, bis hin zur Errichtung der DDR und zur kommunistischen Unterschlagung des Selbstbestimmungsrechtes 1950 mittels Einheitslisten.

Bloch selbst hatte noch nach der Krise des Dezember 1947 eine Zeitlang versucht, im Sinne des Gründungsaufrufes und der Kaiser-Linie mit den Gleichgesinnten weiter zu wirken. Die von den Sowjets abgesetzte legale CDU-Führung hatte nach ihrem zweiten Beginn Anfang 1948 von Berlin-West aus nicht etwa zum Parteiaustritt oder zur Flucht geraten, sondern im Gegenteil die CDU-Mitglieder gebeten auszuhalten, solange sie es angesichts der Bedrängnisse und Drohungen persönlich verantworten konnten. Peter Bloch hat das getan, bis es ihm mit der endgültigen Gleichschaltung der Parteiführung 1950 unmöglich wurde.

Die Aufzeichnungen von Peter Bloch sind persönliche und weit zurückreichende Erinnerungen. Sie sind keine Geschichtsschreibung im strengen Sinne. Ihr Wert und ihr Reiz liegen gerade in der Subjektivität und in der Unbefangenheit, in ihrem persönlichen Atem. Sie sind eben, wie der Verfasser selber sagt, »ein sehr persönlicher Lebensbericht«. Dies zeigt sich auch in seinen politischen Betrachtungen.

Diese oder jene Einzelheit ist problematisch. Zum Beispiel ist seine Ansicht, es habe nie eine CDU als *eine* Partei für ganz Deutschland gegeben, objektiv falsch. Sie war in Berlin als CDU Deutschlands gegründet, und die Gründung ist im Dezember 1945 in Godesberg auf dem ersten (provisorischen) Gesamtparteitag von den Westzonen übernommen worden. Die gleich danach gegründete CDU-Arbeitsgemeinschaft umfaßte alle Zonen. Erst nach den sowjetischen Eingriffen in die Partei löste sich die Verbindung zur nun gleichgeschalteten Parteiführung. Eben deshalb wurde aber in die organisatorische Zusammenfassung der CDU Deutschlands auf dem Parteitag in Goslar 1950 die CDU des Sowjetbereichs als Exil-CDU mit ihrer legalen Führung einbezogen. Aber solche Fehler und – sagen wir – Unebenheiten beeinträchtigen im Grunde nicht. Entscheidend ist: Das von Bloch gezeichnete Bild als Ganzes stimmt, so ging es damals zu.

Johann Baptist Gradl

Vorwort des Herausgebers

Der vorliegende Band gibt die Kapitel der Lebenserinnerungen von Dr. Peter Bloch wieder, die den Jahren 1945–1950 gewidmet sind. Ursprünglich in der Absicht geschrieben, den Enkelkindern aus seinem Leben zu berichten, werden sie nun doch einer breiteren Öffentlichkeit zugänglich gemacht.
Eher zufällig wurde mir die Existenz der Aufzeichnung bekannt. Im Zusammenhang mit einem von der Stiftung Volkswagenwerk finanzierten Forschungsprojekt zur Geschichte der CDU in der SBZ/DDR (1945–1961) befragte ich im Westen lebende ehemalige Funktionsträger der Partei nach ihren persönlichen Erinnerungen und Einschätzungen. So auch Peter Bloch, den ehemaligen stellvertretenden CDU-Landesvorsitzenden der Mark Brandenburg, in West-Berlin. Er hatte erfreulicherweise eine Vielzahl schriftlicher Unterlagen aus den ersten Nachkriegsjahren gesammelt und war gerade damit befaßt, gestützt auf diese Dokumente, die hier veröffentlichten Kapitel seiner Autobiographie zu Papier zu bringen. Im Sommer 1983, ein Jahr vor seinem Tode, waren die Arbeiten abgeschlossen.
Bei der Lektüre war rasch zu erkennen, daß Peter Blochs Erinnerungen nicht nur wegen ihrer lebendigen Sprache angenehm zu lesen sind, sondern auch zahlreiche Informationen mit zeitgeschichtlichem Quellenwert enthalten, die zu einem besseren Verständnis der politischen Entwicklung der SBZ/DDR beitragen können. Der Verfasser war dankenswerterweise bereit, dem DDR-Arbeitsbereich an der Universität Mannheim zu gestatten, diese Teile seiner Autobiographie zu publizieren, um sie so (auch) für die wissenschaftliche Forschung zugänglich zu machen.
Peter Bloch hat den Text nochmals durchgesehen und um wenige, seiner Meinung nach zu private Passagen gekürzt. Er fand auch noch die Zeit, ein Vorwort und einen kurzgefaßten Lebenslauf voranzustellen. Von seinem Angebot, weitere Kürzungen vorzunehmen, habe ich nur sehr zurückhaltend Gebrauch gemacht, um das Bild seiner Persönlichkeit so plastisch zu erhalten, wie es der Text vermittelt.
Kürzende Eingriffe verboten sich auch, da es sich hier um ein Genre der Zeitgeschichtsschreibung handelt, dem es naturgemäß nicht allein um historisch relevante Aussagen geht, sondern in erster Linie um die Rekonstruktion ei-

genen Erlebens: eine Darstellungsweise also, die ganz persönliche Sichtweisen wiedergibt, ohne Anspruch auf objektive Wissenschaftlichkeit oder Allgemeingültigkeit zu erheben.

Aus diesem Grunde wurde auch bewußt darauf verzichtet, für einzelne Passagen, die zum Widerspruch reizen könnten, eine ausführlichere Darstellung anzuregen. Dies betrifft etwa seine Aussagen zur Verbreitung antiamerikanischer Einstellungen unter Jugendlichen, zum Grad der politischen Abhängigkeit der DDR von ihrer ehemaligen Besatzungsmacht oder manche Ausführungen zur Wirtschafts- und Sozialpolitik sowie zur Gleichartigkeit von SED- und NSDAP-Herrschaft.

Auf ausdrücklichen Wunsch des Verfassers wurden dagegen offenkundig irrtümliche Tatsachenfeststellungen und Datenangaben – soweit überprüfbar – stillschweigend korrigiert bzw. in Fußnoten kommentiert.

Peter Bloch gehörte zu den wenigen Deutschen seiner Generation, die weder Angehörige noch zu irgendeinem Zeitpunkt Sympathisanten der NSDAP gewesen sind. Wie die überwältigende Mehrzahl der CDU-Mitglieder in der sowjetisch besetzten Zone war er früher parteilos. Auf der Führungsebene der Union gehörte er damit jedoch zu einer Minderheit. Hier dominierten (aus historisch naheliegenden Gründen) die ehemaligen Mitglieder des Zentrums oder einer der liberalen Parteien.

Den raschen Aufstieg in der Union bis hin zum Landtagsabgeordneten, stellvertretenden Landesvorsitzenden und Mitglied des Erweiterten Hauptvorstandes verdankte er in erster Linie seinem von starkem Idealismus geprägten Engagement für die Ziele der neuen Partei, seinen guten Kenntnissen in der Kultur- und Wirtschaftspolitik und schließlich seinen rhetorischen Fähigkeiten, die, wie man etwa den Landtagsprotokollen entnehmen kann, weitaus entwickelter waren, als es die eigenen Schilderungen manchmal vermuten lassen.

Zusätzlichen Reiz gewinnen diese Erinnerungen durch den Ort der Handlung: Kleinmachnow hatte zwar nur zwölftausend Einwohner, nahm aber in der Mark Brandenburg, bedingt durch seine Nähe zu Berlin und Potsdam, stets eine Sonderrolle ein. Es war eine beliebte Wohngegend bei den großstädtischen Mittelschichten und konnte zahlreiche Prominente aus Politik, Wissenschaft und Kultur zu seinen Einwohnern zählen. Nicht zuletzt aufgrund dieser Sozialstruktur erreichte die CDU hier bei den Kommunalwahlen im September 1946 mit 75 Prozent (Zonendurchschnitt: 19 Prozent) ihr vermutlich bestes Ergebnis. Kleinmachnow kam in der parteipolitischen Auseinandersetzung schon allein aufgrund dieser Tatsache besondere Bedeutung zu.

Peter Blochs Lebenserinnerungen verdeutlichen, wie schwer, wie (manchmal auch) gefahrvoll es sein konnte, eine von den Zielen der KPD/SED abweichende Politik offen zu vertreten. Sie belegen aber auch, daß eine solche

Haltung bis Ende der vierziger Jahre durchaus noch möglich war und die Übersiedlung in den Westen bzw. die völlige Anpassung an den Parteikurs nicht als einzige Alternativen offenstanden.

Ende 1949 hatte die Entwicklung zur Volksdemokratie in der DDR jedoch einen Stand erreicht, der Politikern mit westlich-parlamentarischem Demokratie- und explizit bürgerlichem Selbstverständnis wie Peter Bloch kaum noch Mitwirkungschancen ließ, sie im Gegenteil der Gefahr des Parteiausschlusses, der Maßregelung, im äußersten Falle auch der Inhaftierung aussetzte. So schwer es aus persönlichen Gründen auch fiel, Kleinmachnow für immer zu verlassen – an der politischen Notwendigkeit dieses Schrittes bestand für ihn kein Zweifel.

Hätte er sich, dem Beispiel anderer folgend, politisch angepaßt, so wäre in den späteren Jahren seine Berufung bis in Ämter und Funktionen auf den obersten Führungsebenen von Staat und Partei durchaus möglich, ja wahrscheinlich gewesen.

Es war – aus durchaus verschiedenen Gründen – im allgemeinen das politische Schicksal all jener CDU-Mitglieder, die erst nach der DDR-Gründung in den Westen gingen, keine vergleichbaren Positionen mehr erreichen zu können. So gesehen gehört Peter Bloch hier zu den Ausnahmen, und es dokumentiert seine politische Qualifikation, wenn er in den fünfziger Jahren immerhin Bürgermeister von Berlin-Steglitz werden konnte.

Siegfried Suckut

Vorwort des Verfassers und Lebenslauf

Dieses Buch ist ein sehr persönlicher Erlebnisbericht über die Tätigkeit eines CDU-Politikers in der sowjetisch besetzten Zone (SBZ) und der Deutschen Demokratischen Republik (DDR) und zugleich der Versuch einer Dokumentation über die politischen Vorgänge in Deutschland während der Jahre 1945–1950. Zum besseren Verständnis der politischen Vorgänge ab April 1945 muß der Bericht mit den Ereignissen im Herbst 1944 beginnen. Die persönliche Situation des Autors mag zuvor ein kurzer Lebenslauf verdeutlichen:
1900 geboren in Berlin. – Vater: Ludwig Bloch, Inhaber des 1845 vom Großvater Eduard Bloch gegründeten »Theater- und Laienspiel-Verlages Eduard Bloch«. – Mutter: Garimène, geb. Müller, aus einer traditionsreichen Militärarzt-Familie stammend. – Drei Geschwister: Werner, Erwin, Garimène.
1917 Notabitur am Friedrich Werderschen Gymnasium zu Berlin.
1918 als Fahnenjunker-Unteroffizier Teilnahme am 1. Weltkrieg.
1919–1922 Studium an der TH Charlottenburg und den Universitäten Berlin und Leipzig. Promotion zum Dr. rer. pol. – Lehrjahr beim Musikverlag Bote & Bock.
Eintritt in den väterlichen Verlag. 1925 Prokura.
1924 Eheschließung mit Charlotte Streckenbach, geb. 1901. Zwei Kinder: Horst Peter 1925, Rosmarie 1926.
1933 erste Schwierigkeiten für den Verlag, weil die Vorfahren des Vaters jüdischer Abstammung sind.
1935 nach den Nürnberger Gesetzen »jüdischer Mischling ersten Grades« (Kinder: jüdische Mischlinge zweiten Grades). –
Angebot der Reichskulturkammer (RKK): Anerkennung der Bewährung als Frontkämpfer des 1. Weltkrieges, Bereitschaft, dem Verlag eine jederzeit widerrufliche Sondergenehmigung zu erteilen, wenn Ludwig und Erwin Bloch ausscheiden. – Verkauf des Verlages an Dr. Peter Bloch. Dennoch Boykott des Verlages durch die Organisationen der NSDAP. 1936 Umzug des Verlages nach Berlin-Schöneberg und Gründung einer Kunstgewerbe-Abteilung, die der RKK nicht untersteht.

1938 Umzug der Familie in ein Einfamilienhaus in Kleinmachnow, Landkreis Teltow, Regierungsbezirk Potsdam, Wolfswerder 46.
1939 Widerruf der Sondergenehmigung für den Verlag durch die RKK und Anweisung, den Verlag zum 1. April 1940 zu verkaufen.
Einberufung zur Wehrmacht als Unteroffizier.
1940 Beförderung zum Feldwebel und Teilnahme am Frankreich-Feldzug. – Entlassung wegen »Wehrunwürdigkeit«. Rückkehr nach Kleinmachnow.
1943 Existenz durch Kunstgewerbe-Verkauf. – April: Inanspruchnahme des Ladens für ausgebombte kriegswichtige Betriebe. – August: Schließung des Verlages zur »totalen Mobilmachung aller Kräfte für den Krieg«. – September: Kriegsdienst-Verpflichtung aller Mitarbeiter.
1944 Untertauchen bei der »Abwehr«, um der OT (Organisation Todt) zu entgehen.
1945 Einberufung zum Volkssturm.

Nach den im Buch geschilderten Ereignissen:

1950 Erteilung der Verlagslizenz für den in Berlin-Schöneberg im amerikanischen Sektor gelegenen Laienspielverlag (1945–1950 wegen politischer Tätigkeit in der SBZ und DDR verweigert). – Wiederaufbau des Verlages.
1956 Kulturreferent im »Berliner Büro für gesamtdeutsche Fragen«.
1959 Wahl zum Bürgermeister und Stadtrat für Volksbildung des Berliner Bezirkes Steglitz.
1965 Ausscheiden aus dem öffentlichen Dienst. – Übernahme von Ehrenämtern: Vizepräsident des Landesverbandes Berlin des Deutschen Roten Kreuzes – Generalsekretär der »Gesellschaft für Erdkunde zu Berlin« – Vorsitzender des Kuratoriums eines Altenwohnheimes der evangelischen Kirche, Kirchenkreis Zehlendorf.
1975 Privatmann – Aufzeichnungen der Lebenserinnerungen.
[Peter Bloch starb am 20. Juli 1984, kurz nach der »diamantenen Hochzeit«.]

1. Kapitel

Volkssturm und Zusammenbruch 1944/45

Herbst 1944: Die Zeit der Siegesfanfaren war vorbei. Nur hoffnungslose Idealisten glaubten noch an den »Endsieg«. Unsere Familie war wie durch ein Wunder – zwar seelisch schwer belastet, aber körperlich unversehrt – durch die gefahrenschwangere Zeit gekommen: Lotte, meine Frau, nähte Zehntausende von Kartuschbeuteln, die ich zum Heereszeugamt in Spandau schleppte, unser Sohn Horst war als Soldat in Liegnitz, unsere Tochter Rosmarie ging in Kleinmachnow zur Schule. – Mein Bruder Werner – als Studienrat entlassen – arbeitete in einer kleinen Elektrofabrik. Sein Sohn und sein Schwiegersohn waren bei der Wehrmacht, seine Tochter Lieselotte lebte mit ihrer dreijährigen Tochter bei Verwandten in Pommern (Mütter mit kleinen Kindern waren aus Berlin evakuiert worden). Seine Schwiegertochter Anita war dienstverpflichtet und arbeitete im Reichsluftfahrt-Ministerium.
Von meinem Bruder Erwin und seiner Frau, die in London im Exil waren, hatten wir keinerlei Nachricht.
Meine Schwester Gary allerdings war verhaftet und in ein Arbeitslager bei Kassel gebracht worden, weil Westfalen zum Grenzrandgebiet erklärt worden war und Nichtarier dort nicht geduldet wurden. Mein Schwager Friedrich Carl, der wegen seiner nichtarischen Frau als »wehrunwürdig« aus der Wehrmacht entlassen worden war, versorgte sie per Fahrrad mit Lebensmitteln. – Ihre beiden Töchter haben wir für mehrere Monate bei uns in Kleinmachnow aufgenommen, um sie aus der Gefahrenzone zu holen.
Ich selbst fuhr jeden Tag in die Diensträume einer Nebenstelle der »Abwehr«, wo ich eine völlig sinnlose Arbeit zu leisten hatte: Ich übersetzte Artikel aus französischen und englischen Zeitschriften, die sonst natürlich in Nazi-Deutschland nicht zu haben waren, ins Deutsche. Angeblich sollten sie an wichtige Persönlichkeiten versandt werden, sind aber nie aus meiner Schreibtisch-Schublade hinausgekommen. – Ich war im Mai 1944 von einem Freund, der im Wehrkreiskommando Stettin arbeitete, gewarnt worden. Alle Karteikarten von ehemaligen Angehörigen der Wehrmacht, die wegen »Wehrunwürdigkeit« entlassen worden waren, mußten der »Organisation Todt« (OT) überstellt werden. Ich hatte das Glück, durch die Hilfe guter Freunde Unterschlupf bei der Nebenstelle der »Abwehr« zu finden. Ich be-

saß daher ein Arbeitsbuch, in dem als Arbeitgeber eine Feldpostnummer angegeben war. Mit seiner Hilfe gelang es mir, drei Anforderungen des Arbeitsamtes Teltow, mich »innerhalb von 24 Stunden mit einer Decke und Verpflegung für 24 Stunden zu melden«, abzuwehren.
Am 25. September 1944 wurden in Deutschland durch Gesetz alle waffenfähigen Männer zwischen 16 und 60 Jahren zum »Deutschen Volkssturm« einberufen, dessen Aufbau und Leitung den Gauleitern übertragen wurden. Militärisch war er Heinrich Himmler, dem Oberbefehlshaber des Ersatzheeres, organisatorisch dem Reichsminister Martin Bormann unterstellt.
Mein erster Gedanke beim Lesen der Veröffentlichung war natürlich wie immer: Sicher wird der Arierparagraph eine Rolle spielen und für mich eine neue Gefährdung mit sich bringen. Ich wollte gefährlichen Fragen vorbeugen, faßte mir ein Herz, ging zu dem Kleinmachnower Ortsgruppenleiter der NSDAP, einem Herrn von Dulong, und fragte, ob die Beteiligung beim Volkssturm freiwillig sei oder Zwang. Ich sei bei einer Abwehrdienststelle tätig und daher kaum abkömmlich. Herr von Dulong war zwar in der Sache recht höflich, ließ aber keinen Zweifel über seine Einstellung. Natürlich würde niemand gezwungen, aber ich sollte mir die Sache doch lieber noch einmal überlegen.
Ich wußte, woran ich war.
Am 18. Oktober 1944 erfolgte die offizielle Einberufung der durch das Gesetz erfaßten »wehrfähigen Männer«. Es war ein schöner sonniger Herbsttag. Wir beobachteten durch die Gardine, wie unser zuständiger »Blockwalter«, ein freundlicher Mann, der niemals jemandem etwas zuleide getan hat, aber später von den Russen verschleppt wurde und nicht wiedergekommen ist, mit einer Liste in der Hand die Straße entlang kam. Vor einigen Häusern blieb er stehen und ging hinein. Vor unserem Haus blieb er auch stehen, sah in seine Liste und ging dann weiter. »Aha!« dachten wir, »er weiß Bescheid, er kommt gar nicht erst rein.« – Ich wollte Gewißheit haben und schlenderte hinaus auf die Straße, tat so, als ob ich den Blockwalter gar nicht sähe, und blickte zum Himmel in die schöne Herbstsonne hinauf. – Da kam der Blockwalter eilfertig zurückgelaufen und sagte: »Herr Dr. Bloch, ich bin wegen des Volkssturms unterwegs. Zu Ihnen bin ich gar nicht erst hineingegangen. Wir wissen ja, daß Sie Feldwebel bei der Infanterie waren, und haben Sie zum Zugführer im Volkssturm gemacht.« – Tableau! Ich mußte erst mal tief Luft holen!
Bereits am 21. Oktober 1944 erhielt ich vom »Kreisleiter als Vorsitzendem der Kommission für den totalen Kriegseinsatz« eine »kurzfristige Einberufung zu einem Wochenendlehrgang der Wehrmacht zur Überprüfung Ihrer militärischen Eignung als Unterführer für den Deutschen Volkssturm« für den 27. Oktober nach Wünsdorf, Schule für Heeres-mot. Ich hatte mitzubringen: Bekleidung und Ausrüstung. Die Wehrmacht stellte Kaffee und

Eintopf. Dafür hatte ich abzugeben: 50 g Fleischmarken und 75 g Nährmittelmarken.

An diesen Kurzlehrgang habe ich keinerlei Erinnerung mehr. Ich muß ihn aber wohl mitgemacht haben, denn unter der Einberufung stand: »Sie haben dieser Einberufung unbedingt Folge zu leisten.« – Außerdem besitze ich ein »Merkblatt für den Volkssturmsoldaten« vom 25. Oktober 1944, das auf dem Lehrgang ausgegeben wurde. Der Wortlaut ist so bezeichnend für die Zeit, daß ich ihn wenigstens auszugsweise zitieren möchte: »Volkssturmsoldat! In schwerer Stunde hat Dich der Führer gerufen, und mit Dir haben Millionen Deutscher Männer – ein ganzes Volk – das Gewehr in die Hand genommen. Ein teuflischer Feind steht an Deutschlands Grenzen und will *Deine* Familie, *Deinen* Besitz und *Dein* Leben vernichten. Es gibt nur noch Sieg oder Tod. Halte Dir dieses immer vor Augen! – In jeder Stunde, wenn die Anstrengungen zu hart sind, daß Du zu erliegen drohst, denke daran: die Augen Deines Kindes, Deiner Mutter – die ganze Deutsche Heimat sieht auf Dich und erwartet von Dir den Kampf bis zur Hingabe Deiner Kraft und Deiner Person.« – Der Aufruf schloß: »Der Vernichtungsdrang des Feindes stellt Dich vor die Frage: »Du oder er? Dann also er! Es lebe der Führer! Es lebe unser Deutsches Vaterland.«

Bereits Anfang November 1944 wurde die erste Übung des »1. Bataillons (Teltow) des Volkssturms 1. Aufgebot« angesetzt. Ich erhielt einen »Einberufungsbefehl« vom 27. Oktober für eine Übung vom 3. bis 7. November nach Nudow, einem kleinen Dorf am Rande des Nuthetales in der Nähe von Saarmund. Dem Einberufungsbefehl lag ein Aufruf »An die Herren Betriebsführer« bei, in dem auf die Einmaligkeit dieser Maßnahme zum Zwecke der »Zusammenziehung aller Volkssturmmänner des 1. Aufgebotes« hingewiesen und ersucht wurde, diese Einberufung im Sinne einer »kurzfristigen Notdienstverpflichtung« anzusehen. – Für mich war die Übung als »Kurzlehrgang für Unterführer« bezeichnet.

Diese Übung war wirklich ein »einmaliges Erlebnis«, aber vielleicht nicht ganz im Sinne der Einberufer. – Ich erhielt ein weiteres Schreiben, in dem mir vom Ortsgruppenleiter von Dulong als »Ortsgruppenbefehl« mitgeteilt wurde, daß »unsere Unterführer« mit einem Autobus nach Nudow gebracht würden.

Lotte begleitete mich besorgt und zähneknirschend zur Abfahrtsstelle und fuhr mein Gepäck mit dem Handwagen hinter mir her. Der Herr Ortsgruppenleiter war persönlich erschienen und hielt vor der Abfahrt eine markige Ansprache, in der er »die besten Männer unserer Gemeinde« lobend hervorhob.

Wir Unterführer trafen schon am Nachmittag in Nudow ein und machten Quartier. Bis zum Abend sammelten sich die Volkssturmmänner, darunter mein Nachbar Paul Oestergaard, alle voller Unlust mit höchst verdrießli-

chen, mürrischen Gesichtern. Wir waren in einer Baracke in Feldbetten, immer zu zwölft in einem Raum, untergebracht. Der Abend verlief recht gedrückt. – Am nächsten Morgen wurden die Züge eingeteilt, und ich sah zum erstenmal »meinen« Zug. Ich ließ antreten, abzählen und mit Gruppen zum Marsch ins Gelände schwenken. Auf mein Kommando »Ohne Tritt« kam der Gruppenführer der 1. Gruppe – nach alter preußischer Ordnung – nach vorn zu mir, der ich allein vor dem Zuge ging, die anderen drei Gruppenführer schlossen am Ende die Kolonne ab. Der Kolonnenführer an meiner Seite war wohlbeleibt und trug einen schicken hellbraunen Ledermantel. Er hieß Ernst Lemmer. Ich erkannte aber in ihm zunächst nicht meinen alten Freund wieder, den ich 1930 auf einem Fest im Hause von gemeinsamen Bekannten kennengelernt hatte.
Mein Zug hatte die Aufgabe, eine etwas sumpfige Niederung gegen einen anderen Zug des Bataillons zu verteidigen. Wir hatten weder Waffen noch irgendeine militärische Anweisung oder Leitung. Wir waren uns selbst überlassen. – Ich erinnerte mich sofort an meine Erfahrungen aus der Zeit meiner jugendbewegten Geländespiele und zog die »Übung« genauso auf, wie ich es 20 Jahre früher mit den Jungen meiner Gruppe getan hätte. – Der Erfolg war verblüffend: Aus den mürrischen, widerborstigen älteren Herren wurden im Handumdrehen vergnügte Jungen, die das Spiel begeistert mitmachten. Der sonst sehr zurückhaltende Herr Oestergaard lag auf »Vorposten« hinter einem Busch und sprang dem Führer des anderen Zuges an den Hals, um ihn »gefangenzunehmen«. – Kurz: Die Stimmung schlug völlig um.
Als wir am späten Nachmittag wieder ins Quartier einrückten, fanden wir die Nachricht vor, daß die »Herren Betriebsführer« einen geharnischten Protest gegen die Entziehung so vieler Arbeitskräfte für fünf Tage bei den entsprechenden Dienststellen losgelassen hatten mit dem Erfolg, daß die Übung umgehend abgebrochen wurde. Wir bekamen noch ein Abendbrot, dann rückten Autobusse an, um uns nach Kleinmachnow zurückzufahren. – Aber die vergnügte Schar wollte noch nicht auseinandergehen, und wir beschlossen – wie weiland die Wandervögel –, lieber durch die milde Herbstnacht nach Hause zu laufen. Es war ein Weg von etwa zehn Kilometern! – Und was taten wir auf dem Marsch durch die märkischen Wälder? Wir sangen! – Und was sangen wir? Ein Landsknechtlied nach dem anderen! Wie vor 20 Jahren in der Bündischen Jugend!
Ich ging neben Ernst Lemmer und sagte zu ihm: »Ich kannte mal früher einen demokratischen Reichstagsabgeordneten...« Lemmer sah sich besorgt nach allen Seiten um, ob jemand etwas gehört hätte, und legte den Finger auf den Mund. Ich sagte: »Aber dann kennen wir uns doch schon lange. Wissen Sie noch...?« Lemmer hatte mich auch nicht wiedererkannt – in 15 Jahren verändert man sich immerhin –, erinnerte sich natürlich auch sofort an die fröhlichen Stunden, die wir mit unseren Frauen gemeinsam verlebt hatten. Wir

erneuerten unsere Bekanntschaft und besuchten uns in den letzten Kriegsmonaten öfter. Ernst Lemmer wurde nach dem Kriege mein politischer Mentor, und uns verband eine Freundschaft, die bis zu seinem Tode im Jahre 1970 hielt. Vorausgreifend möchte ich an dieser Stelle noch etwas über Ernst Lemmer berichten: Ich hatte ihn auf seinen Wunsch vom Dienst im Volkssturm befreit und machte das auf die Weise, daß ich ihn zu meinem »Adjutanten« ernannte.
Im März 1945 bat mich Lemmer zu einer Besprechung in sein Haus. Er teilte mir mit, daß er mit zwei befreundeten Kleinmachnower Bürgern, die er aus seiner früheren politischen Tätigkeit kenne, vereinbart habe, auf alle Fälle zu verhindern, daß Kleinmachnow verteidigt würde. Sie hätten sich zu einem »Dreierausschuß«[1] zusammengeschlossen, dem er als Demokrat, der frühere Landrat von Bitterfeld, Stammer, als Sozialdemokrat und Ernst Schellenberg – der spätere Bundestagsabgeordnete der SPD – als Kommunist angehörten. Sie wollten im entscheidenden Augenblick Kleinmachnow den Russen kampflos übergeben. Da die Gefahr bestünde, daß es dabei zu Zusammenstößen mit den Nazis käme, müßte ich mit meinem Volkssturmzug gegebenenfalls den »Dreierausschuß« militärisch abschirmen. – Ich war sofort einverstanden und überzeugt, daß meine Männer es auch sein würden. Wir haben Einzelheiten des etwaigen Vorgehens besprochen – aber gottlob kam es nicht dazu.
Zurück zu der Volkssturmübung. Wir zogen also singend durch den Wald, und die Kleinmachnower Ehefrauen, die müde und verbitterte Männer zurückerwartet hatten, staunten nicht wenig, als sie von weit her lauten Gesang hörten und höchst vergnügte und aufgekratzte Ehemänner in Empfang nahmen.
Kurze Zeit danach erhielt ich eine Liste der etwa 90 Mitglieder meines Zuges, wovon rund die Hälfte sehr bald Bescheinigungen ihrer Arbeitgeber beibrachten, daß sie »unabkömmlich« seien. Ich konnte also mit etwa 45 einsatzfähigen Männern rechnen. Unter diesen befand sich ein Erich Joseph, Oberleutnant im 1. Weltkrieg, hinter dessen Namen mit Ausrufezeichen stand: »Halbjude!« – Ich machte Herrn Joseph zum Gruppenführer und hatte einen zuverlässigen Kumpel in ihm.
In der Folgezeit war ich als »Zugführer« mir selbst überlassen, d. h., ich bekam weder Anweisungen noch Unterstützung von der Kompanie, die in Kleinmachnow stationiert war und aus drei Zügen bestand, oder vom Bataillon, das den Kreis Teltow umfaßte. Einmal im Monat fand allerdings ein Sonntagvormittags-Appell statt, bei dem sich der »Kompanie-Spieß«, ein ebenfalls in Kleinmachnow im Wolfswerder wohnender Parteigenosse, als Scharfmacher und Angeber produzierte, während sich der »Kompanieführer«, ein ängstlicher Postbeamter, im Hintergrund hielt. Einige politische Aufrufe wurden verlesen, das war alles.

Ich überlegte mir nun, wie ich mich verhalten sollte. Ich konnte ebensowenig tun, wie offenbar anderswo geschah, aber ich konnte versuchen, meinen Leuten für den Ernstfall einige Lehren mit auf den Weg zu geben, die ich als Soldat gelernt hatte, in erster Linie: wie man sich am besten deckt. Außerdem wollte ich, daß sie mit den Waffen, die sie vielleicht einmal in die Hand gedrückt bekommen würden, umgehen könnten. Und zum dritten wollte ich den Zug einsatzbereit in der Hand haben, d. h., ihn in kürzester Frist alarmieren können.
Um mit dem letzten zu beginnen: Ich arbeitete nach Wohnlage und Telefon ein Schneeballsystem aus. Ich selbst hatte drei in der Nähe wohnende Männer zu benachrichtigen, jeder von diesen Dreien wiederum drei oder vier, und mit der dritten Ebene erfaßte ich schon den ganzen Zug. Probealarme zeigten, daß die Sache tadellos klappte, und es machte Spaß zu überprüfen, welche Gruppe am schnellsten und am vollzähligsten in meinem Haus versammelt war.
Einmal allerdings erschien bei einem Probealarm ein Drittel des Zuges nicht. Sofort angestellte Nachforschungen ergaben, daß einer der Gruppenführer leider gerade betrunken und nicht in der Lage war, die Alarmierung weiterzuleiten. Damals war das Vorkommnis ein viel belachter Spaß. Jahre später aber sollte mir die Vorliebe dieses Mannes für den Alkohol noch große Schwierigkeiten bereiten. Für meine anderen beiden Absichten setzte ich jeden Sonntagvormittag eine Übung auf der Heide, direkt hinter meinem Hause, an, zu der kam, wer Zeit hatte. Damit sich niemand die »Klamotten« schmutzig machen mußte, brachte ich zwei Decken mit, auf die sich die Männer legen konnten, wenn sie »Hinlegen!« oder »Volle Deckung!« übten. – Außerdem begab ich mich in die Höhle des Löwen, nämlich zur SS-Leibstandarte in Lichterfelde, erzählte von meinem Plan, die Volkssturmmänner an der Waffe auszubilden, fand höchste Anerkennung und bekam für die sonntäglichen Übungen Karabiner, ein leichtes MG und Übungshandgranaten zur Verfügung gestellt. Jetzt hatten die Übungen Hand und Fuß, und es sprach sich herum, daß wenigstens ein Zug seine Aufgabe ernst nahm.
Um nicht mißverstanden zu werden: Ich war nicht militant, sondern ich wollte vermeiden, daß die mir anvertrauten Männer – falls es je soweit kommen sollte – ohne jede Sachkenntnis eingesetzt würden. Was ich von den weiteren Ereignissen zu berichten habe, wird nachweisen, daß ich keinesfalls »kriegsspiellüstern« war! – Eines Tages bekamen wir sogar Besuch von einem »Volkssturmgeneral«, der von meiner Arbeit gehört hatte und sich ganz entzückt von der Ausbildung an der Waffe zeigte. Er vergaß dabei nur, daß der Volkssturm über keinerlei Waffen, ja nicht einmal über Uniformen, Ausweise und Armbinden verfügte. Wir wären im Ernstfall von den Russen nach dem Völkerrecht als Partisanen behandelt worden. Eine besondere Note bekamen unsere Übungen durch Lotte, die sich jeden Sonntag als »Marketen-

derin« betätigte. Gegen elf Uhr erschien sie mit einer Kanne voll heißem Tee, mit Tassen und Zucker. Dann machten wir Pause und wärmten uns auf. So machten wir das Beste aus der unerwünschten Situation und wurden zu guten Kameraden.

In diesem letzten Vierteljahr 1944 habe ich auf Lottes Drängen einen Teil meiner Verlagsvorräte – und zwar die wertvollsten Werke – aus Berlin-Schöneberg nach Kleinmachnow verlagert. Die Laienspiele waren je nach Umfang zu 25 oder 30 Stück in Paketen verpackt, die sich handlich stapeln ließen. Ich beauftragte eine Speditionsfirma in Schöneberg mit dem Transport. Das Transportmittel war ein offener Wagen, der von zwei müden Pferden gezogen wurde. Der Kutscher war ein französischer Zwangsarbeiter. – Er zokkelte an einem schönen Herbsttag von Schöneberg bis raus nach Kleinmachnow. In Zehlendorf geriet der Franzose in einen Tagesangriff der Engländer. Er hielt mit seinem Wagen am Gartenzaun eines Einfamilienhauses und legte sich dicht an dem Zaun auf die Erde. Der Luftdruck einer in der Nähe eingeschlagenen Bombe warf ihn in den Garten und drückte den Wagen an den Rand der Straße. Den Pferden passierte nichts, und der Franzose konnte nach der Entwarnung unbehindert bis zum Wolfswerder fahren. – Dort stapelten wir die Pakete an einer Längswand der Garage in fünf Reihen hintereinander übermannshoch. Diese Maßnahme sollte sich noch als sehr nützlich erweisen.

Kurz darauf starteten wir eine private »Aktion Eichhörnchen«. Wir trugen alle Lebensmittel, die wir ersparen oder schwarz kaufen konnten oder die uns von Lottes schlesischen Verwandten geschickt wurden, zusammen. Dann nahmen wir an einer Stelle die Pakete, in denen sich die Verlagswerke befanden, heraus und stapelten die Lebensmittel an der Wand. Dann bauten wir vier Reihen von Paketen wieder ordentlich auf. So war nichts von unseren Vorräten zu sehen. – Als später die Russen auch die Garage durchwühlten, haben sie niemals mehr als drei Reihen von Paketen herausgerissen. Unsere Lebensmittel haben sie nicht gefunden.

So neigte sich das Jahr 1944 seinem Ende zu. Die großen Flüchtlingstrecks begannen, bei denen Hunderttausende elend zugrunde gehen sollten. Der Führer und Reichskanzler verlegte sein Hauptquartier von der »Wolfsschanze« in Ostpreußen in die Reichskanzlei nach Berlin. – Die deutsche Heeresgruppe Süd räumte Ungarn, die deutschen Gebirgsjäger Finnland. – Am 3. Dezember durchbrachen die Amerikaner den deutschen Westwall bei Saarlouis. – Das Konzentrationslager Theresienstadt war im Oktober geräumt und die dort untergebrachten »Elitehäftlinge« nach Auschwitz verlegt worden.

Weihnachten 1944 saßen Lotte und ich zum erstenmal seit 1925 allein zu Hause, denn Rosmarie hatte uns inzwischen verlassen müssen. Im September 1944 hatte sie ihr Abiturzeugnis ohne Prüfung erhalten, um zu Erntearbeiten eingesetzt werden zu können. Der Volksmund nannte das ein »Kartoffelabitur«. Sie kam auf einen Bauernhof im Kreise Teltow und mußte hauptsächlich in einem Laden bedienen. – Im November 1944 wurde sie zum Arbeitsdienst herangezogen und kam nach Zinnitz im Kreise Calau in das Lager 4/274. Sie hatte es dort sehr schlecht. – Im Januar 1945 wurde sie kriegsdienstverpflichtet und in das Lager Vetschau im Spreewald versetzt, wo sie hauptsächlich mit zwangsverschleppten Kumpeln zusammenarbeitete, mit denen sie sich gut vertrug.

Horst war im November 1943 zur Rekrutenausbildung nach Dänemark versetzt worden. Er wurde zum Gefreiten befördert und zu einem »Offiziers-Ausbildungs-Lehrgang« geschickt. – Im November 1944 kam er an die Front und wurde als Führer eines Schützenpanzerwagens in der Gegend von Metz eingesetzt, aber bereits am zweiten Tage durch amerikanische Granatwerfer verwundet. Er wurde unter dauernden Tieffliegerangriffen zum Hauptverbandsplatz St.-Avold gebracht und dort operiert. – Wir bekamen einen an Horst gerichteten Brief zurück mit dem damals so häufigen Vermerk: »Vermißt – weitere Nachrichten abwarten«. Üblicherweise kam das einer Todesnachricht gleich, und wir waren entsprechend verzweifelt. Glücklicherweise kam bereits am nächsten Tage eine Postkarte von ihm aus einem Lazarett in Tübingen.

Das verhängnisvolle Jahr 1945 begann.

Am 1. Januar versuchte die deutsche Luftwaffe einen Großangriff auf alliierte Flugplätze, verlor dabei 35 Prozent ihres einsatzfähigen Bestandes und hörte damit praktisch auf zu bestehen. – Am 3. Januar brach die unter Generalfeldmarschall Model am 16. Dezember mit starken Kräften begonnene Ardennen-Offensive zusammen.

Am 23. Januar 1945 standen die Russen vor Küstrin, am 26. Januar schnitten sie mit einem Keilstoß durch Hinterpommern ganz Ostpreußen ab, am 31. Januar wurde Königsberg, am 18. Februar 1945 Breslau eingeschlossen. – Am 7. März erzwangen die Amerikaner bei Remagen den Rheinübergang. – Am 24. März überschritten die Engländer den Rhein bei Wesel, besetzten das Emsland und kesselten die deutschen Besatzungstruppen in Holland ein. Die deutsche Erwiderung bestand darin, daß am 12. Februar 1945 Frauen zum Hilfsdienst für den Volkssturm aufgeboten und mit dem Bau von Panzersperren beschäftigt wurden, daß am 5. März der Jahrgang 1929 eingezogen wurde und Kinder als Flakhelfer tätig sein mußten und daß am 2. April der sagenumwitterte »Werwolf« ins Leben gerufen wurde. – Ende Februar waren die Lebensmittelrationen um 11 Prozent gekürzt worden, und am 15. März erließ Hitler den Befehl »Verbrannte Erde«, der besagte, daß alle militärischen Verkehrs-, Nachrichten-, Industrie- und Versorgungsanlagen beim Heranrücken der feindlichen Armee vernichtet werden sollten. Das Volk nannte diesen Befehl den »Nero-Erlaß«.

Gottlob wurde er kaum befolgt.

Am 1. April 1945 gab Hitler General Wenck den Befehl, eine neue Armee zur Rettung Berlins aufzustellen. Mit dieser gerüchteumwitterten Armee habe ich meine eigenen Erfahrungen gemacht. Am 16. April befahl Hitler General Wenck, die Amerikaner anzugreifen. Die Armee konnte bis Uelzen vorstoßen und den amerikanischen Brückenkopf östlich der Elbe bei Magdeburg und Wittenberge zerschlagen. Aber schon am nächsten Tage brach der Angriff im Raum Bitterfeld-Dessau zusammen.
Am 16. April begann für Berlin der Anfang vom Ende: Die Rote Armee überschritt bei Küstrin und Frankfurt die Oder und griff die im Oderbruch zwischen Seelow – Wrietzen – Neuhardenberg errichtete »Hardenberg-Stellung« an, die von der 9. Armee verteidigt werden sollte. Die Stellung wurde durchbrochen, und die Russen erreichten am 21. April den Reichsautobahnring um Berlin, eroberten Bernau und Königs Wusterhausen und stießen in die östlichen und nördlichen Berliner Vororte Lichtenberg, Frohnau und Niederschöneweide vor. – Hitler erklärte den Krieg für verloren und kündigte seine Absicht an, sich in der Reichskanzlei zu erschießen. – Die Berliner Stadt- und Vorortbahn diente nur noch dem Truppentransport. Die U-Bahn stellte den Verkehr ein. Die letzten deutschen Reichsbehörden verließen Berlin. Goebbels wurde »Reichsverteidigungskommissar und Beauftragter für den totalen Krieg« und rief die Bevölkerung zum erbitterten Widerstand auf. Eine »Frontzeitung« als Kampfblatt für die Verteidigung Groß-Berlins, »Der Panzerbär«, wurde verteilt, da alle Berliner Zeitungen ihr Erscheinen eingestellt hatten. – Die Gerüchte blühten.
Zurück zu mir, der ich immer noch einen Volkssturmzug führte. Mitte März bekam ich ein Furunkel im Rücken – vermutlich eine Folge der Ernährung –, das mir sehr zu schaffen machte. Anfang April wurde mein Zustand immer schlimmer. Ich hatte starke Schmerzen und konnte weder liegen noch sitzen, noch stehen. Es hatte sich inzwischen eine tellergroße, blaurote harte Geschwulst entwickelt. Ich kam sofort ins Hubertus-Krankenhaus, weil die Gefahr einer Sepsis bestand, und wurde am nächsten Morgen operiert. Die Operation dauerte eine Dreiviertelstunde, und ich bekam ein ganz schönes Loch in den Rücken geschnitten. Man sieht es noch heute. – Bereits am ersten Abend im Krankenhaus gab es Fliegeralarm. Ich wurde auf einer Trage in den Luftschutzkeller gebracht und in einer Ecke abgestellt. Es war ziemlich scheußlich. Nach einer Woche wurde ich entlassen. – Natürlich war ich noch Rekonvaleszent, und der Professor gab mir ein Attest mit, daß ich für das erste Aufgebot des Volkssturms nicht mehr tauglich sei. Ich wurde in das zweite Aufgebot versetzt.
Bei meiner Rückkehr nach Kleinmachnow stellte sich heraus, daß der Karbunkel mir das Leben gerettet hatte. Denn die Russen begannen am 21. April 1945, Berlin nicht nur von Osten her frontal anzugreifen, sondern die Stadt auch im Norden und Süden zu umzingeln. Das erste Aufgebot des Klein-

machnower Volkssturms war zum Einsatz am Teltowkanal eingesetzt worden. Mir ist bekannt, daß die Männer in einem hügeligen Waldgebiet östlich der Straße am Kiefernweg in Stellung gingen. Was aber dann geschah, wurde nie aufgeklärt. Jedenfalls ist keiner von ihnen zurückgekommen. Entweder sind sie im Kampf gefallen oder gefangengenommen und abtransportiert worden. Ich habe später mit einer weinenden Witwe das Gelände abgesucht, aber keine Spur entdecken können. Vielleicht sind sie auch irgendwoanders in Berlin eingesetzt worden.
Bereits am 20. April 1945 war für Berlin die Parole »Clausewitz« ausgegeben worden, was bedeutete, daß der Belagerungszustand ausgerufen war. – Am 21. April – dem Tage, als die Russen schon in die östlichen Vororte eindrangen und im Süden und Norden die Stadt umklammerten, als das erste Aufgebot des Kleinmachnower Volkssturms eingesetzt wurde – an diesem Tage erlebte Berlin seinen letzten großen Tages-Luftangriff. Als um 14.43 Uhr die Sirenen Entwarnung gaben, schlugen die ersten russischen Granaten im Stadtzentrum ein.
Wir in Kleinmachnow haben von dem furchtbaren »Kampf um Berlin« nichts zu verspüren bekommen. Aber abends und in der Nacht sahen wir im Süden den roten Feuerschein brennender Dörfer. Wir lebten in banger Erwartung.
Am 22. April 1945 wurde ich zur Zentrale des Volkssturms in Kleinmachnow gerufen, wo Lagerbestände – Waffen und Lebensmittel – verteilt wurden. Jeder wollte damals solche belastenden Gegenstände gern loswerden. Ich bekam zwei Gewehre – ein Jagdgewehr und einen Karabiner –, Schokolade und Kekse. Ich rief meine Unterführer zusammen und teilte die Lebensmittel mit ihnen. Die Gewehre vergrub ich in der hintersten Ecke unseres Gartens.
Am gleichen Tage rief mich der »Spieß« der Volkssturm-Kompanie an und bat mich, zu ihm zu kommen. Er habe einige Waffen, mit denen er beim Einmarsch der Russen »kämpfen« wolle, wisse aber leider nicht, wie man damit umgehe. Ich als »alter Soldat« möchte ihn doch beraten. – Ich ging mit äußerst gemischten Gefühlen hin. Er zeigte mir zwei Trommelrevolver und eine Handgranate. Damit also wollte er »Werwolf« spielen! – Ich konnte diesem offenbar noch vom Endsieg überzeugten Pg. natürlich nicht raten: Vergraben Sie möglichst schnell die Waffen, wenn Sie nicht Ihre ganze Familie gefährden wollen. Er hätte mich als Defaitisten denunzieren können, und damals wurde auf Grund einer solchen Anzeige kurzer Prozeß gemacht. – Ich begann also, ihn im Gebrauch der Waffen zu unterweisen, redete ihm aber gleichzeitig vorsichtig gut zu: er habe doch eine Frau und Kinder, und es würde schlimm ausgehen, wenn die Russen die Waffen ausgerechnet bei ihm fänden. Ob er sie nicht lieber mir zur Aufbewahrung geben wolle, er könne sie jeden Augenblick wieder zurückerhalten, wenn ein Einsatz möglich sei. Er gab zögernd, aber im Innern sehr bereitwillig nach, und nun hatte ich die Waffen auf dem Halse. Ich konnte die Waffen leider nicht sofort vergraben

wie die anderen, denn der »Held« konnte sie vielleicht wirklich zurückverlangen. – Andererseits wollte ich nicht gern meine Frau und mich gefährden. Ich legte die Waffen also griffbereit zurecht, um sie im letzten Augenblick zu vergraben.
Der 22. April 1945 verlief im übrigen ruhig. Nur war der nächtliche Feuerschein erheblich weiter nach Westen gewandert. An diesem Tage hatten die Russen Schöneiche, Rahnsdorf, Pankow und Weißensee eingenommen.
Am 23. April 1945 passierte über Tag auch noch nichts. Aber am Abend wurde plötzlich der Kleinmachnower Volkssturm alarmiert. Ich bekam den Befehl, mit meinem Zuge um halb acht am Alarmplatz bereitzustehen. Ich gab den Alarm sofort auf dem vorher oft geprobten Wege durch, und um halb acht war mein Zug – der dritte Zug der Kompanie – vollzählig mit 33 Mann angetreten. – Natürlich hatten auch die anderen beiden Zugführer den gleichen Befehl erhalten. Aber vom ersten Zug war nur der Zugführer erschienen und vom zweiten Zug der Zugführer und vier Mann. Dieses Zahlenverhältnis beeindruckte die erschienenen Prominenten – Bataillonsführer, Kompanieführer, Ortsgruppenleiter – sichtlich, sie schickten die Fragmente der beiden anderen Züge nach Hause. Sie sollten in den nächsten Nächten eingesetzt werden. – Dazu kam es aber dann nicht mehr.
Ich wurde anschließend darüber informiert, daß zwar noch keine Russen in Kleinmachnow eingedrungen seien, daß sich aber viele geflüchtete deutsche Soldaten im Ort aufhielten. Man befürchtete in der Nacht Plünderungen. Wir sollten für Ordnung sorgen.
Ich fragte natürlich sofort nach Waffen. Keine vorhanden! – Also teilte ich den Ort in drei Bereiche auf und meinen Zug in drei Gruppen zu je elf Mann. Dann setzte ich jede Gruppe für einen Bezirk ein und ließ je drei Mann zusammen drei Stunden lang durch die Straßen patrouillieren, die ersten von 21.00 bis 24.00, die zweiten von 24.00 bis 3.00, die letzten von 3.00 bis 6.00 Uhr. – Zunächst aber schickte ich erst alle nach Hause, um sich mit Stöcken zu versehen, damit sie nicht ganz wehrlos waren. Ich selbst beteiligte mich an der letzten Runde. – In der Nacht kam es in Kleinmachnow zu keinerlei Zwischenfällen, aber wir sahen tatsächlich viele deutsche Soldaten, die erschöpft, hungrig und verzweifelt an Gartenzäunen lagen und schliefen, ehe sie am nächsten Tag nach Berlin weiterzogen.
Ich selbst blieb die ganze Nacht über auf den Beinen, weil ich die Ablösungen überwachte und bereit sein wollte, falls doch etwas passierte. Um halb sieben in der Frühe des 24. April sank ich völlig übermüdet ins Bett. Kaum war ich eingeschlafen, als sich die Tür öffnete und unsere Tochter Rosmarie erschien. Das Arbeitsdienstlager in Vetschau war rechtzeitig aufgelöst und die Mädchen nach Hause geschickt worden. Es war ein Wunder, daß sie gesund durchgekommen war. Die Freude und Dankbarkeit waren natürlich riesengroß. Es blieb aber die Angst um das Schicksal von Horst.

Bei dem Alarm am Abend zuvor waren die Zugführer und der Spieß vorsorglich für den nächsten Morgen halb elf Uhr zu einer Lagebesprechung beim Kompanieführer bestellt worden. Ich machte mich also pünktlich auf den Weg zum Hause des Kompanieführers, eines braven Postbeamten. Die russische Artillerie schoß eifrig über den Teltowkanal hinweg nach Kleinmachnow hinein. Es war ein schöner Frühlingstag. – Der Kompanieführer empfing mich völlig verstört: Ich war der einzige, der anwesend war. Der Spieß war in ein Krankenhaus verschwunden, der eine Zugführer hatte sich nach Zehlendorf abgesetzt, und der andere hatte bestellen lassen, es schösse ihm zuviel. – Der vor Aufregung zitternde Mann fiel mir beinahe um den Hals – nur weil ich gekommen war! Er zeigte mir einen schriftlichen Befehl, nach dem die ganze Kompanie sofort zum Einsatz an den Teltowkanal abzurücken habe. Er fragte mich völlig hilflos, was er denn nun tun solle. Er verstünde doch von so was gar nichts. – Ich fragte ihn zunächst nach Waffen, Uniformen, Ausweisen oder Armbinden. Er wußte von nichts, und es war offenbar auch nichts vorhanden. – Ich war einerseits entsetzt über diesen verantwortungslosen Einsatzbefehl, der mit Sicherheit den Tod oder die Gefangenschaft aller dieser leichtfertig geopferten Männer bedeutete, andererseits erkannte ich die Chance, dieses Verbrechen zu verhindern. Ich fragte ihn, was er zu tun gedenke. Er sagte beinahe weinend: er sei ein Zivilist und außerdem krank, und was solle aus seiner Familie werden und . . . Ich unterbrach ihn und fragte, ob er nicht einfach den Befehl über die Kompanie an mich abgeben und mir die Einsatzorder aushändigen wolle. Dem armen Menschen fiel hörbar ein Stein vom Herzen, er drückte mir das Papier in die Hand und sagte strahlend: »Nehmen Sie, Sie sind der Kompanieführer!«
Ich hatte am Vortage meinen gesamten Zug für halb zwölf Uhr in die Eigenherdschule bestellt, um ihn einsatzfähig in der Hand zu haben. Außerdem hatte ich – ich weiß heute nicht mehr, woher – einen Kessel mit warmem Essen »besorgt«. Alle meine Leute waren zur Stelle. Ich las ihnen den Einsatzbefehl vor, sagte ihnen, daß wir weder Waffen noch Uniformen, noch irgend etwas, was uns als Wehrmachtsangehörige ausweisen könnte, besäßen, und fragte sie, ob sie mit mir der Meinung seien, daß wir einem solchen Befehl nicht Folge leisten sollten. Sie waren geschlossen meiner Meinung. Daraufhin erklärte ich in meiner Eigenschaft als Kompanieführer den Volkssturm Kleinmachnow offiziell für aufgelöst und empfahl allen, nach Hause zu gehen und auf ihre Frauen achtzugeben. Wir aßen, gaben uns zum Abschied die Hand und gingen schweren Herzens einer ungewissen Zukunft entgegen.
Später hörte ich, daß die Nazis von Zehlendorf aus eine Patrouille losgeschickt hatten, um mich wegen Verweigerung eines Einsatzbefehls zu verhaften und aufzuhängen. – Aber die Russen hatten bereits die Verbindung zwischen Zehlendorf und Kleinmachnow abgeschnitten.
Der Rest des Tages blieb ohne weitere Ereignisse. Die Russen schossen in

unregelmäßigen Abständen. Die Flak hatte die Stellung auf der Heide hinter unserem Hause geräumt und war in Richtung Berlin abgerückt. Die Flakhelferinnen waren von ihrer tapferen Führerin mit markigen Worten verabschiedet worden, um sich allein nach Hause durchzuschlagen. Sie stammten zum größten Teil nicht aus Berlin! – Die Führerin setzte sich schleunigst ab und tauchte unter. – Die Mädchen liefen wie eine aufgescheuchte Hühnerschar durcheinander und wußten natürlich nicht, was sie tun sollten. – Zwei von ihnen nahmen wir in unser Haus auf, andere Bewohner des Wolfswerder folgten unserem Beispiel. Was aus den anderen geworden ist, weiß ich nicht.
Am Spätnachmittag kam der einige Häuser von uns entfernt wohnende Universitätsprofessor Weickert, ein Archäologe, zu mir und berichtete, daß er sichere Nachrichten aus Stahnsdorf habe, die besagten, daß die Russen in betrunkenem Zustand entsetzliche Greueltaten begingen. Er schlug mir vor, durch die Häuser in unserer Straße zu gehen und alle Bewohner aufzufordern, etwa vorhandene Alkoholvorräte sofort zu vernichten. Gerüchte dieser Art schwirrten sowieso überall umher. – Wir gingen also gemeinsam von Haus zu Haus und trugen unsere Bitte vor, die auch beinahe überall befolgt wurde. Leider mußten wir einige Tage später feststellen, daß doch nicht alle unserem guten Rat gefolgt waren!
Am 25. April standen wir sehr früh auf. Als ich um sechs Uhr die Fensterläden öffnete, sah ich in unserem Vorgarten drei deutsche Soldaten liegen, die vor Erschöpfung eingeschlafen waren. Wir gaben ihnen etwas Warmes zu trinken, dann zogen sie mit hängenden Köpfen in Richtung Zehlendorf davon. Wir dachten, es würden die letzten sein, die wir zu sehen bekämen, aber es sollte anders kommen.
Ich vergrub in aller Eile und daher nur ganz oberflächlich und dicht am Hause die Waffen, die ich dem Volkssturm-Spieß abgenommen hatte, im Garten. – Dann warteten wir. – Um 8.25 Uhr klopfte es an unserer Haustür: Unser Nachbar von gegenüber stand da und sagte mit beklommener Stimme: »Herr Doktor, die Russen sind da!« Es war also soweit! – Und ich muß ehrlich gestehen, mein erster Gedanke war nicht: »Nun ist der Feind da!«, sondern: »Gottlob! Das ist nun vorbei!« – Und damit meinte ich das Dritte Reich und die zwölf Jahre Diskriminierung und dauernde Angst. Was kommen würde, wußte ich in diesem Augenblick noch nicht, denn wir glaubten trotz aller Gerüchte: Wenn Goebbels seit Jahren immer gelogen hatte, so oft er den Mund aufmachte, warum sollten ausgerechnet seine Erzählungen über die Greueltaten der Russen keine Märchen sein. Man nannte damals seine Ansprachen im Rundfunk nicht umsonst »Großmütterchens Märchenstunde«. – Ich wollte dennoch Lotte und Rosmarie zunächst in das obere Stockwerk schikken, bis ich die ersten Erfahrungen mit russischen Soldaten gemacht hatte, aber – o furchtbarer Schreck: Rosmarie war nicht im Haus! – Auf Befragen stellte ich fest, daß sie bereits früh am Morgen losgegangen war, um beim

Kaufmann etwa noch vorhandene Lebensmittel einzukaufen. Ausgerechnet in diesem entscheidenden Augenblick war Rosmarie nicht da! Was konnte passieren oder passiert sein!
Ich stürzte also sofort aus dem Haus, um nach ihr zu suchen, aber an der nächsten Ecke standen drei russische Infanteristen, die sofort auf mich zustürzten. Sie verlangten durch Gesten Eintritt in das Haus und durchsuchten das untere Stockwerk nach deutschen Soldaten. Dann deuteten sie an, daß sie Durst hätten. Ich hatte für den Fall, daß die Wasserversorgung unterbrochen würde, im Keller einige Kessel mit Wasser gefüllt. Ich wies also auf die Kellertür. Die Russen verstanden meine Geste falsch und dachten, im Keller seien deutsche Soldaten. Sie rissen die Maschinenpistolen von der Schulter und polterten die Treppe hinunter. Ich lachte, sie blickten mich verdutzt an, und ich zeigte auf die Wasserbehälter. Da verzogen auch sie ihre Gesichter zu verlegenem Grinsen, verlangten aber, daß ich zuerst von dem Wasser trinken müsse, bevor sie ihren Durst löschten. Dann verließen sie wieder das Haus.
Ich ging daraufhin erneut los in Richtung auf den Bahnhof Düppel, um Rosmarie zu suchen, diesmal unbehindert, da sich dort noch keine Russen befanden. Als ich an das Ende der Straße kam, quollen aus den Häusern mit Laub am Helm getarnte Soldaten hervor, und auch die Straße herauf kamen Soldaten. Ich wollte meinen Augen nicht trauen: deutsche Soldaten – die Spitze der sagenhaften Armee Wenck.
Ich muß zum zweiten Mal ein Geständnis machen: Ich war hin und her gerissen. Eben hatte ich noch gedacht: Das ist nun vorbei! Und nun sah ich anstelle der Russen deutsche Soldaten – das Herz ging mir auf, aber das Herz wurde mir schwer. – Ich wußte nicht, was in mir vorging. Jedenfalls konnte ich nicht weiter Richtung Bahnhof Düppel gehen – alles war voller Soldaten – und ich eilte zu unserem Haus zurück, wo ich – Gott sei Dank! – Rosmarie vorfand. Sie war an der Rückseite der Gärten nach Hause zurückgekommen. Nun trat eine beinahe unheimliche Pause ein – nichts geschah: Die Russen blieben an der Ecke des Nachbarhauses stehen, die deutschen Soldaten kamen nicht. – Ich konnte die Spannung nicht länger ertragen: Hatte ich denn wirklich deutsche Soldaten gesehen, oder hatte ich mir das nur eingebildet? – Ich ging also wieder auf die Straße und in Richtung Bahnhof Düppel. Ich war natürlich der einzige Mensch weit und breit. Alle hielten sich ängstlich in ihren Häusern auf. – Da sah ich einen Mann mir entgegenkommen, und beim Näherkommen erblickte ich die Uniform eines deutschen Offiziers. Wir gingen aufeinander zu, und ich erkannte einen Hauptmann, der in der Nähe wohnte und auch einmal auf der Liste meines Volkssturmzuges gestanden hatte, bevor er wieder zur Wehrmacht gegangen war. Ich fragte ihn ziemlich ratlos, was er vorhabe. Er erwiderte harmlos, daß er zu seinem Haus wolle, um sich neue Socken zu holen. – Ich sagte: »Herr Hauptmann, Sie können

nicht weiter! An der nächsten Ecke stehen die Russen.« Er lachte und sagte: »Ach, Unsinn! Die ganze Armee Wenck ist da. Die jagen wir zum Teufel!« Dann ließ er sich aber von mir doch überzeugen und ging zurück.
Ich ging wieder nach Hause, und plötzlich wurden die Russen lebendig. Sie rannten auf die Heide und gingen in Stellung. Vom Bahnhof Düppel kamen die Deutschen heran. Von unserem Schlafstubenfenster aus konnten wir diesen letzten Kampf beobachten. Es wurde heftig geschossen, und eine Kugel bohrte sich durch das offene Fenster in das Kopfende von Lottes Bett. Dort hat sie lange Jahre gesteckt und uns an diese Tage erinnert. – Der Kampf dauerte nicht lange. Die Russen gingen vor, die Deutschen wichen zurück, und der Krieg um Kleinmachnow war zu Ende. Oder um es anders zu sagen: Der Spuk war vorüber.
Berlin mußte noch bis zum 2. Mai eine leidensvolle Woche durchleben.
Am 26. April wurde am Schlesischen und am Görlitzer Bahnhof, in Siemensstadt und Charlottenburg gekämpft. – SS-Brigadeführer Mohnke rief am gleichen Tage zur Bildung eines »Freikorps Mohnke« auf und sammelte Freiwillige am Kleinen Stern und am Halleschen Tor. – Hitler ernannte den General Weidling zum »Kampfkommandanten von Berlin«.
Am 27. April eroberten russische Panzer Schöneberg und Kreuzberg, und russische Artillerie beschoß vom Alexanderplatz aus die Reichskanzlei. – Die Sportfliegerin Hanna Reitsch flog nach Berlin ein, landete auf der Charlottenburger Chaussee und wollte Hitler ausfliegen. Der lehnte aber ab.
Am 28. April wurde von den Sowjets der Generaloberst Bersarin zum Stadtkommandanten des eroberten Berlins ernannt. Die Russen drangen bis zum Potsdamer Platz vor und nahmen die Reichskanzlei unter Dauerbeschuß. Hitler diktierte sein politisches Testament und heiratete Eva Braun.
Am 30. April – einen Tag nach dem gewaltsamen Tode Mussolinis – erschoß sich Hitler. Der Rundfunk meldete am nächsten Tage, daß er »im Kampf um Berlin gefallen« sei. Auch Josef Goebbels nahm sich mit seiner ganzen Familie das Leben. – Die Russen hißten auf dem Brandenburger Tor die rote Fahne, und Walter Ulbricht landete mit einer Gruppe von Kommunisten in Bruchmühle bei Strausberg. – Welch hervorragende Organisation!
Am 2. Mai war die Tragödie beendet: General Weidling kapitulierte. 70 000 Soldaten und Volkssturmmänner gingen mit ihn in sowjetische Gefangenschaft.

2. Kapitel

Die Russen in Kleinmachnow

Am 25. April ereignete sich in unserem Hause nicht mehr allzuviel. Es hämmerte allerdings öfters an der Haustür, als solle sie eingeschlagen werden, das typische »Klopfen« der Russen, und wir bekamen Besuch. Ernst Lemmer hatte mir gesagt, daß die Russen – auch die einfachen Soldaten – vor künstlerischen Berufen Respekt hätten. Die Sammelbezeichnung dafür sei »Artist«. Er riet mir, bei Fragen nach meinem Beruf nicht »Verleger« zu antworten, weil das den Russen nichts sagen würde, sondern »Artist« oder noch besser »Dramaturg«. Das sei eine auch im Russischen bekannte Berufsbezeichnung. Ich folgte seinem Rat, und er erwies sich als sehr nützlich.
Lotte und Rosmarie hielten sich den Tag über in der oberen Etage auf, und wenn es »klopfte«, ging ich sofort zur Haustür und fragte mit freundlichem Lächeln. Ich bat die neugierigen Besucher in das große Zimmer, wo die Bücherregale und der Flügel standen. Dann wartete ich einen Augenblick, bis die Besucher die »Kultura« in sich aufgenommen hatten, zeigte auf mich und sagte: »Ja' (im Russischen = ich bin) Artist. – Ja' Dramaturg.« Gewöhnlich salutierten sie dann respektvoll und verzogen sich wieder.
Es kam aber auch vor, daß sie meine Bibliothek einer genauen Inspektion unterzogen. Einmal zogen zwei recht intelligent aussehende Offiziere nach einigem Suchen ein Buch heraus, schlugen zielsicher eine Seite auf, auf der eine Abbildung aus der Nazizeit abgedruckt war, zeigten sie mir, grinsten und stellten das Buch wieder zurück.
Oft verlangten die Russen stürmisch von dem »Artist«, daß er ihnen auf dem Flügel etwas vorspiele. Ich intonierte dann meist »Stenka Rasin«, was sie zu Freudenstürmen veranlaßte. Daß ich es aber schnell zu großer Meisterschaft darin gebracht hatte, mit der linken Hand den »Hohenfriedberger Marsch« und mit der rechten Hand nur als Oberstimme »Stenka Rasin« zu spielen, bemerkten sie nicht. Ein Mongole setzte sich einmal an den Flügel, drückte mit dem Zeigefinger auf eine Taste und grinste mich strahlend an, als ein Ton erklang. Dann drückte er die nebenliegende Taste, grinste wieder, drückte beide Tasten, grinste verstärkt und betrieb dieses Spiel anderthalb Stunden. Für ihn ein Spaß, für mich eine Nervenqual.

Ein sehr schick in Leder gekleideter Major, der ganz gut deutsch sprach, setzte sich zu uns, holte ein Notizbuch heraus und begann mich über deutsche Verhältnisse zu befragen: was ein Arbeiter verdiene, wieviel Steuern wir zahlten, was unser Haus Miete koste usw. – Dann erzählte er von sich, schlug lachend auf seine Uniform und sagte: »Alles Amerikanski!«
Natürlich hatten wir vorsorglich unser wertvolles Eigentum, wie Silberstecke oder die goldene Repetieruhr meines Urgroßvaters und meine eigene goldene Schweizer Uhr, im Garten vergraben oder auf dem Dachboden versteckt. Aber mein Vater hatte eine Leidenschaft für Uhren gehabt und besaß eine ganze Anzahl davon, keine wertvollen, meist mit Stahl- oder Nickelgehäuse. Da bekannt war, daß die Russen auf »Uhri – Uhri« scharf waren, versteckte ich auch diese Uhren, aber nur oberflächlich. In unserem großen Zimmer stand der Schreibtisch meines Vaters, der einen Aufbau mit vier Fächern hatte. Ich legte in jedes Fach eine Uhr in der Annahme, daß die Russen höchstens durch Zufall in einem Fach nachsehen würden. – Aber weit gefehlt! – Es erschien ein Soldat, fragte nach »Uhri« und sah sich nach meiner Antwort, daß seine Kameraden schon meine Uhr geklaut hätten, im Zimmer um. Dann öffnete er ein Schubfach des Schreibtisches, sah die Uhr, grinste und nahm sie an sich. Dann öffnete er das zweite, fand die nächste Uhr und so weiter. Er nahm alle vier Uhren mit und war nicht zu bewegen, mir wenigstens eine zu lassen. – Es passierte aber auch, daß ein Soldat auf der Straße einen Deutschen fragte: »Du Uhri?«, und wenn er verneinte, den Ärmel seiner Uniformjacke hochstreifte, grinsend zeigte, daß er fünf Uhren umgebunden hatte, und dem Deutschen eine davon schenkte. Auf diese Weise bekam ein Nachbar seine eigene Uhr zurück.
Außerdem waren die Russen wie die Kinder hinter Fahrrädern her. Sie fuhren laut klingelnd die Straße auf und ab, fielen herunter, kletterten wieder hinauf, sahen aus wie »ein Affe auf einem Paket Tabak« und waren glücklich. – Manchmal allerdings, wenn sie sich beim Runterfallen weh getan hatten, schmissen sie voller Wut das Fahrrad gegen den nächsten Baum, ließen es liegen und besorgten sich ein neues.
Sie waren unberechenbar: brutal wie Hunnen und zutraulich wie Kinder. Man wußte nie, woran man mit ihnen war. Sie konnten ungerührt Menschen totschießen und Frauen vergewaltigen, Kindern Schokolade schenken und vor einem Stall mit jungen Kaninchen lachend und bewundernd hocken.
Am 26. April wurde diese »Fronttruppe« abgelöst, und mit der Besatzungsarmee brach die Hölle über Kleinmachnow herein. In drei Tagen wurden über 200 Menschen sinnlos erschossen und zahllose Frauen vergewaltigt. Ich bitte um Verständnis, wenn ich nur einige besonders gravierende Fälle erzähle. – Zunächst möchte ich aus dem Buch von Ernst Lemmer, »Manches war doch anders«, Seite 226, zitieren: »Unvergeßlich wird mir jene Stunde bleiben, da wir in das Haus gerufen wurden, in dem der große Schauspieler

Friedrich Kayssler wohnte. Der Anblick, der sich uns in dem stummen Haus bot, war grauenhaft. Kayssler lag tot auf dem Fußboden. Im Nebenzimmer aber erwartete uns ein weiteres Schreckensbild: Dort fanden wir die Leichen zweier junger Schauspielerinnen mit aufgeschlitzten Leibern . . . Ein paar betrunkene russische Soldaten wollten, wie üblich, Frauen haben. Friedrich Kayssler wollte ihnen den Zutritt verwehren. Er stellte sich schützend vor die Schauspielerinnen. Seine heroische Haltung rettete weder ihn noch die jungen Frauen. – Wir haben die Leichen in tiefer Erschütterung auf dem Friedhof von Kleinmachnow, in eine Zeltbahn gewickelt, ohne Särge beigesetzt. Denn Särge gab es damals nicht. Die Nachfrage war zu groß geworden . . .«
Nun einige Fälle aus meiner nächsten Umgebung: Unser Nachbar, ein alter Major namens Schmidt, wurde vor unseren Augen ermordet. Russen waren in das Haus eingedrungen und suchten nach Uhren. Der Major war auf die Straße hinausgegangen und stand vor seinem Gartenzaun. Wahrscheinlich befürchtete er, nicht ruhig zusehen zu können. Die Russen fanden eine wertlose Taschenuhr in einem vernickelten Gehäuse – keine drei Mark wert, aber wahrscheinlich ein Erbstück. Frau Schmidt entriß sie dem Russen, rannte in den Garten, warf die Uhr ihrem Mann zu, der mit ihr quer über die Straße flüchtete. Eine unerklärliche Panikhandlung! Der Russe schoß eine ganze Salve aus seiner Maschinenpistole hinterher, die den Major von oben bis unten durchlöcherte. Am Zaun des gegenüberliegenden Hauses brach er tot zusammen. – Wir Nachbarn haben den großen, schweren Mann auf eine Leiter gelegt, zurück in sein Haus getragen und in seinem geliebten Garten begraben. Einer der Nachbarn hat ein Vaterunser am Grabe gesprochen.
Ein weiterer Fall: Einer meiner Unterführer im Volkssturm war ein Dr. Troost, der in unserer Nähe wohnte. Er war ein stiller, etwas ängstlicher Mann. Am 25. April kam er abends mit seiner ganzen Familie zu uns, um bei uns zu übernachten, weil er sich nicht traute, allein in seinem Haus zu bleiben. Am nächsten Tag ging die Familie nach Hause zurück und blieb die Nacht über dort. – Am 27. April kam am frühen Morgen Frau Troost aufgeregt zu uns und berichtete, daß in der Nacht Männer gekommen seien, Einlaß in das Haus verlangt und ihren Mann herausgeholt hätten. Nun sei er verschwunden. Ich solle doch helfen. – Ich ging natürlich sofort mit ihr zurück in ihr Haus und fand zunächst keine Spur von Dr. Troost. Schließlich aber entdeckte ich seine Leiche im Keller versteckt unter einer Matratze. – Es stellte sich später heraus, daß im Nebenhaus ein Unternehmer wohnte, der geflüchtet war und der während des Krieges Zwangsarbeiter beschäftigt und wohl nicht sehr freundlich behandelt hatte. Diese Ausländer wollten sich nun rächen, hatten das Haus verwechselt, und der arme Dr. Troost mußte ebenso sinnlos sterben wie der Major Schmidt.
Ich rief Männer meines früheren Volkssturmzuges zusammen. Wir zimmerten aus alten Eierkisten einen primitiven Sarg und bemühten uns, für Frau

Troost, der wir den Anblick der schlimm aussehenden Leiche erspart hatten, eine einigermaßen würdige Aufbahrung ihres Mannes zustande zu bringen. Das war nicht ganz leicht, da die Totenstarre noch nicht ganz aufgehört hatte. Ich mußte die verkrampften Glieder gewaltsam zurechtbiegen, damit wir den Körper in dem Sarg unterbringen konnten. Es war keine schöne Aufgabe. – Dann haben wir aus meiner Wohnung Kerzenleuchter geholt, Kerzen und Birkengrün organisiert und erst dann Frau Troost an die Bahre ihres Mannes geführt. – Schließlich haben wir einen offenen Gemüsewagen requiriert, den Sarg draufgehoben und sind durch ganz Kleinmachnow zum Friedhof marschiert, der halbe Volkssturmzug als Eskorte vor, hinter und neben dem Wagen. – Wir erregten einiges Aufsehen. Aber ich muß erwähnen, daß alle am Straßenrand herumsitzenden russischen Soldaten, an denen wir auf unserem Wege vorbeikamen, aufstanden, um dem Toten die Ehre zu erweisen. Und als der Pfarrer am Grabe sprach, während russische Soldaten vor dem Kirchhof die Feier durch lautstarkes Schreien bei einem Fußballspiel störten, kam ein Unteroffizier und schaffte Ruhe. Die Soldaten standen neugierig am Zaun und schauten staunend der kirchlichen Zeremonie zu.

Schließlich noch ein Fall, bei dem wir in letzter Minute helfen konnten. Nachbarn kamen zu mir und berichteten, daß aus zwei Häusern hinter dem Haus des Majors Schmidt, in denen Frauen allein wohnten, weil die Männer im Kriege waren, Russen gekommen seien. Seitdem habe man nichts mehr von den Frauen gesehen. Wir drangen gewaltsam in das eine Haus ein und fanden beide Frauen, die vergewaltigt worden waren, eng nebeneinander auf der Erde liegend ohne Bewußtsein. Sie hatten eine Überdosis Schlaftabletten eingenommen. Mit Hilfe einer in der Nähe wohnenden Ärztin konnten wir die Frauen wieder zu sich bringen.

Genug davon! – Jeder mußte versuchen, diese schrecklichen Tage und Wochen allein durchzustehen, so gut es ging. Gleichzeitig aber entwickelten sich ein erstaunlicher Gemeinschaftsgeist und eine starke Hilfsbereitschaft. Die meisten Kleinmachnower Einfamilienhäuser hatten einen Dachboden, der nur durch eine in die Decke des oberen Stockwerkes eingelassene, mit einer Holzklappe verschlossene Luke zu erreichen war. Zum Hinaufsteigen mußte eine Leiter angebracht werden. Nach den schlimmen Erfahrungen der ersten Tage wurden die meisten Frauen auf den Dachböden untergebracht und die Leitern versteckt. Die Russen sind hinter dieses Geheimnis lange nicht gekommen. Alle Einwohner hielten dicht und behaupteten, ihre Frauen seien geflüchtet. – Lotte und Rosmarie verschwanden ebenfalls auf dem Boden, wohin wir Matratzen gebracht hatten. Sie kamen nur zeitweise herunter, wenn die Luft mit Sicherheit rein war. Ich klopfte dann mit einem Besen an die Luke. – Auch Essen und Trinken reichte ich durch die Klappe hinauf. – Ich selbst habe drei Wochen lang im großen Zimmer voll angezogen auf der Couch geschlafen, um auch nachts immer bereit zu sein, Einlaß begehrenden

Russen möglichst schnell die Tür zu öffnen, sie konnten sonst sehr unangenehm werden.
Der Dachbodenaufenthalt endete erst im Juni, als Lotte vor Aufregung und Hunger schlapp machte. Wir griffen an diesem Tage auf unser Lebensmittelversteck in der Garage zurück, das uns wahrscheinlich vor dem Verhungern bewahrt hat.
Die Annäherung russischer Marodeure war meistens leicht zu bemerken. Sah nämlich irgend jemand Russen sich nähern, so öffnete er ein Fenster zur Straße, ergriff zwei bereitliegende Topfdeckel und schlug sie aneinander. Jeder, der dieses Signal hörte, öffnete seinerseits ein Fenster und schlug mit Topfdeckeln Alarm. So pflanzte sich der Lärm die Straße entlang fort, an allen Fenstern standen die topfdeckelschlagenden Bewohner. Es war ein Höllenspektakel. Und nichts scheuten die Russen bei ihren Beutezügen so sehr wie Lärm. Sie suchten dann meistens schnell das Weite. Denn obwohl die militärischen Kommandanten in den ersten Tagen der Soldateska freie Hand gelassen hatten oder hatten lassen müssen, bemerkten die zuständigen Stellen bald die verheerende ideologische Wirkung des Verhaltens der Truppe auf die deutsche Bevölkerung, die sie doch zum Kommunismus zu bekehren hofften. – So verbot nach einigen Tagen der zuständige Kommandant bei Androhung hoher Strafe jede Vergewaltigung und Plünderung. Und mit Bestrafung waren die Russen nicht zimperlich. Ich habe mit eigenen Augen gesehen, wie russische Offiziere von Militärpolizisten, die dem Mannschaftsgrad angehörten, zusammengeschlagen und abgeführt wurden, wenn man sie bei Trunkenheits-Exzessen erwischte.
Neben der Russenplage war die Versorgung mit Lebensmitteln die größte Sorge der Menschen in Kleinmachnow. In der ersten Zeit gab es einfach überhaupt keine Zuteilung. Es war nichts da. Die Not wuchs. Tuberkulose und Typhus waren die Folgen. Selbstmorde waren an der Tagesordnung. – Da hatte der Kommandant einen vernünftigen Einfall: Auf der südlichen Seite des Teltowkanals lag eine Brotfabrik, in deren Lagerhallen ungemahlener Weizen in großer Menge in Säcken gestapelt war. Die Fabrik wurde sofort von den Russen beschlagnahmt und streng bewacht. Der Kommandant gab durch Befehl den Weizen für die Kleinmachnower Bevölkerung frei. Die Nachricht verbreitete sich mit Windeseile, und alles zog mit Handwagen los, um einen Anteil zu ergattern.
Ich ging mit Rosmarie zum Teltowkanal. Die Brücke war von den Nazis gesprengt worden. Wir ließen unsere Karre am nördlichen Ufer bei den Trümmern der gesprengten Brücke stehen und versuchten, auf den ins Wasser reichenden Brückenstreben hinüberzuklettern. Es war ein halsbrecherisches Unternehmen. Wir kamen zur Fabrik. Es hatten sich viele Menschen angesammelt. Jeder lud sich einen Sack Weizen auf die Schulter und schleppte ihn zur Brücke zurück. Ich kam mit größter Kraftanstrengung – ich wog damals

ganze 135 Pfund! – mitsamt dem Sack ans andere Ufer. Aber für Rosmarie war die Last zu schwer. Es gelang mir – ich weiß heute nicht mehr, wie –, sie und den Sack hochzuhieven, und wir fuhren mit zwei vollen Säcken Weizen stolz davon. Natürlich teilten wir mit den Nachbarn, die aus Alters- oder anderen Gründen keine Möglichkeit hatten, sich selbst zu versorgen.
In den nächsten Wochen hörte man aus allen Häusern Kleinmachnows das Geräusch von knarrenden Kaffeemühlen, in denen Weizen gemahlen wurde. Es gab zum Frühstück, zum Mittag und zum Abend Weizen in verschiedenster Aufmachung: als Suppe, als Brot, als Kuchen – aber immerhin, wir hatten etwas zu beißen!
Erst am 15. Mai 1945 führte die Sowjetische Militär-Administration (SMA) eine fünfstufige Lebensmittelkarte ein, durch die eine geregelte Versorgung der Bevölkerung gesichert werden sollte. Allerdings reichte das, was der Normalverbraucher darauf bekam, kaum zum Leben. Auf Lebensmittelkarte 5, die der Volksmund als »Sterbekarte« bezeichnete, erhielt man im Monat 9000 g Brot, 600 g Fleisch und 210 g Fett. Diese Karte 5 war für die nichtarbeitende Bevölkerung bestimmt, z. B. für Hausfrauen, Alte und Kranke. Karte 4 und 3 erhielten Angestellte, Karte 2 bekamen Arbeiter, Künstler, Ingenieure, Ärzte und Lehrer. Karte 1 aber war der proletarischen Aristokratie vorbehalten: Politikern, Schwerarbeitern und prominenten Intellektuellen. – Das Ganze war eine typisch sozialistische Einrichtung, die jeder Humanität Hohn sprach. Aber sie deckte sich mit der kommunistischen Maxime, daß jeder von der Gemeinschaft nur so viel zu beanspruchen hat, wie er angeblich einbringt. Besondere Fürsorge für die Bedürftigen paßt in dieses System nicht hinein. – In Potsdam gab es dementsprechend auch ein Warenhaus für das russische Militär, eingeteilt in fünf Abteilungen: für Soldaten, Unteroffiziere, Offiziere, Stabsoffiziere und Generalität – unterschiedlich nach Menge, Qualität und Preis.
Später, als ich längst selbst zur »politischen Prominenz« – allerdings nicht zur kommunistischen – gehörte, sollte ich diese Ideologie einmal auf besonders drastische Weise erleben. Ich fuhr in einem von der CDU gestellten Auto mit Fahrer zusammen mit einem russischen Offizier, der in einem Militärauto mit Fahrer saß, zu einer Besichtigung über Land. Wir wollten in einem Dorfgasthaus Mittagspause machen und stiegen aus. Der Offizier ging voraus, ich blieb zurück, um mich noch um meinen Fahrer zu kümmern. Der Offizier fragte ungeduldig, warum ich nicht käme, und sagte, als ich erwiderte, daß ich erst meinen Fahrer betreuen müsse, mit dem Ausdruck souveräner Verachtung und der entsprechenden Handbewegung: »Ach, Chauffeur!« – Ja, das war wohl unter dem Zaren auch nicht anders!
Zurück zum 27. April 1945. Dieser Tag sollte für mich noch ein erstaunliches Erlebnis bringen. Es »klopfte« an meiner Tür, ich öffnete, und herein drängte ein ordinär berlinerisch sprechender Mann in russischer Uniform,

dem ein Arm fehlte. Hinter ihm kam ein russischer Major herein, wohlerzogen und zurückhaltend. Im Hintergrund stand einer meiner Volkssturmleute mit ängstlichem Gesicht, ein großer, blauäugiger, blonder, gutaussehender Mann namens Bergengruen. – Der »deutsche Russe«, der sich als »perewodschik«, als Dolmetscher vorstellte, schrie mich sofort an, ob ich den Kerl draußen kenne. Ich bejahte natürlich, und der Major winkte Herrn Bergengruen zu, er könne gehen. Was war geschehen: Die Russen hatten Herrn Bergengruen auf der Straße getroffen und einfach aus seinem Aussehen geschlossen, daß er ein SS-Mann sein müsse. Sie fragten ihn, wohin er gehe, und er antwortete: »Zu Dr. Bloch.« Daraufhin nahmen sie ihn mit, und er hatte Glück, daß ich zu Hause war und ihn identifizieren konnte. – So war das: groß, blauäugig, blond = SS-Mann. – Nun: Herr Bergengruen ging erleichtert davon, der Major und sein Perewodschik aber kamen ins Haus und begannen ein Gespräch, das damit endete, daß der Perewodschik mir erklärte, man habe gehört, daß ich so gut Klavier spiele. Ich habe am nächsten Tag um 14 Uhr im Stabsquartier zu erscheinen und für die Offiziere zu spielen. Alle Proteste meinerseits halfen nichts, mir wurde unzweideutig klargemacht, daß ich zu kommen hätte, widrigenfalls . . . Dann verließen mich meine Gäste.

Ich begab mich also am 28. April 1945 in eine beschlagnahmte Villa, in der der Stab untergebracht war. Ich wurde erwartet und in ein sehr großes Zimmer geführt, in dessen Mitte ein Bechsteinflügel stand. Dann wurde ich allein gelassen. – So verging eine Viertelstunde, und es ereignete sich nichts. Im Hintergrund war eine Tür, durch die ich die Geräusche einer lautstarken Tischunterhaltung hörte, dazu Klänge von Grammophonmusik, und ich erkannte unschwer, daß die Musik von Platten kam, die am Tage vorher bei mir von einigen Soldaten requiriert worden waren.

Ich wartete weiter allein und spielte auf dem herrlichen Flügel leise vor mich hin. Dann wurde es mir zu dumm, und ich wollte die Villa verlassen. Aber da kam der Major und bat mich sehr höflich, ihm zu folgen. Auf meine erstaunte Frage, ob ich denn nicht Klavier spielen sollte, lächelte er nur. Ich mußte ihm in sein Arbeitszimmer im ersten Stock folgen, wo er sich den Rock auszog und sich gemütlich hinsetzte. Dann begann er ein Gespräch mit mir, und es stellte sich plötzlich heraus, daß er gut deutsch sprach und gar keinen Perewodschik gebraucht hätte. Er war Mitglied des sowjetischen Geheimdienstes. – Quintessenz des Gespräches: Man wisse, daß ich kein Nazi gewesen sei, also wolle ich sicherlich auch, daß die Nazis nicht wiederkämen. Soweit konnte ich aus vollem Herzen beistimmen. Dann aber kam der Pferdefuß: Ich müsse daher den Russen helfen, etwa versteckte Nazis aufzuspüren. Kurz gesagt: Ich sollte als Denunziant verpflichtet werden. – Natürlich lehnte ich ab und begründete meine Absage damit, daß ich, eben weil ich kein Nazi gewesen war, auch keine Nazis kenne. – Nun ließ der Major die freundliche

Maske fallen und erklärte kurz und bündig, daß ich am nächsten Tage zu der gleichen Zeit wiederzukommen habe mit einer Liste von Nazis, ihren Adressen oder Verstecken. – Aus! – Ich war entlassen.
Völlig niedergeschlagen ging ich sofort zu Ernst Lemmer, um mir Rat zu holen. Er war ebenso ratlos wie ich. – Was tun? – Dann kamen wir darauf, daß uns einige prominente Nazis: der Ortsgruppenleiter, der Bataillonsführer des Volkssturms und einige andere bekannt waren, von denen wir genau wußten, daß sie rechtzeitig geflüchtet waren. – Ich begab mich also am 29. April wieder zu dem Major und reichte ihm eine Liste mit fünf Namen, die – wie ich, aber nicht er wußte – ihm nichts nutzen konnte. Er war sehr zufrieden mit mir und schenkte mir ein Stück Brot und ein Stück Wurst. Beides aßen später Lotte und ich im Stehen in der Küche sofort auf.
Dann aber kam das dicke Ende: Der Major erklärte, ich hätte am nächsten Tag wieder mit fünf Namen zu erscheinen, widrigenfalls . . . Es gelang mir wenigstens, den Major davon zu überzeugen, daß ich meine »gefährliche« Arbeit nicht leisten könne ohne eine Bescheinigung von ihm. Er sah das ein und schrieb auf einen Zettel einige Worte in Russisch, die ich nicht lesen konnte. Dann war ich wieder entlassen.
Da ich mißtrauisch war, ging ich zunächst zu jemandem, von dem ich wußte, daß er Russisch konnte. Aber mein Mißtrauen war unberechtigt gewesen. Auf dem Zettel stand nicht: »Inhaber dieses Zettels ist sofort zu erschießen«, sondern »Dr. Peter Bloch ist ein Freund der Roten Armee. Alle Dienststellen werden angewiesen, ihm jede Hilfe zuteil werden zu lassen.« – Ich war in meinem Leben ja schon allerhand gewesen, aber nun war eine neue Nuance dazugekommen: »Freund der Roten Armee«. Ich kann nicht behaupten, daß ich sehr stolz darauf war.
Am 30. April 1945 ging ich erneut zu meinem Quälgeist – ohne neue Namen – und wurde von ihm furchtbar schlecht behandelt und bedroht. Ein neuer Termin für den nächsten Tag wurde angesetzt.
Nun aber erinnerte sich endlich wieder das Glück meiner. Der nächste Tag war der 1. Mai, ein hoher Feiertag der internationalen Arbeiterschaft. Vor dem Eingang zur Villa standen zwei Soldaten vor Gewehr und verweigerten mir den Eintritt. Ich erzählte ihnen, daß ich »Artist« sei und für die Offiziere Klavier spielen solle, wobei ich die entsprechenden Fingerbewegungen machte. Sie lachten und sagten in kaum verständlichem Deutsch: »Walküre – Tannhäuser – heute nix – heute 1. Mai – morgen.« Ich verschwand nur zu gerne, voller begreiflichem Erstaunen über die Kenntnisse deutscher Musik bei einfachen Muschiks.
Als ich am 2. Mai wiederkam, waren alle Russen total besoffen, und ich ging unbehelligt nach Hause. – Am 3. Mai aber war die Truppe abgelöst, und ich habe meinen Major nie wiedergesehen. Nur den Ausweis besitze ich noch als Erinnerung an dieses merkwürdige Ereignis.

Meine Bekanntschaft mit dem einarmigen Perewodschik war mir übrigens inzwischen von großem Nutzen gewesen. Ich habe erzählt, daß wir zwei Flakhelferinnen bei uns aufgenommen hatten. Als ich an einem dieser Tage – es war wohl der 29. April 1945 – nach Hause kam, sah ich vor unserem Haus einige Russen stehen und zum Dach hinaufgucken. Als ich mich näherte, zogen sie ab. Aber ich hörte durch das undichte Dach Gelächter und weibliche Stimmen. Die beiden Flakhelferinnen hatten Besuch von anderen Mädchen bekommen und schwatzten munter drauflos. Ich verwies sie höchst besorgt und ärgerlich zur Ruhe, hatte aber eine dunkle Vorahnung. Und richtig: In der Nacht hämmerte es an der Tür, vier Russen, darunter die zwei vom Vormittag, verlangten Einlaß. Die beiden anderen waren mir bekannt: Sie kamen täglich Grammophonplatten holen und achteten bei der Auswahl sorgfältig auf die Telefunkenmarke. Andere Platten lehnten sie ab. Sie hatten bisher einen netten Eindruck gemacht.
Die vier kamen ins Zimmer, setzten sich und wiesen nach oben. Dabei sagten sie:»Frauen!«– Ich schüttelte den Kopf und sagte:»Nix Frauen!«Sie lachten und beharrten darauf. Dann holte einer von ihnen eine goldene Uhr aus der Tasche, hielt sie mir hin und sagte wieder:»Frauen!«Die Situation schien bedrohlich. Da sagte ich zu ihnen:»Ihr wissen, Stalin gesagt: Russen – Frauen – bum-bum. – Ich Freund von Perewodschik.«Dabei deutete ich die Einarmigkeit an. Dann wiederholte ich eindringlich:»Ich Freund Perewodschik. Ihr Stalin – bum-bum.«Es wirkte. Sie sahen sich an, und dann gingen sie. Sie wußten wohl, daß mit dem Perewodschik und seinem Major nicht gut Kirschen essen war.
Soviel von den Russen. – Nun zu den Deutschen, d. h. zum Wiederaufbau Kleinmachnows:
Schon am zweiten Tage nach dem Russen-Einmarsch ging ich zu Ernst Lemmer, um mit ihm zu besprechen, wie es nun in Kleinmachnow weitergehen sollte. Ich wurde von dem versammelten »Dreierausschuß« stürmisch begrüßt, denn in Kleinmachnow hatte sich das Gerücht verbreitet, daß ich erschossen worden sei. Vielleicht war es eine Verwechslung mit unserem Nachbarn, vielleicht aber auch eine Verwechslung mit einem anderen Dr. Bloch, der in Kleinmachnow wohnte, den ich aber nicht kannte. Er war tatsächlich von den Russen ermordet worden. Nun – ich lebte! – Lemmer berichtete, daß er Besuch von einem höheren russischen Offizier bekommen hätte und beauftragt sei, Bürgermeister von Kleinmachnow zu werden. – Wir – d. h. der Dreierausschuß und ich – machten uns zum Haus der Gemeindeverwaltung auf. Wir fanden das Gebäude ziemlich intakt, das Innere aber als Trümmerhaufen vor. – Im Hause erwartete uns eine Überraschung: Es hatte sich schon vor uns ein Kreis von Menschen eingefunden, z. T. Bekannte aus Kleinmachnow, z. T. Unbekannte, die aus dem Nichts aufgetaucht waren, aber beste Beziehungen zu den Russen hatten. Als erster begrüßte uns: wer? – Unser

Gemüsehändler, der sich als alter Kommunist vorstellte, der die ganze Zeit über im Auftrage seiner Partei im Untergrund gearbeitet hätte. Und dann tauchte zwischen dem umgekippten Schreibtisch des früheren Bürgermeisters und auf der Erde herumliegenden Akten ein verlegen aussehender Mann auf, den offenbar der ungewohnte Kragen drückte, und sagte: »Ich bin der neue Bürgermeister.« Er war uns nicht unbekannt, er reparierte sonst in Kleinmachnow Öfen und Badewannen, und einer von uns schlug ihm auf die Schulter und sagte: »Das ist ja großartig, Walter, daß du jetzt Bürgermeister bist, aber wer macht nun unsere Öfen ganz?« – Auch er entpuppte sich als »Altkommunist«. –

Und dann standen noch eine Reihe von merkwürdigen Männern herum, die uns die Hand gaben und Namen murmelten, die wir nicht kannten. Alle hatten zwölf Jahre – wenn nicht mehr! – im KZ gesessen – als »politische« Häftlinge natürlich. Sie hatten zahlreiche Einwohner von Kleinmachnow zusammengetrommelt, die fröstelnd herumstanden und auf Befehle warteten. Sie waren straßenweise als Nazis aus den Häusern geholt und zum Rathaus beordert worden – von diesen Männern, die keiner kannte – von denen niemand wußte, woher sie kamen und woher sie die Namen der Nazis erhalten hatten, von denen niemand wußte, in wessen Auftrag sie handelten, die aber alle mindestens zwölf Jahre im KZ gesessen hatten – wenn nicht mehr! – und alte Kommunisten waren. Untereinander kannten sie sich alle. Sie sprachen deutsch, manchmal allerdings mit merkwürdigem Akzent.

Wir gingen an die Arbeit: Nach einigen Stunden war das Zimmer des Bürgermeisters aufgeräumt – die Nazis halfen fleißig –, und das benötigte Material war herbeigezaubert: Schreibtisch, Schreibmaschinen, Sessel – es fehlte nichts. – Einer der fremden Männer übernahm die Polizeigewalt, die anderen wurden Polizisten. – Der Dreierausschuß und ich wurden von ihnen sehr höflich behandelt: Wir seien die Vertreter der Bevölkerung und sollten mit unserer Arbeit ruhig beginnen. Man sagte zu uns nicht »Genosse sowieso«, sondern »Herr . . .«.

Wir erklärten, daß wir als wichtigste Aufgabe ansähen, Lebensmittel, besonders Brot, zu beschaffen und auszugeben. Wir teilten zu diesem Zweck Kleinmachnow in fünf Bezirke ein. Für jeden Bezirk sollte ein Obmann eingesetzt werden. Ich wurde zum Hauptobmann bestimmt, der alles zu koordinieren hatte. Wir wollten ein Krankenhaus einrichten, aber leider fehlte es an Medikamenten und Verbandzeug. Wir wollten einen Schutz für die Frauen, einen Alarmplan bei Überfällen und einen Arbeitseinsatz organisieren, der die Trümmer beseitigen und die Leichen aus den Trümmern und Gärten sammeln und auf den Friedhof umbetten sollte. Für alle diese Aufgaben erschien es uns erforderlich, zunächst einmal die Bevölkerung von Kleinmachnow zu einer großen öffentlichen Kundgebung zusammenzurufen. Ich wurde beauftragt, die Versammlung vorzubereiten. Ernst Lemmer sollte zu

der Bevölkerung reden. Er war in Kleinmachnow bekannt und hatte ein gutes Renommee. – Die Fremden fanden unsere Vorschläge gut, besonders den mit der Versammlung fanden sie ausgezeichnet – ließen aber unsere Vorschläge mit dem Schutz der Frauen und einem Alarmplan bei Überfällen unauffällig verschwinden. In den nächsten Tagen räumte die »Polizei« eine große Villa – die Besitzer wurden hinausgeworfen – und besorgte sich aus den umliegenden Häusern, die zum Teil leer standen, alles, was für die »ruhige Arbeit« der Polizei nötig war: wertvolle Möbel, Teppiche, Bilder. – Es sah direkt luxuriös aus bei der »Polizei«.
Der brave Ofensetzer waltete nur drei Tage seines Amtes, dann wurde er abgelöst und kehrte – sichtlich erleichtert – zu seinem Beruf zurück.
Es trat aber kein Interregnum ein, denn plötzlich war ein neuer Bürgermeister da. Er hieß Johannes Freimund. Niemand wußte, wer ihn ernannt hatte. Er war in Kleinmachnow nicht unbekannt, ein Fabrikarbeiter, sehr schlecht beleumundet. Auch er hatte einige Jahre Zuchthaus hinter sich wegen politischer Denunziation – sagte er –, andere wußten von schweren sittlichen Verfehlungen zu berichten. In den letzten Kriegstagen war er aus dem Zuchthaus entlassen und vom Ortsgruppenleiter der NSDAP neu eingekleidet worden. Damals schon schüttelten die Nachbarn die Köpfe. – Aber seine Genossen versicherten unisono, daß er illegal für die KPD gearbeitet hätte, natürlich getarnt. Das genügte völlig als Qualifikation. Bei mir türmten sich indessen Arbeit und Verantwortung – ein Strom von Hilfesuchenden belagerte unser Haus. Klagen über Klagen – meist über die Willkür der Polizei – wurden vorgebracht. Meine Auseinandersetzungen mit dem Polizeichef wurden immer härter. Aber es blieb bei Drohungen seinerseits, denn man brauchte die »Vertreter« der »Bevölkerung«.
Während die Leichen allmählich begraben und die Trümmer von den Straßen geräumt wurden, verschwanden täglich auf unheimliche Weise zahlreiche Bürger. Geheimnisvolle Autos fuhren durch die Straßen, besetzt mit »Polizei« und fremden Soldaten, und holten Faschisten und Antifaschisten, Männer und Frauen, Junge und Alte zu einem kurzen Verhör in die Villa der Polizei – aus der meist niemand zurückkam. Hunderte verschwanden in diesen Tagen spurlos. – Während der Nazizeit ging das böse Wort um: »Wenn es morgens um fünf Uhr an der Haustür klingelt, kann es auch der Bäckerjunge sein.« – Jetzt konnte es Tag und Nacht klingeln – oder vielmehr an der Haustür bummern –, denn die Klingeln funktionierten nicht. – Niemand war sicher. Bei den Nazis hatte ein eiskaltes System geherrscht. Jetzt herrschte eine gespenstische Systemlosigkeit. Eine Denunziation, Straßenklatsch, ein persönlicher Racheakt, aber auch nur eine unzerstörte Wohnung, wertvolle Möbel genügten, und ein Mensch verschwand auf Nimmerwiedersehen.
Dann stieg die öffentliche Versammlung. Die Mundpropaganda funktionierte, die Neugier tat das Ihre – über tausend Menschen standen erwar-

tungsvoll am Rand des kleinen Wäldchens herum. Ich hatte eine Trittleiter mitgebracht und eröffnete die Versammlung. Es war mein erstes öffentliches Auftreten. Dann gab ich Ernst Lemmer das Wort. Er sprach ohne Pathos, beinahe nüchtern, aber seine weittragende, modulationsfähige Stimme schlug alle in ihren Bann. Lemmer erinnerte an die Fehler der Weimarer Republik, die zum Siege der Nazis geführt hatten, sprach von der Verstrickung des deutschen Volkes in gemeinsame Schuld, vom totalen Krieg und der totalen Niederlage und von den Erkenntnissen, die sich für jeden daraus ergäben. »Wir haben den Krieg verloren. Laßt uns den Frieden gewinnen!« sagte Lemmer. Heute sind das abgenutzte, beinahe banale Worte. Im Mai 1945 waren sie neu und aufrüttelnd. – »Demokratie heißt öffentliche Kontrolle«, schloß Lemmer seine Ansprache und rief alle auf, mitzuhelfen beim Wiederaufbau unseres Vaterlandes. – Er sagte: »Vaterland!«
Die Zuhörer waren angerührt, aber irgendwie verlegen. »Demokratie« – »Wiederaufbau« – es fehlte der richtige Abschluß, ein Kommando – ein »Siegheil!« Der Beifall blieb dünn, die ersten bröckelten ab und gingen nach Hause.
Dann stieg ich wieder auf die Leiter, stellte den neuen Bürgermeister von Kleinmachnow vor, gab die Einteilung Kleinmachnows in Bezirke bekannt, bat um Mithilfe, rief dazu auf, daß sich Männer und Frauen als Obleute zur Verfügung stellen möchten, und teilte mit, daß auf Anordnung der russischen Kommandantur in den nächsten Tagen ein regelmäßiger Arbeitsdienst eingesetzt würde, an dem alle arbeitsfähigen Männer teilnehmen müßten. – Jetzt wurden die Zuhörer unruhig. »Arbeitseinsatz???« – »Wie bei den Nazis?« – »Gebt uns lieber zu essen!« – Was aber die Ansprache von Lemmer nicht erreicht hatte, brachte der Widerspruch zustande: Eine Welle der Zustimmung und der Sympathie übertönte die Zwischenrufe. Ich konnte die Versammlung unter lautem Beifall schließen.
Unmittelbar im Anschluß an die Versammlung meldeten sich bei mir viele – besonders aus meinem Volkssturmzug – zur freiwilligen Mitarbeit. Ich konnte daher in meinem Bezirk sofort Unterbezirke bilden und mit zuverlässigen Männern besetzen. Außerdem konnte ich eine Hilfsorganisation ins Leben rufen zur Ausbesserung von Schäden an den Häusern. An Anträgen fehlte es nicht, und bald wurden an vielen Stellen Löcher in den Außenwänden vermauert, Fenster eingesetzt, Dächer repariert, niedergetretene Zäune neu gerichtet usw. Natürlich wurden in erster Linie die Alten, Kranken und die alleinstehenden Frauen berücksichtigt, die sich nicht selbst helfen konnten. – Man atmete auf und gewann neue Zuversicht.
Als Vorsitzender der Obleute hatte ich mit den anderen Bezirken häufig Schwierigkeiten. Ein Obmann namens Petruschke benutzte seine Stellung hauptsächlich dazu, Teppiche aus den Wohnungen zu holen und an die Russen zu verkaufen. Da er aber ein »Altkommunist« war, konnte ich nur schwer

etwas gegen ihn unternehmen, und die Klagen aus diesem Bezirk häuften sich. – Auch in meinem Bezirk lief nicht immer alles so, wie ich es gewünscht hätte. Z. B. hatte eine Frau mit einer hübschen Tochter in unserer Straße so eine Art offenes Haus für die Russen eingerichtet. Lauter Lärm ertönte die ganze Nacht hindurch aus dem Haus, Alkohol und Lebensmittel aller Art gab es in Massen. Aber ich konnte nichts gegen die Russen unternehmen und mußte diesem Unwesen zähneknirschend zusehen.

Einige Erlebnisse aus jenen ersten Tagen möchte ich noch berichten: Uns gegenüber wohnte eine Familie Pieper. Herr Pieper war Soldat und noch nicht zurückgekehrt. Frau Pieper bewohnte das Haus allein mit ihrem sechzehnjährigen Sohn. Der lief in den letzten Kriegstagen heimlich weg, um sich als Hitlerjunge zum Einsatz zu melden. Er war nicht wiedergekommen, und die verzweifelte Mutter suchte ihn überall voller Angst und Sorge. Sie lief von Gefangenenlager zu Gefangenenlager in der ganzen weiteren Umgebung, um ihren Sohn zu suchen, immer in der Hoffnung, daß er nicht tot oder nach Rußland verschleppt wäre, sondern daß sie ihn irgendwo finden würde. – Und tatsächlich! Was niemand für möglich gehalten hätte, geschah: Eines Tages kam sie mit ihrem Jungen wieder, den sie in einem Lager aufgestöbert und freigebettelt hatte. Der Junge war völlig verstört und hatte einen furchtbaren Schock. Zu unser aller Freude kam auch bald Herr Pieper zurück, und dieses Familienschicksal nahm ein glückliches Ende.

Wir hingegen waren ohne jede Nachricht von unserem Sohn. Wir teilten damit zwar das Schicksal von Tausenden, aber jeden trifft sein eigener Kummer besonders schwer. Es sollte noch beinah ein Dreivierteljahr dauern, bis wir die erste Post von ihm erhielten. – Unsere Dankbarkeit dafür, daß wenigstens wir drei die schweren Tage einigermaßen überstanden hatten und zusammen waren, daß unser Haus noch stand und bei uns kaum geplündert worden war, daß ich eine neue verantwortungsvolle Aufgabe gefunden hatte, wurde von der Sorge um das Schicksal unseres Sohnes überschattet und die belastete uns schwer.

Einige höchst aufregende Stunden gab es für Lotte, als russische Soldaten – wie an vielen Stellen in Kleinmachnow – auch in unserer Straße systematisch die Gärten nach Waffen absuchten. Ich war – wie meistens – für die Gemeinde Kleinmachnow unterwegs, als sie sich vom Bahnhof Düppel her auf unserer Straßenseite langsam durch die Gärten durcharbeiteten. Sie hatten lange Stangen mitgebracht und stocherten in der Erde herum. – Nun lagen ja in unserem Garten noch die Gewehre, die ich vom Volkssturm erhalten, und die Waffen, die ich dem ehemaligen Volkssturm-Spieß abgenommen hatte. – Natürlich war das Auftauchen der Russen von Haus zu Haus als Warnung durchgegeben worden. Aber was sollte Lotte machen? Jetzt ausgraben konnte sie sie nicht, die frisch aufgeworfene Erde wäre zu auffällig gewesen. Also blieb nichts übrig als abzuwarten. – Es war ein schöner warmer Maitag, und die Russen hatten zu ihrer Arbeit nicht allzuviel Lust. So legten sie sich drei Häuser von dem unseren entfernt in den Garten und schliefen sich ein wenig aus. – Die Spannung und Angst hielten unvermindert an. Denn wenn die Russen die Waffen fänden, würden üblicherweise nicht nur die Bewohner des betreffenden Hauses an die Wand gestellt, sondern der ganze Straßenzug würde haftbar gemacht werden. – Aber wieder einmal hatten wir Glück: Die Russen hatten nach ihrem Mittagsschläfchen keine Lust mehr weiterzumachen, hörten mit ihrer Kontrolle auf und zogen ab. – Als ich nach Hause kam, war die Gefahr zwar vorbei, aber der Schreck fuhr mir durch alle Glieder. – Am gleichen Abend grub ich die Waffen aus, hängte mir die Gewehre über die Schulter, steckte die Pistolen und Handgranaten in die Tasche und schlich mich quer über den Platz vor unserem Hause an Piepers Haus vorbei einen schmalen Weg hinunter, der zu einem Teich führte. Auf der linken und der rechten Seite wurde ich gegen unliebsame Beobachter abgeschirmt. Dann warf ich die Waffen in den Teich, wo sie wohl heute noch liegen mögen.

Von der verlassenen Flakstellung hinter unserem Haus holten wir uns immer wieder Brennmaterial für unseren Herd: Dachpappe. Sie qualmte zwar entsetzlich, verrußte den Kamin und verstänkerte das ganze Haus, aber sie brannte und ermöglichte uns, warmes Essen zu kochen, und das war die Hauptsache.

Inzwischen war die politische Entwicklung um uns herum auch weitergegangen. Plötzlich gab es im Landkreis Teltow einen Landrat, natürlich einen »Altkommunisten«. Er wohnte in Kleinmachnow. Auch im Lande Brandenburg bildete sich eine Regierung, bestehend aus Kommunisten und einigen Konzessions-Sozialdemokraten[2]. – Vom Landrat kam die erste Brotzuteilung: 200 g je Kopf und nach zwei Tagen noch einmal 300 g. – Das Krankenhaus wurde von der Regierung provisorisch eingerichtet.

Daß der Krieg Anfang Mai immer noch nicht zu Ende war, merkten wir in Kleinmachnow eigentlich nur daran, daß aus Richtung Berlin von Zeit zu Zeit ein Flugzeug auftauchte, das versuchte, nach Westen auszubrechen, meist aber im Flakfeuer der Russen brennend abstürzte. Dann aber sickerten die ersten Nachrichten von außen herein. Es gab wegen des Stromausfalls keinen Rundfunk, und Zeitungen erschienen natürlich auch nicht. Wir waren auf Gerüchte angewiesen. So hörten wir von dem ruhmlosen Ende Hitlers, von der Regierung Dönitz, von der Kapitulation Berlins, von dem Ende der 9. Armee und schließlich von der bedingungslosen Kapitulation und dem Kriegsende. Es war uns aber alles merkwürdig fern gerückt und beinah uninteressant geworden. Wir hatten unsere eigenen Sorgen, und die brannten auf den Nägeln.

Am Sonnabend, dem 8. Mai 1945, entschloß ich mich, zu Fuß nach Berlin zu gehen, um zu sehen, was aus meinen Geschäftsräumen geworden war. Es war ein sehr heißer Tag. Ich machte mich früh auf den Weg, und Lotte gab mir ein Stück Weizenkuchen und etwas Marmelade mit. Den ersten Teil des Weges ging ich mit Ernst Lemmer zusammen, der sich ebenfalls in Berlin umtun wollte. Wir gingen quer über die Heide zum Bahnhof Zehlendorf, dort trennten wir uns. Ich ging auf der alten Reichsstraße Nr. 1, die einmal von Aachen bis Königsberg geführt hatte, unentwegt nach Osten: Berliner Straße, Unter den Eichen, Schloßstraße, Rheinstraße, Hauptstraße – eine Strecke von gut zwölf Kilometern. – Den Anblick der verwüsteten Stadt brauche ich nicht zu beschreiben, das haben dazu berufene Schriftsteller oft genug getan, und Fotografien sind in genügender Anzahl vorhanden, um ein überzeugendes Bild dessen zu geben, was mich erwartete. Mein Weg führte mich nicht eine glatte Asphaltstraße entlang, sondern ich mußte ihn mir zwischen Häusertrümmern und Bombenkratern suchen, vorbei an Ruinen und ausgebrannten Straßenbahnwagen.

In Steglitz bog ich ab, um mich nach dem Schicksal meines Bruders Werner zu erkundigen. Ich fand die Familie wohlauf. Sie hatten in ihrer Wohnung keinen Russenbesuch gehabt, und das Haus war unbeschädigt. Nur das Dach war ziemlich durchlöchert, und die Mieter waren gerade dabei, Ziegel hinaufzuschleppen. – In Friedenau bog ich erneut ab, um meine alte Mitarbeiterin Fräulein Krüger aufzusuchen. Auch sie hatte das Kriegsende lebend überstanden. – Dann näherte ich mich der Ecke, an der das Haus Hauptstraße 160 lag, in dem mein Geschäft untergebracht war. Die Trümmer wurden immer zahlreicher, und meine Besorgnis, eine ausgebrannte Ruine vorzufinden, wuchs immer mehr. Aber siehe da: Auch das Haus Hauptstraße 160 war verschont geblieben und nur von einer kleinen Brandbombe getroffen worden, die schnell gelöscht werden konnte. Ich atmete auf.

In den Räumen selbst sah es schlimm aus: Da keine Scheibe mehr heil und auch die Holzverschalung zertrümmert war, standen die Räume praktisch offen. – Ich fand eine Horde von etwa zwölf Jungen vor, die munter plünderten und alles wegschleppten, was ihnen gefiel. – Sie waren maßlos erstaunt, als ich sie rausjagte und ihnen nicht einmal erlaubte, das, was sie gerade in den Händen hatten, mitzunehmen. – Der Boden des großen Ladenraumes war 15 Zentimeter hoch mit Unrat bedeckt, zum großen Teil mit menschlichem Kot, dazwischen blutige Unterkleidung und Gerümpel. Ich konnte die Tür zu den hinteren Räumen nur nach Wegräumen des schlimmsten Dreckhaufens öffnen. Auf dem Korridor lagen 65 Schuhe – alles einzelne, kein zusammengehörendes Paar. Woher sie kamen, ist mir bis heute unerklärlich.

Ich hatte vor der Beschlagnahme meiner Verkaufsräume mein gutes Kunstgewerbe in einem durch eine eiserne Tür gesicherten Raum untergestellt. Sie hatte allen Versuchen, sie aufzubrechen, widerstanden. Nur oben und unten war sie aufgebogen worden. Sie ließ sich mit meinem Schlüssel öffnen. Und nun packte mich das kalte Grauen. In dem Raum fand ich – außer meinen unbeschädigten Kunstgewerbe-Artikeln – ein großes Hitlerbild und russische

Beutewaffen. Meine Räume waren ab 1944 beschlagnahmt gewesen, und die Partei hatte – wie ich später hörte – ein Schaufenster als Werbung für den »Endsieg« eingerichtet und darin das Hitlerbild und die Beutewaffen aufgestellt. Irgend jemand hatte die Sachen rechtzeitig vor Eintreffen der Russen in Sicherheit gebracht und in meinem Lagerraum versteckt. – Hätten die Russen die Tür gesprengt, wäre wahrscheinlich das ganze Haus in Flammen aufgegangen, und die Einwohner wären verschleppt worden. – Ich habe unter großen Schwierigkeiten das Bild und die Waffen weggebracht und vernichtet. – In den oberen Räumen sah es einigermaßen menschlich aus. Die Laienspiele hatten offenbar niemanden interessiert. Nur eine Fotografie von mir, die mich als Soldat zeigte, war zerrissen worden.
Während ich noch dabei war, die Schaufenster und die Tür notdürftig mit Brettern zu sichern, ging das Gerücht um, daß Stalin auf dem Wege nach Berlin sei[3] und daß ab 16 Uhr niemand mehr auf der Straße sein dürfe. – Ich ließ daraufhin alles stehen und liegen und machte mich im Eiltempo auf den Nachhauseweg. Ich hatte noch nichts gegessen, die Sonne brannte, die Kleider klebten mir am Leibe – aber die Sorge, über Sonntag ohne Kontakt mit Lotte in der Stadt bleiben zu müssen, beflügelte meine Schritte. Ich kam nach einem Marsch von zwei und einer halben Stunde völlig erschöpft zu Hause an. Ich war immerhin insgesamt 25 Kilometer gelaufen und hatte in der Zwischenzeit hart gearbeitet.
In den nächsten Wochen begann sich das Leben in Berlin und in Kleinmachnow ganz langsam wieder zu normalisieren. Es gab elektrischen Strom, wenn auch nur sehr sporadisch. Die Verkehrsmittel begannen wieder zu fahren. Ich konnte mit Rosmarie regelmäßig ins Geschäft gehen bzw. streckenweise fahren und dort Ordnung schaffen. Zu unserem Schrecken hatte sich die Inhaberin eines Gemüse- und Kartoffelwagens, die früher auf der Straße vor unserem Haus ihre Ware verkauft hatte, in unseren Räumen eingenistet. Und da sie die zuständigen kommunistischen Behörden mit ihren Lebensmitteln bestechen konnte, gelang es mir nicht, sie zu vertreiben. Sie wurde amtlich eingewiesen, und ich mußte fast zwei Jahre lang Kunstgewerbe mit Kartoffeln in einem Raum verkaufen. – Lotte verbrachte ihre Zeit damit, Lebensmittel für uns heranzuschaffen, und das war eine Ganztagsbeschäftigung. Manchmal wanderte sie mit einigen anderen Frauen aus Kleinmachnow über notdürftig reparierte Brücken bis nach Potsdam auf den Markt, weil es dort einen Kohlkopf zu ergattern gab. – In der übrigen Zeit half sie zusammen mit Rosmarie bei der Gemeinde, um Bedürftige, Flüchtlinge und Heimkehrer zu betreuen.
Berlin bekam am 17. Mai 1945 einen neuen Oberbürgermeister, Dr. Arthur Werner, einen von den Nazis zwangspensionierten städtischen Ingenieur, und einen 16köpfigen Magistrat, der zur Hälfte aus Kommunisten bestand. Bereits am 7. Mai war der frühere Reichsminister Andreas Hermes, der vom

Volksgerichtshof unter Roland Freisler am 11. Januar 1945 zum Tode verurteilt und durch glückliche Umstände seiner Hinrichtung entgangen war, mit der Lebensmittelversorgung betraut worden. Professor Ferdinand Sauerbruch war Stadtrat für Gesundheitswesen und Professor Hans Scharoun Baustadtrat geworden. – Am 5. Juni wurde die »Berliner Vier-Mächte-Erklärung« veröffentlicht, die folgende vier Punkte enthielt:
1. Die vier alliierten Regierungen übernehmen die oberste Gewalt in Deutschland.
2. Deutschland wird in vier Zonen aufgeteilt.
3. Großberlin wird durch Streitkräfte aller vier Siegermächte besetzt und
4. als höchste koordinierende Behörde für ganz Deutschland wird ein Alliierter Kontrollrat eingesetzt.

Am 10. Juni 1945 erschien der Befehl Nr. 2 des sowjetischen Oberbefehlshabers Shukow, in dem die Bildung politischer Parteien erlaubt wurde. – Bereits am 11. Juni war die Kommunistische Partei mit ihrer Organisation fertig und hatte in allen Bezirken Berlins und in allen Orten des Landkreises Teltow Ortsgruppen gegründet. Am 15. Juni folgte die Sozialdemokratische Partei, am 26. Juni die Christlich-Demokratische Union und am 5. Juli die Liberal-Demokratische Partei. Nun begann für mich ein neuer Abschnitt meines Lebens: Die Politik griff nach mir, und ich ließ mich nur zu gern ergreifen.

3. Kapitel

Eine neue Partei entsteht

Durch Geburt, Familientradition und Wohnsitz hatte ich mich mein ganzes Leben lang als »Berliner« gefühlt, auch wenn ich seit 1938 in Kleinmachnow, das zum Landkreis Teltow gehörte, wohnte. Kleinmachnow war eigentlich ein Vorort Berlins. – 1945 wurde ich durch meine politische Tätigkeit ein »Brandenburger«, und bis heute fühle ich mich als Berliner besonders meiner brandenburgischen Heimat verbunden. Der östliche Teil dessen, was von Deutschland übriggeblieben war, wurde die »sowjetische Besatzungszone« (SBZ). Sie umfaßte: die Länder Sachsen, Thüringen, Mecklenburg, die Provinz Sachsen (später: Land Sachsen-Anhalt) und die ehemalige Provinz Brandenburg, die von nun an »*Provinz Mark Brandenburg*« hieß.
Die Provinz Mark Brandenburg gliederte sich in 21 Landkreise und neun Stadtkreise. Einer der Landkreise war der *Kreis Teltow* mit 150 000 Einwohnern, die in 183 Städten und Gemeinden lebten. – Eine Gemeinde davon war *Kleinmachnow* mit 12 000 Einwohnern.
Vor dem Weltkrieg hatte die »Provinz Brandenburg« zweieinhalb Millionen Einwohner gehabt – 1945 nach Verlust einiger östlicher Randgebiete an Polen nur noch zwei Millionen. Von 425 398 Wohnungen waren im Kriege 190 000 zerstört worden, davon 50 000 total. 932 Eisenbahnbrücken und 332 Straßenbrücken waren gesprengt, 97 Schleusen gesperrt. Von rund 2000 Schulen war die Hälfte unbenutzbar. Die meisten Orte waren ohne Leitungswasser, ohne Strom und Gas. Die Oderdeiche brachen als Folge der Bunkerbauten an vielen Stellen, das Wasser überflutete weite Teile des Ackerlandes. Die 18 000 km Reichsstraßen waren in katastrophalem Zustand. Von den vor dem Krieg gezählten 43 000 Stück Rindvieh lebten noch 400. Zerbombung und Industrie-Demontage hatten die Provinz Mark Brandenburg wirtschaftlich an die vorletzte Stelle unter den Ländern und Provinzen der SBZ gebracht, dahinter kam nur noch das Land Mecklenburg.
Als im Juli 1947 durch einen Beschluß des Alliierten Kontrollrats der Preußische Staat für aufgelöst erklärt wurde, benannte die Sowjetische Militär-Administration die »Provinz Mark Brandenburg« in »*Land Brandenburg*« um und stellte es damit in eine Reihe mit den »Ländern« Sachsen, Sachsen-Anhalt, Thüringen und Mecklenburg.
Nun will ich davon erzählen, wie ich zur Politik kam.

Am 22. Juni 1945 traf ich in Kleinmachnow auf der Straße Wolfswerder Ernst Lemmer, der gerade auf dem Weg zu mir war. Er hielt ein hektographiertes Blatt Papier in der Hand, das er mir zeigte und das den Entwurf zu einer Parteigründung enthielt. – Lemmer berichtete mir, daß seit dem 16. Juni 1945 in der Platanenstraße in Berlin, in der Wohnung des früheren Reichsministers Andreas Hermes, den die Sowjetische Militär-Administration (SMA) als Ernährungsbeauftragten in den Magistrat berufen hatte, Besprechungen stattfänden. An ihnen beteiligten sich Politiker aus der Zeit der Weimarer Republik – besonders aus Kreisen der ehemaligen Zentrums-Partei und der ehemaligen Deutschen Staatspartei – sowie evangelische, katholische und gewerkschaftliche Mitglieder der Widerstandsbewegung im Dritten Reich. Es solle entsprechend des – im vorigen Kapitel bereits erwähnten – Befehls Nr. 2 der SMA vom 10. Juni, durch den die Bildung von antifaschistischen Parteien erlaubt wurde, eine breite nichtsozialistische Partei gegründet werden. Der Name der neuen Partei stehe noch nicht fest. Sicher sei aber, daß er, Lemmer, im Präsidium mitarbeiten werde. Er könne sich daher nicht um seinen Heimatort Kleinmachnow kümmern, müsse aber gewiß sein, daß es dort eine Ortsgruppe der neuen Partei gebe und daß ein Mann, auf den er sich verlassen könne, die Leitung in Händen habe. – Das müsse ich sein!
Ich lehnte sofort und energisch ab. Ich wies Lemmer darauf hin, daß ich zwar politisch sehr interessiert sei, mich aber niemals praktisch in der Politik betätigt habe bzw. habe betätigen dürfen. Lemmer wischte meinen Einwand mit der bei ihm üblichen leichten Hand beiseite, und es dauerte nicht lange, bis ich entgegen meinem anfänglichen Widerstand zugesagt hatte. Man konnte Lemmer schwer widerstehen. Er war ein überzeugender und ausstrahlender Mensch. – Aber ich will auch nicht leugnen, daß mich die Aufgabe lockte.
Am nächsten Tage bereits hatte ich am späten Nachmittag meinen Volkssturmzug und die Männer und Frauen, die sich bei meiner Arbeit als Obmann um mich geschart hatten, zu einer Besprechung auf der Straße zusammengerufen. Ich erzählte ihnen von der bevorstehenden Gründung einer nichtkommunistischen Partei und von Lemmers Wunsch, hier in Kleinmachnow eine Ortsgruppe ins Leben zu rufen. Alle sagten zu mitzumachen. So wurde am 23. Juni 1945 in Kleinmachnow von etwa 30 Männern und Frauen die allererste Ortsgruppe einer Partei gegründet, die noch nicht einmal einen Namen hatte. – Der Gründungsaufruf der »Christlich-Demokratischen Union Deutschlands« (CDUD) erschien erst am 26. Juni.
Kurze Zeit darauf entstand – hauptsächlich in Sachsen und Thüringen – eine weitere bürgerliche Partei, die Liberal-Demokratische Partei. Sie wurde von Mitgliedern der ehemaligen Deutschen Staatspartei gegründet, die wegen der mangelnden Kommunikationsmöglichkeit in der SBZ nicht rechtzeitig von der Gründung der CDUD erfahren hatten. Die SMA unterstützte die Neugründung mit allen Mitteln, weil sie die Zersplitterung des bürgerlichen

Lagers – entsprechend einer Empfehlung, die schon Lenin gegeben hatte – wollte[4].

Die Kommunistische Partei Deutschlands (KPD) hatte sich in ihrem Gründungsaufruf, der bereits am 11. Juni 1945 veröffentlicht worden war, zunächst sehr demokratisch gebärdet. Sie wandte sich an »das schaffende Volk in Stadt und Land« und erklärte ausdrücklich, daß sie es für falsch halte, dem deutschen Volk das sowjetische System aufzuzwingen. Sie sei vielmehr für den eigenen deutschen Weg eines antifaschistisch-demokratischen Systems mit dem Ziel einer parlamentarisch-demokratischen Republik, in der alle demokratischen Rechte und Freiheiten für das Volk sichergestellt werden müßten. – In dem Aufruf war sogar von »ungehinderter Entfaltung des freien Handels« und von »privater Unternehmer-Initiative« die Rede. – Daß in Wirklichkeit alles ganz anders geplant war, sollten wir bald merken.

Am 3. Juli 1945 veröffentlichte die SMA eine Erklärung, in der sie mitteilte, daß sich demokratische Organisationen und öffentliche Körperschaften aus Ländern und Provinzen an sie mit der Bitte gewandt hätten, Provinzial- und Landesverwaltungen zu schaffen. Dabei seien ihr auch Kandidaten für die Präsidenten und die übrigen führenden Posten benannt worden. Der Oberbefehlshaber der SMA, Marschall Shukow, habe die Vorschläge geprüft und genehmigt. – Wer die Vorschläge gemacht hatte, blieb das Geheimnis der SMA. Aber plötzlich hatten wir Präsidenten und Minister, Landräte und Kreisräte, Bürgermeister und Stadtverwaltungen. Alles »ganz legal und demokratisch«. – Erstaunlicherweise waren beinahe alle Kommunisten! So wie in Kleinmachnow Polizei und Verwaltung sofort von Kommunisten okkupiert worden waren.

Im Befehl Nr. 2 der SMA waren vielerlei Vorbehalte für die Parteigründungen gemacht worden: Die Parteiprogramme mußten von der SMA genehmigt werden, die führenden Mitglieder mußten namentlich benannt und anerkannt werden, die politische Arbeit unterlag der Kontrolle der SMA, die Zeitungen wurden streng zensiert, kurz: Die freie Entfaltungsmöglichkeit der Parteien war sehr eingeschränkt, wobei natürlich die KPD das Hätschelkind der SMA und die CDU das Stiefkind waren.

Diese Vorschriften galten für alle Gliederungen der Parteien bis hinunter zu den Ortsgruppen, also auch für Kleinmachnow. Und wenn Marschall Shukow in dem Befehl Nr. 2 zwar geschrieben hatte: »Ich befehle, daß auf dem Territorium der SBZ die Bildung und Tätigkeit aller antifaschistischen Parteien zu erlauben ist«, so war doch jeder russische Kommandant in seinem Bereich allmächtig und konnte den Befehl nach seinem Gutdünken, ja nach seiner Laune auslegen.

Es gab einen Kommandanten für den ganzen Landkreis Teltow. Er hatte seinen Wohnsitz in Mahlow, einem kleinen Städtchen etwa zwei Kilometer südlich der Berliner Stadtgrenze bei Lichtenrade. Außerdem gab es im Landkreis Teltow eine größere Anzahl von Unterkommandanturen, die jeweils für einen kleineren Bezirk zuständig waren, so z. B. für Kleinmachnow der Kommandant der Stadt Teltow, die jenseits des Teltow-Kanals östlich an Kleinmachnow angrenzte und 18 000 Einwohner hatte. – Ich mußte also dorthin, um die Ortsgruppe der CDUD in Kleinmachnow und mich als ihren Vorsitzenden anzumelden.

Ich ging am 4. Juli 1945 mit einigem Herzklopfen über eine hölzerne Behelfsbrücke nach Teltow und meldete mich auf der Kommandantur, die in einer beschlagnahmten Villa untergebracht war. Erst mußte ich natürlich lange warten, und dann ließ mir der Kommandant, Kapitän Trofimo, bestellen, daß er heute keine Zeit für mich habe, ich möge morgen wiederkommen. Also zurück und am nächsten Tage wieder hin. – Nun war der Kommandant tatsächlich für mich zu sprechen und bestaunte mich im Kreise einiger Offiziere zunächst einmal wie ein Wundertier. Ich war der erste Nichtkommunist, der die Gründung einer Ortsgruppe anmelden wollte. Er fragte: »Du Faschist?« Ich verneinte energisch. – Dann fragte er: »Warum du nicht Kommunist?« – Ich antwortete: »Weil ich Christ bin.« – Die Offiziere sahen sich etwas ratlos an, aber akzeptierten nach kurzer Debatte meine Begründung. – Mir ist das später mit russischen Offizieren öfters passiert, daß sie die Aussage: »Ich bin Christ« zwar nicht begriffen, aber respektierten.

Am 5. Juli 1945 wurde die Ortsgruppe Kleinmachnow von dem Unterkommandanten in Teltow registriert und ich als Vorsitzender anerkannt[5].

Bevor ich nun von der politischen Arbeit der Ortsgruppe Kleinmachnow berichte, möchte ich – zeitlich vorausgreifend – von dem weiteren Aufbau der CDUD erzählen. (Ich werde von nun an den heute üblichen Namen »CDU« verwenden, weil es eine »CDUD« – *eine* Partei für ganz Deutschland in West und Ost – niemals gegeben hat. Die SMA erlaubte den Zusammenschluß nicht und verbot sogar offizielle Kontakte[6]. – Daß wir in der SBZ von unseren Parteifreunden im Westen häufig als »Ost-CDU« bezeichnet und als »russenhörig« verdächtigt wurden, soll rückblickend voller Enttäuschung nicht verschwiegen werden[7].)

In der Jägerstraße 59/60 in Berlin W 8 hatte sich die Parteileitung der CDU als »Reichsgeschäftsstelle« etabliert. Der 1. Vorsitzende war Andreas Hermes, der 2. Vorsitzende Walther Schreiber, der 3. Vorsitzende Jakob Kaiser und der 4. Vorsitzende Ernst Lemmer. Weitere führende Köpfe waren Emil Dovifat, Ferdinand Friedensburg, Otto-Heinrich von der Gablentz, Heinrich Krone, Hans Lukaschek, Otto Lenz, Otto Nuschke, Ferdinand Sauerbruch, Theodor Steltzer und Heinrich Vockel, der das Amt eines Generalsekretärs übernahm.

Am 28. August 1945 besuchte ich die Reichsgeschäftsstelle, weil wir in Kleinmachnow den Wunsch hatten, unsere politische Tätigkeit auf das benachbarte Stahnsdorf und Teltow auszudehnen. Ich erfuhr in der Jägerstraße, daß

ein Erich Schmelz in Teltow bereits als »Kreisbeauftragter der CDU für den Landkreis Teltow« eingesetzt sei und daß es nicht nur in Stahnsdorf und Teltow, sondern auch bereits in einigen anderen Orten des Kreises CDU-Stützpunkte gebe.
Ich schrieb am folgenden Tage an Herrn Schmelz und nahm bald darauf mit ihm persönliche Fühlung auf. Ich lernte in ihm einen sehr schlichten, von überwältigendem Idealismus beseelten Mann kennen, der fast Tag und Nacht mit dem Fahrrad unterwegs war, um die CDU im Landkreis Teltow aufzubauen. Durch seine unermüdliche Tätigkeit kam es im September zu einem Treffen der Vorsitzenden der bereits von den Russen genehmigten Ortsgruppen in der Stadt Teltow. Wir gründeten einen Kreisverband (KV) Teltow und wählten einen Vorstand. 1. Vorsitzender wurde Dr. Dr. August Kayser, Steuerberater in Teltow, 2. Vorsitzender wurde ich.
Bald danach kam aus Potsdam, wo sich unter Vorsitz des Ministerialdirigenten aus der Weimarer Zeit, Hans Egidi, ebenfalls ein Kreisverband der CDU gebildet hatte, die Einladung an alle Kreisverbände der CDU in der Provinz Mark Brandenburg, sich zur Gründung eines Landesverbandes (LV) Brandenburg der CDU in Potsdam einzufinden. Der Initiator der Gründung war Dr. Wilhelm Wolf aus Potsdam, der zum 1. Landesverbandsvorsitzenden gewählt wurde. – Ich hatte mich mit Dr. Dr. Kayser dahingehend geeinigt, daß er seine Tätigkeit auf den KV Teltow konzentrieren und ich mehr für den LV in Potsdam tätig sein sollte. Später wurde ich zum 2. Landesverbandsvorsitzenden gewählt. Ich war nun also in kurzer Zeit bereits Ortsgruppenvorsitzender in Kleinmachnow, stellvertretender KV-Vorsitzender in Teltow und LV-Mitglied in Brandenburg. Wahrlich eine steile Karriere! Natürlich waren alles Ehrenämter. – Es sollten im Verlauf der Zeit 22 werden!
Damit begann eine aufregende und arbeitsreiche Zeit für mich.
Inzwischen aber war auch außerhalb von Kleinmachnow, Teltow und Brandenburg die politische Entwicklung nicht stehengeblieben: Am 4. Juli 1945 war ich mit meiner Frau im Garten, als wir lautes Motorengeräusch und Kettengerassel von schweren Fahrzeugen hörten. Ich sagte spontan: »Das sind die Amerikaner!« Und sie waren es! – General Lucius D. Clay besetzte den amerikanischen Sektor von Berlin gegen den lang anhaltenden Widerstand der Russen. Sie hatten Schwierigkeiten über Schwierigkeiten gemacht und versucht, das Kommen der Amerikaner ganz zu verhindern oder so lange wie möglich hinauszuzögern, um Berlin allein zu regieren oder wenigstens auch in diesem Teil der Stadt die Demontage weitgehend durchzuführen[8].
Es war für uns alle eine seelische Rückenstärkung, zu wissen, daß die Amerikaner in Berlin waren – mein Verlag z. B. lag im amerikanischen Sektor. Aber wir Kleinmachnower, die wir nicht zu Berlin, sondern zur SBZ gehörten, wurden zu unserem Leidwesen von der Anwesenheit der Amerikaner nicht unmittelbar betroffen. – Dachten wir. – Es kam anders!

Am 25. Juli 1945 behauptete die SMA plötzlich, die SBZ ende am Teltowkanal und der nördlich davon gelegene Teil Kleinmachnows gehöre zu Berlin. Die Russen zogen ab. – Nach wenigen Tagen erschienen die ersten amerikanischen Soldaten in Kleinmachnow und versicherten uns, daß wir nun keine Angst mehr zu haben brauchten, denn sie seien ja jetzt da.
Nach wenigen Tagen waren sie aber nicht mehr da, denn das amerikanische Headquarter nahm seinerseits den Standpunkt ein, Kleinmachnow gehöre nicht zum amerikanischen Sektor von Berlin, sondern zur SBZ.
Kleinmachnow war für zehn Wochen das einzige Gebiet des ehemaligen Deutschen Reiches, das nicht von fremden Truppen besetzt war. Wir riefen die »unabhängige Republik Kleinmachnow« aus!
So weit, so gut! – Der Nachteil bei der Sache war nur, daß erstens keine der beiden an unserer »Landesgrenze« stehenden Besatzungsmächte uns mit Lebensmitteln versorgen wollte. – Der zweite Nachteil war, daß wir nun sowohl von Norden wie von Süden, d. h. sowohl von amerikanischen wie von russischen Soldaten überfallen und ausgeplündert werden konnten, ohne daß eine Kommandostelle zuständig war, die diesem Treiben Einhalt zu gebieten vermochte. – Selbst Ernst Lemmer wurde in einem Wäldchen neben seinem Haus überfallen, zusammengeschlagen und beraubt. Es handelte sich um Angehörige der berüchtigten amerikanischen Fallschirmjäger. Sie konnten ihre Beschimpfungen: »Du Nazischwein!« in ganz gutem Deutsch schreien.
Wir Kleinmachnower bemühten uns natürlich eifrig darum, trotz des amerikanischen Widerspruchs in Berlin eingemeindet zu werden, wobei wir uns auch für den südlich des Teltowkanals gelegenen Teil Kleinmachnows einsetzten. Die dortigen Einwohner veranstalteten eine Unterschriftensammlung, und ich machte am 7. August 1945 eine Eingabe, in der ich die historische Zusammengehörigkeit des ganzen Ortes, seine wirtschaftliche und verkehrstechnische Zugehörigkeit zu Berlin betonte und darauf hinwies, daß die einzige, hauptsächlich von Kleinmachnower Kindern besuchte Oberschule und die einzige Kirche im Südteil des Ortes lägen. – Kurz, wir taten alles, um zu Berlin zu kommen. – Der Oberbürgermeister von Zehlendorf, Dr. Wittgenstein, hatte ab 1. August auf eigene Verantwortung dafür gesorgt, daß Kleinmachnow in die Zehlendorfer Verpflegung mit einbezogen wurde. Aber am 26. September verbot ihm der amerikanische Kommandant, Kleinmachnow mit Lebensmitteln zu versorgen. Der russische Kommandant, an den wir uns nun wandten, lehnte seinerseits ab. Eine Hungerkatastrophe war die Folge. – Da änderte am 3. Oktober 1945 die SMA, ebenso unverständlich wie am 25. Juli, ihre Meinung. Kleinmachnow gehörte wieder zur SBZ, die Russen kamen zurück, und der Traum, zu Berlin zu kommen, war ausgeträumt.
Nun zur politischen Arbeit der CDU in Kleinmachnow. Der mehrfach zitierte Befehl Nr. 2 der SMA, der die Gründung von Parteien erlaubte, ent-

hielt noch einen weiteren zwingenden Vorbehalt: Alle Parteien mußten bereit sein, in der »Einheitsfront der antifaschistisch-demokratischen Parteien« – genannt: »Antifa« oder einfach »Block« – zusammenzuarbeiten[9]. Bei allen Beschlüssen des »Antifa« war Einstimmigkeit vorgeschrieben. Diese Bestimmung war natürlich als Knebelung der bürgerlichen Parteien gedacht, wirkte sich aber manchmal auch zu unserem Vorteil aus: Wir konnten unerwünschte Beschlüsse verhindern.
In Kleinmachnow wurde schon Ende Juli 1945 ein Antifa gegründet, dem der Vorsitzende der KPD, Borkamp, der Vorsitzende der SPD, Bose, und ich für die CDU angehörten. Eine Liberal-Demokratische Partei hat es in Kleinmachnow nie gegeben. Später schlossen sich dem Antifa noch der »Freie Deutsche Gewerkschaftsbund« und der »Kulturbund zur demokratischen Erneuerung Deutschlands« an, deren Vertreter natürlich Kommunisten waren.
Am 15. August 1945 wollte die CDU-Ortsgruppe mit einer großen Kundgebung an die Öffentlichkeit treten. Wir mieteten den Kinosaal, der für etwa 500 Personen Platz bot. Es gelang mir, Professor Dovifat, den Chefredakteur der CDU-Zeitung in Berlin, »Neue Zeit«, als Redner zu gewinnen. Dovifat war vor dem Kriege Professor für Zeitungswissenschaften an der Berliner Universität gewesen. Vor ihm sollte ich als Vorsitzender der Ortsgruppe die Besucher begrüßen und das Programm der CDU erläutern. Ich war natürlich fürchterlich aufgeregt, denn es war das erste Mal, daß ich vor so vielen Leuten reden mußte.
Ich setzte mich also an meinen Schreibtisch und fabrizierte eine schwungvolle Rede. Ich las sie mir unzählige Male durch, unterstrich die Worte je nach Betonung mit Rotstift, Grünstift und Blaustift und markierte die wirkungsvollen Pausen – kurz, ich benahm mich wie ein ausgesprochener Anfänger, der ich ja auch war. Am Nachmittag des großen Tages ging ich hinauf in die Schlafstube und rezitierte die Rede laut, während die Familie – die übrigens ebenso aufgeregt war wie ich – striktes Verbot hatte, sich dem oberen Stockwerk zu nähern. – Der Abend kam, die Leute strömten, das Kino war überfüllt, ich blieb nicht stecken, und es wurde ein Erfolg. Wir bekamen neue Mitglieder, und ich hatte meine Feuerprobe bestanden.
Zu unserer Freude waren viele Schüler der Oberschule Kleinmachnow von unserer Veranstaltung beeindruckt, brachten ihre Zustimmung schriftlich zum Ausdruck, und einige von ihnen traten spontan der CDU bei.
Am Tage unserer Kundgebung ereignete sich übrigens ein furchtbares Unglück. Der Sohn von Ernst Lemmer, der spätere Berliner Abgeordnete für Zehlendorf-Süd, Henning Lemmer, fand auf dem Nachhauseweg von der Schule mit einigen Kameraden eine Panzerfaust. Einer der Jungen faßte sie trotz der Warnung von Henning Lemmer an, sie explodierte und riß Henning den einen Fuß über dem Knöchel ab. – Als wir zur Versammlung kamen,

wurde der Verletzte gerade abgefahren, und wir trafen den fassungslosen Vater vor dem Kino. Er bat Lotte, mit zu seiner Frau zu gehen und von dem Unglück zu berichten, da er sich allein dieser Aufgabe nicht gewachsen fühle. Es war kein leichter Auftrag für Lotte. Dieses Ereignis überschattete den sonst so erfolgreichen Tag.
Die beiden sozialistischen Parteien waren über unseren Erfolg verblüfft und verärgert und reagierten entsprechend. Sie riefen vier Tage später zu einer »Großen öffentlichen Kundgebung der sozialistischen Parteien Kleinmachnows« in das Kino auf. Der Besuch war nicht überwältigend. Kleinmachnow war am Sozialismus nicht sehr interessiert. Wir hatten übrigens inzwischen weit über 100 Mitglieder gewonnen, mehr als die beiden sozialistischen Parteien zusammen.
Auch das verdroß sie natürlich, und sie begannen, trotz der Vereinbarung, im Antifa zusammenzuarbeiten, sich der CDU gegenüber höchst unfair zu benehmen. Sie schlossen sich zu einem »Arbeitsblock der beiden sozialistischen Parteien« zusammen und richteten ein Gesuch an den kommunistischen Bürgermeister Freimund, in dem sie forderten, daß der »Dreierausschuß« – von dem ich im vorigen Kapitel erzählt habe – aufgelöst werden solle. Die CDU war über dieses Vorgehen nicht informiert worden. Ich protestierte in einem deutlichen Brief vom 25. August, auf den der »Arbeitsblock« zwar höchst erstaunt und harmlos reagierte, aber einlenkte.
Es wurde vereinbart, daß von nun an der Antifa in Kleinmachnow alle zwei Wochen tagen und alles gemeinsam beschließen solle. Der »Arbeitsblock« stimmte auch meinem Vorschlag zu, an einer von uns und Vertretern beider Kirchen am 9. September, dem »Gedenktag für die Opfer des Faschismus«, geplanten Feierstunde teilzunehmen.
Meine dauernde Initiative wurde aber nun dem kommunistischen Bürgermeister zuviel. Er schaltete sich ein und beauftragte den »Leiter des Kulturamtes Kleinmachnow« an meiner Stelle mit der Vorbereitung der gemeinsamen Feier am 9. September. Damit komme ich zu einem anderen »Kampfgebiet« in Kleinmachnow, das oft nicht des Humors entbehrte: der Kultur.
In Kleinmachnow wohnte eine große Anzahl von Berliner Künstlern: Schauspieler, Musiker, Maler. Ich lud sie alle in meine Wohnung ein.
Etwa 70 Personen kamen und füllten unsere große Stube. Wir beschlossen, im Kino eine kulturelle Veranstaltung durchzuführen. Unter den Schauspielern war z. B. Richard Häussler besonders aktiv, unter den Musikern ein Cellist der Berliner Staatsoper, Bartels-Troje.
Schon frühzeitig war die Kultur in Kleinmachnow amtlich erfaßt und einem ehemaligen Lehrer – natürlich auch Kommunist – unterstellt worden. Von der Polizei wurde für ihn eine Villa beschlagnahmt – so fing jede amtliche Tätigkeit damals (und vielleicht auch heute) an. Herr Kiener – so hieß der Kulturreferent – zeichnete sich besonders dadurch aus, daß er stets mit einer

blauen Baskenmütze und verächtlich heruntergezogenen Mundwinkeln umherlief. Er arbeitete an einer Kantate, die den Titel »Ballade des Wiederaufbaus« tragen und die verrottete bourgeoise Kunst ablösen sollte.
Kiener karrte aus unbewohnten Häusern Bücher heran – ganze Bibliotheken, er war dabei nicht zimperlich. Auch zwei Flügel wurden von einem Arbeitskommando herbeigeschafft. Bald prangte an der Villa ein Schild: »Zum Kulturamt – Volksbücherei im 1. Stock – Registrierung der Kulturschaffenden im 2. Stock«.
Häussler, Bartels-Troje und ich begaben uns also zu Herrn Kiener und trugen ihm unseren Plan vor. Er fragte, wie wir uns so eine Veranstaltung vorstellten. Wir schlugen ihm vor, etwas von Bach oder Mozart spielen zu lassen. Die Menschen brauchten jetzt dringender denn je eine kulturelle Aufrüstung. Kiener sagte verächtlich: Mozart!!! – Wir schlugen vor, daß ein Schauspieler vielleicht Gedichte von Rilke oder Hesse vorlesen könnte. Kiener lächelte nur schmerzlich. – Er lehnte unser Programm als unannehmbar bürgerlich ab und empfahl, bis zur Fertigstellung seiner Ballade zu warten.
Wir beschlossen daraufhin, ohne Herrn Kiener tätig zu werden, brachten ein Orchester zusammen, konnten einige Schauspieler gewinnen, und der erste Kleinmachnower Kulturabend stieg im Kino und wurde ein durchschlagender Erfolg. – Herr Kiener saß in der letzten Reihe und lächelte resigniert. Die heruntergezogenen Mundwinkel wurden durch einen neugewachsenen Leninbart dezent verdeckt. Er verachtete diese verstaubte, zum Untergang reife bürgerliche Welt und arbeitete an seiner Ballade. Laßt sie ruhig Mozart und Bach und Hesse und Rilke aufwärmen! Kiener kann warten! Kiener kommt! Leider wurde seine »Ballade des Wiederaufbaus« niemals fertig.
Nun aber wurde der Herr Kulturreferent von »höherer Stelle« aus unter Druck gesetzt. Man merkte, daß ich dem Kulturamt in Kleinmachnow das Wasser abgraben könnte, wenn Herr Kiener so weitermachen würde. Herr Kiener benutzte plötzlich die Gelegenheit, daß ich auf unserer Kulturveranstaltung das Kleinmachnower Kulturamt freundlich erwähnt hatte – die versteckte Ironie war ihm entgangen –, um sich in einem Brief vom 2. August folgende Sätze abzuringen: »Wir sind ganz Ihrer Meinung, daß als Grundlage, als Fundament sozusagen, jeder Kulturarbeit die Klassiker wie Dürer, Goethe, Bach, Beethoven dienen müssen.« – Na bitte! – Weiter hieß es: »Außerdem glauben wir, daß alle diese Klassiker auch als Antifaschisten anzusehen sind, denn sie dienten nicht nur, sondern sie brachten sogar den Fortschritt.« (Ohne Kommentar!) – Am 2. September stieg die erste Veranstaltung des Kulturamtes: »Im Schatten des Krieges«, auf der Richard Häussler Gedichte las. Sie wurde von klassischer Musik umrahmt.
Dann bekam ich einen weiteren Brief von Herrn Kiener, der mich wiederum zu einer ironischen Erwiderung zwang. Er bat mich nicht nur, auf der Kundgebung am 9. September für die CDU zu sprechen, sondern schrieb: »Falls es

möglich ist, sollten etwa vorhandene Fahnen auf Halbmast gesetzt werden.«
– Ich bat am 4. September schriftlich um Aufklärung, was mit »etwa vorhandenen Fahnen« gemeint sei: die Fahnen der Deutschen Republik vor 1933, die rote Fahne oder die Fahnen der Besatzungsmächte? – Kiener rächte sich durch ein Schreiben vom 18. September, in dem er mir unter Hinweis auf Bestimmungen der Besatzungsmächte jede Jugendarbeit in der CDU-Ortsgruppe verbot, da sie nur innerhalb der Gemeindeverwaltung unter Leitung der Volksbildungsämter geleistet werden dürfe[10].
So viel von meiner Kabbelei mit Herrn Kiener. – Es kamen ernsthaftere politische Schwierigkeiten auf mich zu. Zwar hatte aufgrund meines Protestes vom 25. August der paritätisch besetzte Antifa-Ausschuß in Kleinmachnow seine Arbeit aufgenommen, und ich war als Schriftführer gewählt worden. Aber im Kreise Teltow gab es noch keinen »Kreis-Antifa«, sondern der »Arbeitsausschuß der beiden sozialistischen Parteien« war immer noch munter am Werke, ohne daß die CDU mitreden durfte. Er arbeitete »Richtlinien der KPD und SPD für die kommunalpolitische Arbeit« aus, in denen es unter Punkt 3 hieß: »Die Bürgermeister, Stellvertreter, Gemeindevorsteher sowie die wichtigsten Dezernenten müssen das Vertrauen beider Parteien haben. Sie sind vom Arbeitsausschuß vorzuschlagen.« – Das hieß im Klartext: Sie müssen Kommunisten, im Ausnahmefall Sozialdemokraten sein.
Daß das auch in Kleinmachnow so gehandhabt werden sollte, wurde bald offenbar. Am 6. Oktober veranstalteten die beiden sozialistischen Parteien eine öffentliche Versammlung im Kino, auf der der kommunistische Landrat des Kreises Teltow, Meschkat, sprach. Er erklärte dort, daß »jeder Zwischenrufer ein Faschist« sei und daß, »wer nicht hungern wollte, ein Verräter an Deutschland« sei. Ein kommunistischer Stoßtrupp stellte die Namen von Zwischenrufern fest. Vorher hatte Herr Meschkat dem KV Teltow der CDU erklärt, daß er für jede Gemeinde im Landkreis Teltow, ohne Rücksicht auf das Stärkeverhältnis der Parteien, den Posten des ersten Bürgermeisters, des Polizeichefs und des Leiters des Volksbildungsamtes für die kommunistische Partei beanspruche[11]. – Den Vorsitzenden der SPD in Kleinmachnow belehrte er, daß autoritär regiert werden müsse, da die Zeit für die Demokratie noch nicht reif sei.
Auf der Versammlung am 6. Oktober war auch der russische Kommandant des Kreises Teltow anwesend, der mir jede weitere politische Arbeit in Kleinmachnow untersagte, bis ich von ihm in Mahlow, nicht von dem Unterkommandanten in Teltow, die Genehmigung zur Führung einer Ortsgruppe erhalten hätte.
Damit war ich zunächst lahmgelegt, konnte an der Arbeit des Antifa nicht mehr teilnehmen, konnte bei der Einsetzung von zwei neuen Bürgermeistern – einem Kommunisten, Hans Casagranda, und einem Sozialdemokraten, Schultze-Löscher – nicht mitwirken und mußte eine bereits angekündigte

öffentliche Versammlung, auf der der 2. Vorsitzende der CDU, Walther Schreiber, sprechen sollte, absagen. – Ich schrieb am 22. Oktober an Andreas Hermes, bat um Hilfe und wies darauf hin, daß sogar der sozialdemokratische Oberpräsident in Potsdam das undemokratische Verhalten des Landrates in Teltow mißbilligte. – Hermes sprach mit Wilhelm Pieck, neben Walter Ulbricht der wichtigste Mann der KPD, der Landrat wurde zurückgepfiffen, und ich erhielt aus Mahlow meine Bestätigung als Ortsgruppenvorsitzender. Allerdings durfte ich nur noch zweimal im Monat eine Mitgliederversammlung veranstalten und mußte jedesmal einen Bericht über den Verlauf und die Themen an den Kommandanten in Teltow übersenden[12]. – Bis dahin waren wir jede Woche zusammengekommen.
Nun konnte ich also wieder öffentlich in Erscheinung treten. Am 14. November sprach ich auf einer überfüllten öffentlichen Versammlung im Kino über das Thema »Echte Demokratie«. – Der Vorsitzende der KPD in Kleinmachnow, Herr Borkamp, schrieb mir anschließend, daß er sich mit dem Thema »Echte Demokratie« vertrauter machen möchte, da ihm einige Gedankengänge von mir sehr gut gefallen hätten. Er bat um Abschrift des Vortrages. Ich vermute, sie ist auf dem Schreibtisch des russischen Kommandanten gelandet.
Im Dezember endlich gelang es mir durchzusetzen, daß ein CDU-Mitglied, der frühere Landrat im Kreise West-Havelland, Karl Siebenpfeiffer, zum 3. Bürgermeister in Kleinmachnow gewählt wurde. So konnte ich im großen und ganzen mit dem Erfolg meiner politischen Arbeit im Jahre 1945 zufrieden sein.
Kleinmachnow war für die tatendurstige Ortsgruppe, die inzwischen 157 Mitglieder zählte, zu klein geworden. Wir beschlossen, im Kreise Teltow neue Ortsgruppen der CDU zu gründen. Ich muß noch einmal die damalige Verkehrssituation in Erinnerung rufen: keine Eisenbahn, keine Autobusse, kaum Fahrräder. Kein Telefon, keine Post. – Eines unserer Mitglieder, ein Holz- und Kohlenhändler namens Schackla, hatte sein Auto in der Nazizeit nicht abgeliefert, wie es Vorschrift war, sondern in seiner Scheune versteckt. Nun holte er es hervor, Benzin hatte er auch noch – und auf ging's!
Wir waren dreizehn wagemutige CDU-Mitglieder, die sich an einem Sonntagmorgen bei Schackla versammelten. Jeder hatte seinen Handwagen mitgebracht. Wir banden den ersten Handwagen mit Strippe an die hintere Stoßstange des Autos, dann den zweiten Handwagen an den ersten und so fort. Schließlich setzte sich das Schacklasche Auto langsam in Bewegung und zog dreizehn Handwagen hinter sich her, und in jedem Handwagen hockte ein CDU-Mann. So fuhren wir über Land. – Im ersten Dorf koppelten wir den letzten Wagen ab, im nächsten den zweitletzten – bis wir dreizehn Dörfer mit CDU-Werbern versorgt hatten. Dann fuhr Schackla einen großen Bogen und sammelte alle wieder ein.

Die Werbung zur Begründung einer CDU-Ortsgruppe war nicht etwa einfach, denn infolge der mangelnden Kommunikation wußte in den kleinen märkischen Dörfern niemand etwas von der Existenz einer CDU, und wir unsererseits kannten natürlich niemanden im Dorf. – Ich will erzählen, wie es mir ergangen ist: Ich stand mit Handkarre allein auf der Dorfstraße und überlegte mir, daß es das Vernünftigste wäre, erst einmal den evangelischen Pfarrer aufzusuchen. Ich fragte mich zu ihm durch, und er empfing mich bereitwillig. Ich trug ihm mein Anliegen vor und bat ihn, mir Namen von Bauern zu nennen, die christlich orientiert seien. Dann ging ich zu zwei Bauern, erzählte ihnen von der neuen Partei, die gegen die Kommunisten antreten wollte, und bat sie, ihrerseits einige andere Bauern aufzusuchen und zu bitten, zu einer Besprechung in den Dorfkrug zu kommen. Ich würde dort auf sie warten. – Danach setzte ich mich im Dorfkrug vor einen Topf mit gelblich gefärbter Flüssigkeit, die man damals Bier nannte, und harrte der Dinge, die da kommen sollten. Und sie kamen – die Bauern, mißtrauisch, wie märkische Bauern sind, aber neugierig und erwartungsvoll.

Nachdem sich so an die fünfzehn Bauern versammelt hatten, jeder seinen Topf Bier vor sich stehen hatte und die Luft allmählich anfing, von dem Qualm des selbst gezogenen und fermentierten Tabaks – oder der Kirschblätter – blau zu werden, fing ich an, eine politische Rede zu halten und die Absichten der CDU zu erläutern. Die Bauern nickten schweigend, aber zustimmend. Eine nichtkommunistische Ortsgruppe in ihrem Dorf fanden sie gut. – Als ich dann aber sagte, daß nun einer den Vorsitzenden machen müßte, und um einen Vorschlag bat, breitete sich ablehnendes Schweigen aus. – Langsam brachte ich sie so weit, daß einer zu einem anderen sagte: »Na, Fritze, das kannst du doch machen!« – Aber Fritz wollte nicht. – Und Karl hatte keine Zeit – und Wilhelms Frau war krank. – Und Pauls Vater war Pg. gewesen – und – und – und.

Es gelang mir schließlich, einen zu überreden, den Vorsitz zu übernehmen, wobei die anderen Bauern eifrig halfen, damit sie selbst aus der Schußlinie kamen. Als ich dem Kandidaten aber sagte, daß er nun nach Mahlow zum Kreiskommandanten fahren müßte, um sich dort registrieren zu lassen, war es zunächst natürlich einmal ganz aus! Denn jeder wußte, daß er nach Mahlow nur mit Pferd und Wagen gelangen konnte und daß er riskierte, beides unterwegs loszuwerden.

Es war schon überaus schwierig. – Dennoch gelangen uns einige Gründungen, die aber meist bald wieder eingingen. Bis zur ersten Wahl in der SBZ im Herbst 1946, von der ich noch viel zu erzählen habe, entstanden im ganzen Landkreis Teltow nur 24 Ortsgruppen der CDU, und zwar meist in den größeren Orten wie Teltow, Mahlow, Wünsdorf, Zossen, Rangsdorf, Königs Wusterhausen, Eichwalde, Schulzendorf und anderen. – Die KPD dagegen hatte in jedem kleinen Dorf eine Ortsgruppe.

Nun etwas über unser tägliches Leben in Kleinmachnow. Es hatte sich zwar einigermaßen normalisiert, war aber immer noch mühsam genug. Es gab zwar elektrischen Strom, aber den größten Teil des Tages war Stromsperre. Morgens konnten wir in Ermangelung einer Uhr – sie waren alle von den Russen geklaut – die Zeit nach dem Brennen unserer Nachttischlampe einschätzen: Brannte sie, wenn wir sie anknipsten, war es noch vor 7.15 Uhr, brannte sie nicht, war es später. Ein einfaches und praktisches Verfahren. – Da aber tagsüber oder am Abend die Stromsperren völlig unregelmäßig und daher unvorhersehbar waren, war für die Hausfrauen die Möglichkeit, etwas Warmes bereitzuhalten, reine Glückssache und ebenso das rechtzeitige Anzünden von Kerzen, ehe es plötzlich dunkel wurde, ein Problem. Ich konnte schließlich durch eine Eingabe erreichen, daß das Elektrizitätswerk eine Stromsperre dadurch ankündigte, daß es fünf Minuten vorher für fünf Sekunden den Strom unterbrach.

Die Hauptsorge der Kleinmachnower blieb auch nach der Übernahme der Verpflegung durch die Russen die Verteilung der Lebensmittel. Es gab tagelang kein Brot, weil die Bäcker kein Mehl hatten, und wenn sie welches zugeteilt bekamen, hatten sie keine Kohlen zum Backen. Die Fleischversorgung war ebenso katastrophal. Mir liegt das Protokoll der ersten Sitzung des Antifa Kleinmachnow vom 10. Oktober vor, in dem über die Verteilung von 192 Kilo Rindfleisch an 12 000 Einwohner beraten wurde. Ergebnis: 16 g pro Kopf! – Besonders schlecht wurden die schwer arbeitenden Hausfrauen behandelt, weil ihre Arbeit von den Russen nicht als »Arbeit« anerkannt wurde. Sie erhielten zwar wie alle Frauen die schlechteste Kategorie – aber die darauf vorgesehene Menge Fleisch und Fett erhielten nur die Frauen unter 50 Jahren, die im Arbeitseinsatz tätig waren. – Ich habe gegen diese, einem Befehl des Marschalls Shukow zuwiderlaufende Schlechterstellung der Hausfrauen[13] in einem Brief vom 11. Dezember protestiert und auch dagegen, daß trotz gegenteiliger Ankündigungen in den Zeitungen die Kleinmachnower bisher weder Grütze noch Marmelade erhalten hatten.

Unser Garten war uns natürlich eine große Hilfe, und wir nutzten ihn nach Kräften zum Anpflanzen von Gemüse. Allerdings reservierte ich mir ein Fleckchen für Tabakpflanzen, wie sie in allen Gärten ringsum prächtig gediehen: Kleinmachnower Sonnenseite. Die Tabakblätter wurden getrocknet und dann in der Küche mit einem heißen Ziegelstein fermentiert. Jeder schwor auf seine eigene Methode. Aber in allen Küchen Kleinmachnows stank es zur Tabakerntezeit entsetzlich. – Gab es keine Tabakblätter, so taten es die jungen Blätter von Sauerkirschbäumen, vermischt mit den Blütenblättern von Heckenrosen, auch. Mir schmeckte dieses Gemisch beinahe besser, denn ich kam mit dem Fermentieren niemals richtig zurecht.

Als der Herbst kam, wurde auch die Frage des Heizmaterials akut. Wir selbst waren im glücklichen Besitz von etwas Brennholz, das uns mein Schwager

Hermann Streckenbach angeschleppt hatte. Wir mußten aber sparsam damit umgehen, und zu kaufen gab es nur nassen Torf. Wir hatten in der kleinen Stube einen transportablen Kachelofen, den wir mit diesem prächtigen Heizstoff fütterten: Im Ofen steckte Torf, der zu glimmen versuchte, auf dem Ofen lag Torf, der zu trocknen versuchte. Beides mit geringem Erfolg. – Außerdem mußten wir mit dem Zeug natürlich auch noch den Herd versorgen, um das, was wir auf Lebensmittelkarten zugeteilt bekamen, nicht roh verschlingen zu müssen. Eine täglich neue Qual für die Hausfrau und nicht selten ein völliger Mißerfolg. – Als es dann richtig kalt wurde, mußten wir das Wasser abstellen, damit die Leitungen nicht einfroren. Wir hatten daher im Keller mit Wasser gefüllte Zuber aufgestellt, die wir von Zeit zu Zeit nachfüllten, um dann die Rohre sofort wieder zu entleeren. Über den Zustand unserer Kochkessel brauche ich nichts weiter zu sagen. Ein Loch darin war eine Katastrophe.

Aber über die Bekleidung sollte noch etwas berichtet werden: Ich besaß zwei alte, ziemlich speckige Anzüge, keinen Schlips – was mich nicht störte. Außerdem nannte ich drei Hemden aus Gardinenstoff in Schwedenstreifen mein eigen. Die Gardinen hatten im Geschäft über den Schaufenstern gehangen, und meine Frau hatte höchst kunstvoll Hemden daraus gezaubert. – Ich hatte auch zwei Unterhosen, die allerdings meist aus Flicken bestanden. Ebenso sahen meine Schuhsohlen aus, die sich aus Flicken von alten Fahrradmänteln zusammensetzten. Sie wurden von geknoteten Bindfäden zusammengehalten.

Aber das alles wurde bedeutungslos, als im Spätsommer und dann besonders im Herbst die Flüchtlinge aus dem Osten in Kleinmachnow ankamen. Die Ströme der Flüchtlinge und der Vertriebenen wurden überall hingeleitet. In Berlin trafen täglich 30 000 ein. In Kleinmachnow waren es natürlich sehr viel weniger, aber ihre Versorgung und Unterbringung machte doch viel Arbeit, an der sich Lotte und Rosmarie lebhaft beteiligten. In unserem Hause bekamen viele Kinder der Flüchtlingsfamilien ihr erstes Bad, da sie nach monatelanger Irrfahrt unbeschreiblich schmutzig waren. In unserem Keller stand eine große Zinkwanne, die wir noch heute besitzen, in der wurde unter Verbrauch unseres spärlichen Brennvorrates Wasser warm gemacht und die Kleinen abgeschrubbt. In ganz Kleinmachnow wurden Kleider und Schuhe gesammelt, weil die Flüchtlinge nur noch Fetzen auf dem Leibe trugen und zum Teil barfuß gingen. Sie kamen aus Oberschlesien und Ostpreußen und waren meist katholisch. Daher kümmerte sich besonders die katholische Gemeinde um sie. Sie sammelte auch Geld und kaufte Holzlatschen. – Aber wohin damit? Wir stellten unsere große Stube zur Verfügung, in der sich bald die Holzlatschen türmten und wo dauernd große Anprobe war. Die katholische Gemeindeschwester äußerte ihr bewunderndes Erstaunen über Lottes »Großzügigkeit«, da sie, die doch evangelisch sei, so hilfsbereit für Katholi-

ken eintrete. Aber das war nur eine gutgemeinte Entgleisung. Ganz Kleinmachnow half und fragte nicht nach Religion oder Herkunft.
Ein Fall ist mir bis heute in besonderer Erinnerung geblieben: Aus der Heilsberger Gegend in Ostpreußen kam eine Frau mit sieben Kindern an. Das jüngste stammte von einem russischen Soldaten. Dieses Kind aber war der ganze Verzug der Mutter, es hieß Georgchen und war besonders pflegebedürftig. Lotte lief überall umher, um für Georgchen etwas zum Anziehen zu erbitten. In Wilmersdorf gab es ein katholisches Kinderheim, das sich solcher Kinder annahm und in dem es gute Verpflegung bekommen hätte. Aber die Mutter war nicht zu bewegen, sich von Georgchen zu trennen. – Nach einiger Zeit kehrte der Mann aus englischer Kriegsgefangenschaft zurück, und die ganze Familie reiste – wie die meisten übrigen Flüchtlinge – nach dem Westen weiter. Dies war übrigens nicht der einzige Fall, in dem ich erlebt habe, daß durch Vergewaltigung gezeugte Kinder besonders geliebt wurden. Eine recht bekannte Filmschauspielerin, die in Kleinmachnow wohnte und die ich anläßlich meiner Kulturaktion kennengelernt hatte, war nicht weniger als 22mal vergewaltigt worden. Die Folge war eine Schwangerschaft. Aber sie war nicht etwa verzweifelt, sondern klopfte sich strahlend auf den Leib und sagte: »Ich freue mich auf den kleinen Iwan!«
In der großen Politik hatte sich ebenfalls im Herbst 1945 einiges ereignet: Im Sommer 1945 richtete die SMA »Zentralverwaltungen« für das gesamte Gebiet der SBZ ein. So gab es eine für Handel und Versorgung, eine für Brennstoffe und Energie, eine für Industrie, eine für Land- und Forstwirtschaft, eine für Arbeit und soziale Fürsorge, eine für Volksbildung, eine für Justiz, eine für Gesundheitswesen, eine für Finanzen und Kreditwesen, eine für Transportwesen und schließlich eine für das Postwesen.
Das Wichtigste zur Stabilisierung ihrer kommunistischen Herrschaft war für die SMA zunächst, das Finanzwesen in der SBZ in den Griff zu bekommen. Bereits am 4. August wurden daher alle Banken verstaatlicht[14] und alle alten Guthaben gesperrt. – Mir persönlich konnte diese Maßnahme nicht viel anhaben, da meine Erwerbsquelle ja im amerikanischen Sektor von Berlin lag und von der Sperrung nicht betroffen wurde.
Bedeutungsvoller in seiner Auswirkung für die Bevölkerung erwies sich die »Bodenreform«, die Anfang September unter der Parole »Junkerland in Bauernhand« gestartet wurde. Bald war klar, daß es sich nicht um eine »Reform«, sondern um eine total entschädigungslose Enteignung handelte. Die Provinz Sachsen begann mit der Bodenreform am 3. September, es folgte das Land Mecklenburg am 5. September, die Provinz Mark Brandenburg am 8. September und die Länder Thüringen und Sachsen am 10. September. Schon an diesen verschiedenen Daten zeigt sich, daß die Bodenreform nicht als ein Befehl der SMA in Erscheinung treten sollte – was sie natürlich war –, sondern als »spontane Willensäußerungen der Bauern« in den einzelnen Teilen

der SBZ. Die SMA hielt sich im Hintergrund und überließ den Kommunisten und ihren Helfershelfern die Initiative. Alle Güter und Bauernhöfe, die über 400 Morgen groß waren – einschließlich Wald, Heide, Moor und Wiesen –, wurden entschädigungslos enteignet. Hatte ein Bauer also das Pech, 401 Morgen zu besitzen, behielt er nicht einen Quadratmeter seines Besitzes. Die Großgrundbesitzer mußten ihren neuen Wohnsitz mindestens 50 km von ihrem Herrenhaus entfernt nehmen. – Auf dem so gewonnenen Land wurden sogenannte Neubauern angesiedelt, wobei jeder 30 Morgen erhielt[15] – zuwenig zum Leben und zuviel zum Sterben. So mußten sich die Neubauern zu Landwirtschaftlichen Produktionsgenossenschaften (LPG) zusammenschließen und waren nicht mehr Bauern, sondern Landarbeiter[16]. Bis zum 20. November waren schon 7000 »Junker« mit über sechs Millionen Morgen Land enteignet. Insgesamt wurden mehr als zwölf Millionen Morgen in »Bauernhand« überführt.

Am 30. Oktober folgte die Enteignung der Industrieunternehmungen, aus denen »Volkseigene Betriebe« (VEB) gemacht wurden, soweit nicht die SMA sie selber demontierte und auf Konto Reparationen in Anspruch nahm. Insgesamt wurden private Unternehmen im Gesamtwert von 2,6 Milliarden Mark entschädigungslos enteignet[17].

Das CDU-Präsidium geriet durch diese Maßnahme in eine sehr schwierige Situation. In den Ländern hatten die Vorstände unter dem massiven Druck der SMA in den Antifa-Sitzungen z. T. der Bodenreform zugestimmt. Das Präsidium konnte aber bei diesen offenbaren Unrechtsmaßnahmen, die den im Gründungsaufruf verkündeten Grundsätzen der neuen Partei zuwiderliefen, nicht mitmachen. Am 13. September trat der 1. Vorsitzende der CDU, Andreas Hermes, öffentlich der entschädigungslosen Enteignung entgegen[18].

In einer Sitzung des »Zentralen Antifa« am 22. November kam es zur offenen Konfrontation. Die CDU verweigerte ihre Unterschrift unter einem gemeinsamen Aufruf an die Neubauern. Die SMA versuchte Hermes dadurch zu erpressen, daß sie ihm versprach, im Falle seines Einlenkens seinen in russischer Kriegsgefangenschaft befindlichen Sohn freizulassen. Hermes blieb fest. – Am 19. Dezember wurden er und Walther Schreiber von Oberst Tulpanow, dem SMA-Gewaltigen in Berlin, zum Rücktritt aufgefordert. Beide weigerten sich, freiwillig zurückzutreten, und verließen ohne Erklärung den Saal. Oberst Tulpanow befahl daraufhin, zwei neue Vorsitzende zu wählen, und schlug von sich aus die bisherigen 3. und 4. Vorsitzenden Jakob Kaiser und Ernst Lemmer vor. Da die Landesvorsitzenden der Provinz Sachsen, Leo Herwegen, und von Mecklenburg, Reinhold Lobedanz, unter dem Druck der SMA schon vorher umgefallen waren, drohte eine Spaltung der CDU. Daher entschlossen sich Kaiser und Schreiber schweren Herzens, um Schlimmeres zu vermeiden, an die Stelle von Hermes und Schreiber zu tre-

ten. Uns allen, die wir dabei waren, ist damals klargeworden, was Kommunisten unter Demokratie verstehen. Aber im Verlauf der nächsten Jahre sollten wir es alle noch am eigenen Leibe erfahren.
Bevor ich nun meinen Bericht über das deutsche Schicksalsjahr 1945 abschließe, will ich noch vom Ergehen Lottes und meiner Familie erzählen. Ich bin Anfang Mai – ich weiß nicht mehr, wie, wahrscheinlich mit dem Fahrrad – nach Lichtenrade gelangt, um nach meinem Schwiegervater zu sehen. Er war gottlob mit seiner Frau wohlauf, und das Haus, in dem er lebte, war unbeschädigt. Seine Tochter Thea, die Stiefschwester von Lotte, war am 30. Januar 1945 aus Schlesien, wohin sie mit ihren Kindern evakuiert war, zurückgekommen und wohnte, da das Haus ihrer Schwiegermutter zerbombt war, bei ihren Eltern. Ihr Mann, Walther Kretschmer, kam erst im September aus dem Kriege zurück. Der Vater von Walther Kretschmer, ein in Lichtenrade alteingesessener Bäckermeister, hatte in kluger Voraussicht frühzeitig sein Geld in Grundstücken angelegt, die in diesem abgelegenen Vorort für wenig Geld zu erwerben waren. So besaß die Familie Kretschmer eine Reihe von Grundstücken. Sie waren mit Sauerkirschbäumen bepflanzt worden, die im Laufe der Zeit zu großen Bäumen herangewachsen waren. Wir hatten jedes Jahr dort Kirschen gekauft und eingemacht.
Im Juli 1945 fuhr ich mit dem Fahrrad – das in einem erbarmungswürdigen Zustand war, denn es gab weder Ersatzteile noch neue Fahrräder – nach Lichtenrade, um uns mit Kirschen einzudecken. Da Kretschmers natürlich keine Hilfskräfte für die Kirschenernte hatten, mußte ich selbst in den Baum, um meinen Anteil zu pflücken.
Die Rückkehr von Lichtenrade nach Kleinmachnow gestaltete sich zu einer Tragödie. Ich hatte zwei Koffer mitgebracht, in denen ich die Kirschen transportieren wollte, und Strippe, um sie auf dem Gepäcksitz des Fahrrades festzubinden. So fuhr ich auf meinem wackligen Fahrrad los. Zwei große Koffer voller Kirschen sind ein ganz schönes Gewicht! Ich hatte einen Weg von etwa 30 km vor mir, da ich über die einzige Behelfsbrücke über den Teltowkanal fahren mußte. Alle anderen Brücken waren zerstört. – Schon nach etwa 300 Metern begannen die Koffer zu rutschen, und nach weiteren 200 Metern mußte ich umpacken. Ich schnallte mir mit Strippe einen der beiden Koffer auf den Rücken, den anderen band ich wieder auf dem Gepäckständer fest. Das ging eine Weile, aber dann fing der Koffer auf meinem Rücken, der außen mit Holzleisten verstärkt war, so zu drücken an, daß ich es nicht aushalten konnte. Außerdem begannen die Kirschen zu saften, und der Kirschsaft lief mir durch die Jacke den Rücken hinunter. – In Altmariendorf setzte ich mich ziemlich verzweifelt auf eine Bank und überlegte, wie ich weiterkommen sollte. Der Kirschsaft rann aus beiden Koffern, und die Passanten begannen mich zu beschimpfen, weil ich damals so kostbares Gut sinnlos vergeudete.

Ich schnallte wieder beide Koffer auf das Fahrrad und schob das Rad meistens, manchmal – wenn die Straße gut war – fuhr ich auch ein Stück, wobei ich die Koffer mit einer Hand festhielt. – So kam ich zu der Holzbehelfsbrücke in Südende. Der Weg ging die Böschung hinunter ziemlich steil. Ich knallte mit dem Fahrrad gegen den Brückenpfeiler, und das Vorderrad sah wie eine Acht aus. – Von nun an konnte ich das Rad nur noch schieben und dabei das Vorderrad hochhalten. So kam ich bis Steglitz. Dann war ich am Ende mit meinen Kräften und meinen Nerven.
In der Albrechtstraße war ein Konservatorium für Musik, »Sandow«, in dem Horst Geigenstunden gehabt hatte. Ich beschloß, Fräulein Sandow um Hilfe zu bitten. Die Familie Sandow war nicht da. Aber der Hausmeister nahm sich meiner an, und ich schüttete den Inhalt beider Koffer in seine Badewanne, bekam zur Stärkung eine Tasse »Kaffee« und fuhr mit der S-Bahn von Steglitz nach Zehlendorf. – Ich bin selten in meinem Leben so erledigt in Kleinmachnow angekommen: Haare, Gesicht, Kleidung, der ganze Körper klebte und stank nach Kirschsaft. Mir wurde noch jahrelang bei dem Geruch von Sauerkirschen übel.
Am nächsten Tag zog ich meine Handkarre mit der berühmten großen Blechwanne darin, in der wir die Flüchtlingskinder gewaschen hatten, Richtung Steglitz.
Immer noch verfolgte mich das Pech. Unter den Eichen löste sich das Eisenband von einem der Räder. Ich versuchte vergeblich, es wieder festzumachen, als ein hilfsbereiter Mann aus dem vierten Stock des Hauses, vor dem ich festsaß, aus dem Fenster schrie, daß er mir mit Hammer und Nägeln zu Hilfe kommen würde. Wir machten den Wagen gemeinsam wieder flott. – Dann kam ich glücklich bis zu meinen Kirschen, die inzwischen in ihrem Saft schwammen. Ich gab dem freundlichen Hausmeister einen Teil der Kirschen ab, was damals ein Gottesgeschenk war, füllte den Rest in die Blechwanne und zuckelte wieder zurück nach Kleinmachnow. Wieder ein Weg von etwa 15 Kilometern. – Schwererworbene, aber wohlschmeckende Kirschen!
Im August 1945 tauchte überraschend mein Schwager Hermann Streckenbach auf. Er fuhr in einem blitzenden Mercedes bei uns vor. Neben dem deutschen Fahrer saß ein russischer Soldat mit aufgepflanztem Bajonett, was uns natürlich in Schrecken versetzte. Aber Hermann beruhigte uns: Der »Iwan« sei ganz harmlos und ihm sogar zum Schutz mitgegeben worden. Mit seiner Hilfe – und dem aufgepflanzten Bajonett! – war es ihm gelungen, durch die Stadt Potsdam zu fahren, die sonst für Zivilisten gesperrt war. Der Russe übernachtete friedlich bei uns.
Mein Schwager war während der Nazizeit kaufmännischer Leiter des Kohlen-Veredlungs- und Schwelwerkes in Gölzau, Kreis Köthen, gewesen. Die SMA hatte 1945 das Schwelwerk in ein russisches Kombinat umgewandelt, das »Sowjetisch-staatliche A. G. Rasres« (russisch = Kohle) hieß. Hermann

war als Leiter des Materiallagers übernommen worden. Später – im August 1948 – wurde er wegen Verstoßes gegen die Wirtschaftsbestimmungen fristlos entlassen. Aber ich greife vor. Im August 1945 erschien Hermann also bei uns und brachte Lebensmittel, Holz und Braunkohlenkoks mit.
Kurz vor Weihnachten kam Hermann noch einmal aus Radegast angefahren. Diesmal brachte er aufregende Nachrichten mit. Er fragte zunächst, wer von uns die besseren Nerven habe, und erzählte, daß unser Sohn Horst in einem belgischen Bergwerk sei. – Er habe gehört, daß der Sohn einer in der Nähe wohnenden Familie von den Amerikanern nach Hause entlassen worden sei, weil er unter 20 Jahre alt war. Die über zwanzigjährigen Soldaten seien in belgische Bergwerke geschickt worden. Der Sohn glaubte zu wissen, daß ein Soldat namens Bloch dabeigewesen sei. Wir waren natürlich hin und her gerissen. Es war der erste Hoffnungsschimmer, daß Horst noch am Leben war, aber es war doch sehr vage. Wir baten Hermann, zu dieser Familie, die in Eggeritz bei Köthen wohnte, zu fahren und Genaueres zu erforschen. Leider stellte sich dabei das Ganze als Luftblase heraus. Es stimmte zwar, daß die über Zwanzigjährigen in belgische Bergwerke geschickt worden waren, aber daß Horst dabeigewesen wäre, erwies sich als bloßes Gerücht. – Wir mußten weiter warten!
Das Jahr 1945 näherte sich seinem Ende. Wir bereiteten in der Ortsgruppe Kleinmachnow eine Weihnachtsfeier vor, die sehr stimmungsvoll verlief. – Kurz zuvor hatte es noch einmal politischen Ärger gegeben, weil die Rektorin der Eigenherdschule allen Lehrern verboten hatte, im Unterricht überhaupt das Wort »Advent« oder »Weihnachten« zu erwähnen. Auch hier gelang es mir, sie in ihre Schranken zu verweisen. Im nächsten Jahr wurde sie abgelöst, und ein CDU-Rektor trat an ihre Stelle.
Am Vormittag des 24. Dezember kam ein großer Transport mit Flüchtlingen in Kleinmachnow an. Er war lange unterwegs gewesen, und die Menschen waren in einem besonders elenden Zustand. So hieß es denn, alle Kräfte zur Hilfeleistung zu mobilisieren. Die Frauen kümmerten sich wieder um Kleidung und Essen, um die Unterbringung und die Säuberung. – Mir gelang es, bis zum Abend eine Weihnachtsfeier in der Eigenherdschule vorzubereiten, so daß die Flüchtlinge wenigstens am Heiligen Abend durch Kerzenschein, Weihnachtslieder und kleine Geschenke einen Hoffnungsschimmer auf eine bessere Zeit vermittelt bekamen. Wir selber kamen erst am späten Abend in unser Häuschen, nachdem uns Ernst Lemmer drei kleine Knackwürste, die er von den Engländern bekommen hatte, als Weihnachtsessen in die Hand gedrückt hatte. – Wir stellten in unserem kleinen Zimmer, dem einzigen, das wir heizen konnten, einen Tannenzweig in die Vase und davor ein Bild von Horst mit einer Kerze.

4. Kapitel

CDU-Sieg in Kleinmachnow

Das ereignisreiche Jahr 1946 begann und erforderte weiterhin meinen vollen politischen Einsatz. *Eine* grundsätzliche Wandlung allerdings war unverkennbar: Nachdem Wilhelm Pieck am 3. Januar anläßlich seines 70. Geburtstages mit Otto Grotewohl den historisch gewordenen Händedruck gewechselt hatte – »in eins nun die Hände«–, bemerkten die aufrechten Sozialdemokraten, was gespielt werden sollte. In Kleinmachnow nahmen einige der führenden Mitglieder der SPD – besonders Otto Stolz, der spätere Mitbegründer der FU Berlin, und Karl Germer, der spätere Mitbegründer des SPD-Bezirksverbandes Berlin – vertrauliche Beziehungen zu mir auf. Der gemeinsame Gegner war die KPD.

Die politische Entwicklung überstürzte sich: Am 19. Februar beschloß der »Zentralausschuß der SPD« auf Drängen von Grotewohl mit Mehrheit, am 19. April einen Parteitag abzuhalten. Am 26. Februar rief der »Arbeitsausschuß der KPD/SPD« zu einem gemeinsamen Parteitag für den 21. April auf, und auf diesem Parteitag erfolgte der endgültige Zusammenschluß der beiden sozialistischen Parteien zur »Sozialistischen Einheitspartei Deutschlands« (SED). Wilhelm Pieck und Otto Grotewohl wurden gleichberechtigte Vorsitzende. Die SPD-Zeitung »Das Volk« und das KPD-Organ »Deutsche Volkszeitung« gingen in der SED-Zeitung »Neues Deutschland« auf.

Otto Stolz, Karl Germer und einige andere Sozialdemokraten flüchteten rechtzeitig aus Kleinmachnow nach Berlin und nahmen an der Funktionärstagung der dortigen SPD am 1. März teil, auf der Grotewohl undemokratisches Verhalten vorgeworfen und mit starker Mehrheit eine Urabstimmung über den Zusammenschluß mit der KPD verlangt wurde. Sie fand am 30. März in den drei westlichen Sektoren Berlins statt – im sowjetischen Sektor war sie verboten – und ergab eine Vier-Fünftel-Mehrheit gegen den Zusammenschluß[19]. Nun wurde ein neuer Berliner Bezirksverband der SPD gegründet, dessen Vorsitzender Franz Neumann wurde. Karl Germer gehörte dem Vorstand an.

Am 6. Januar war in Kleinmachnow eine Wirkungsgruppe des »Kulturbundes zur Demokratischen Erneuerung Deutschlands« mit über 200 Mitgliedern, viele davon aus der CDU, gegründet worden. Ernst Niekisch, Expo-

nent des »National-Bolschewismus« in der Weimarer Zeit, von den Nazis zu lebenslänglichem Zuchthaus verurteilt, später Professor an der Humboldt-Universität, hielt den ersten Vortrag.
Am 13. Januar folgte eine Pestalozzi-Feier, auf der Professor Paul Oestreich sprach, und am 23. Januar eine weitere Veranstaltung mit dem KPD-Bildungsexperten auf der Hakeburg über das Thema »Demokratie und Weltbild der Gegenwart«. Anschließend sollte eine Diskussion stattfinden. Die CDU-Ortsgruppe war zahlreich erschienen, ich an der Spitze, für eine lebhafte Diskussion gerüstet. Da kam schweißtriefend ein Bekannter in den Saal gerannt, suchte mich und rief mir zu: »Sie sollen nach Hause kommen. Post von Ihrem Sohn ist da!« – Zum Entsetzen meiner Parteifreunde stürzte ich im Dauerlauf nach Hause: Es waren auf einmal sieben Feldpostkarten angekommen, eine davon bereits im Oktober geschrieben. – Horst befand sich tatsächlich in einem belgischen Bergwerk, wie mein Schwager Hermann vermutet hatte. Alle Kriegsgefangenen, die über zwanzig Jahre alt waren, wurden nach Belgien »verkauft«, und Horst hatte gerade vor wenigen Tagen seinen zwanzigsten Geburtstag »gefeiert«. Die Jüngeren wurden entlassen.
Der Text auf den Karten war natürlich nichtssagend gehalten, weil irgendwelche konkreten Angaben verboten waren. Horst bemühte sich, uns seine Situation in rosigen Farben zu schildern. Er schrieb, daß er gerade bei einem Kameraden in der Schreibstube sitze, daß es warm sei und die Bratäpfel auf dem Kanonenofen brutzelten. – In Wirklichkeit war er am 18. Oktober 1945 mit der Hand zwischen die Glieder der Kette einer Schüttelrutsche gekommen, als er einen Stempel transportierte. Er kam ins Lazarett und hatte danach noch ein paar Tage Krankenurlaub, die er auf der Schreibstube verbrachte.
Jeder wird nachfühlen können, wie glücklich und dankbar wir an diesem 23. Januar 1946 waren. – Lotte ging am nächsten Tag zum Roten Kreuz, wo man ihr mitteilte, daß wir jeden Monat eine Postkarte mit 25 Worten in Druckbuchstaben absenden dürften. Wir gaben Horst natürlich sofort Nachricht, und von da an konnten wir einen einigermaßen geregelten Briefwechsel aufrechterhalten.
Mitte Januar 1946 fragte Ernst Lemmer mich, ob ich zusammen mit ihm und Theodor Steltzer auf eine Vortragsreise nach Thüringen fahren wolle. Natürlich sagte ich zu. Nach Thüringen zu kommen war damals ein Erlebnis! – Am 20. Januar sprach ich in Meiningen in den Casino-Lichtspielen über »Durch Demokratie zum Neuen Deutschland«. Ich war vom Kreisverband Meiningen der CDU auf großen Plakaten als »Dr. Bloch, Berlin, Mitglied des Reichsverbandes der CDU« angekündigt worden. Ich besitze das Plakat noch heute. – Wenn ein Dankeschönbrief des Vorsitzenden nicht nur höflich geprahlt war, war man mit meinem Vortrag »außerordentlich zufrieden«.
Ich hatte Gelegenheit, mit dem Auto, das der Reichsverband für uns drei zur

Verfügung gestellt hatte, einen privaten Abstecher zu meinem alten Freund Rudi Schulz zu machen, der die Reste seiner sequestrierten Wollfabrik nach Schweina verlagert hatte. Auf der Autobahn hatten wir ein für damalige Verhältnisse typisches Erlebnis. Ein russischer Soldat stand plötzlich mitten auf der Fahrbahn und winkte uns zu halten. Am Rande standen weitere Soldaten. Der Fahrer bremste und fuhr dicht neben den Russen, als wenn er halten wollte. Dann gab er Vollgas und brauste davon. Der Russe hatte seine Maschinenpistole über den Rücken gehängt, versuchte sie herunterzureißen, verhedderte sich im Riemen und konnte erst hinter uns herschießen, als wir schon weit weg waren. Der Fahrer grinste und sagte: »Ich lass' mir doch meinen Wagen nicht klauen!«

Nun begannen sich die Anforderungen als Redner zu häufen. Am 30. Januar 1946 sprach ich im Auftrage des Kleinmachnower Kulturbundes auf der Hakeburg über »Wahre Demokratie«. Am 14. Februar forderte mich der Ausbildungsleiter eines Junglehrer-Kursus, der in der Eigenherdschule stattfand, auf, vier Vorträge zu halten, Themen: »Die Vernichtung des deutschen Wohlstandes durch den Nationalsozialismus« – »Die antifaschistischen Parteien als Träger des Wiederaufstiegs« – »Freiheit der Meinung und des Wortes im demokratischen Staate«. Zum Abschluß des Kursus hielt ich einen Vortrag über »Bürgertum im Zeitalter des Sozialismus«. – Von den 250 Junglehrern, die an dem Kursus teilnahmen, traten etwa 50 der CDU-Ortsgruppe Kleinmachnow als Mitglieder bei.

Für den 25. April hatte die CDU-Ortsgruppe Kleinmachnow eine öffentliche Kundgebung geplant unter dem Motto »Ein Jahr nach dem Zusammenbruch«. Ernst Lemmer sollte das Hauptreferat halten, ich die Begrüßung und das Schlußwort sprechen. Ich fuhr also zum Kommandanten nach Teltow und beantragte die Genehmigung der Versammlung. Der Kommandant verlangte von mir das Redekonzept von Lemmer. Lemmer weigerte sich, diesem Befehl nachzukommen, da er von General Shukow für die ganze SBZ die Genehmigung habe, ohne Vorlage eines Konzeptes frei zu sprechen. – Ich also wieder zum Kommandanten. Der bestand auf seiner Forderung. Lemmer blieb bei seiner Weigerung. – Schließlich fiel mir das Ei des Kolumbus ein: Ich schlug beiden vor, daß ich ein stichwortartiges Konzept entwerfen würde, das Lemmer als Unterlage für seine Rede dienen und dem Kommandanten zur Genehmigung vorgelegt werden könne. Beide waren einverstanden. – Ich arbeitete also einen drei Schreibmaschinenseiten langen Redeentwurf aus, den Lemmer unterschrieb und auf der den Kommandant sein Plazet stempelte.

Der große Tag kam heran. Lemmer hatte mich wissen lassen, daß er für den gleichen Tag eine Verpflichtung nach Halle angenommen habe, die aber so frühzeitig angesetzt sei, daß er auf alle Fälle pünktlich in Kleinmachnow sein würde. – Wir mieteten ein Kino und sicherheitshalber auch den Saal in dem

gegenüberliegenden Restaurant Uhlenhorst, zu dem eine Lautsprecherverbindung gelegt wurde. – Ich hatte mich auf meine Begrüßungsansprache und das Schlußwort sorgsam vorbereitet und den Text schriftlich fixiert. Er liegt mir noch heute vor. Den Redeentwurf für Lemmer hatte ich sicherheitshalber dreimal geschrieben: Ein Exemplar besaß Lemmer, ein Exemplar hatte der Kommandant, und ein Exemplar hatte ich mir für alle Fälle eingesteckt. Das Volk strömte. Alles, was Rang und Namen hatte in Kleinmachnow, war zur Stelle: angefangen bei den Bürgermeistern und den Vorsitzenden der Parteien und Organisationen. Aber auch die ganze CDU-Ortsgruppe und ein Großteil der Bevölkerung von Kleinmachnow waren präsent. Beide Säle waren überfüllt, und vor dem Kino standen die Menschen geballt. – Besonders wichtig war, daß auch der russische Kommandant mit seiner Begleitung erschienen war. Er hatte im Kino ein Tonbandgerät montieren lassen und außerdem zwei Stenotypistinnen mitgebracht, die jedes Wort mitschreiben sollten. Es war also alles minutiös vorbereitet.
Um halb acht sollte die Kundgebung beginnen, alles wartete gespannt, nur einer fehlte: der Redner! – Ernst Lemmer war noch nicht eingetroffen. Wir warteten! – Der Kommandant saß geduldig in der dritten Reihe im Kino. Es wurde acht Uhr. Das Publikum wurde langsam unruhig. Der Kommandant grinste. – Ich kletterte auf das Podium und erklärte, daß Lemmer am Nachmittag in Halle zu tun gehabt habe, aber jeden Augenblick eintreffen werde. Er habe es fest versprochen. – Wir warteten! – Lemmer kam nicht! Vorstandsmitglieder der Ortsgruppe sprachen auf mich ein, daß ich nun für Lemmer einspringen müsse. Wir könnten das Publikum nicht länger hinhalten. Ich ging zum Kommandanten und fragte ihn, ob er damit einverstanden sei, wenn ich anstelle von Lemmer reden würde. Er zuckte die Achseln und sagte: »Lemmer oderrr Sie – mirr egal!«
Ich holte also tief Atem, stieg auf das Podium und eröffnete die Versammlung. Die Begrüßung hatte ich ja schriftlich vorliegen. Ich berichtete vom Zusammenbruch, vom Volkssturm und der illegalen Arbeit, vom Dreierausschuß und dem Wiederaufbau, von der Gründung der CDU – dann kam ich zum Schluß meines Vorwortes, der lautete: »Jetzt mag mein Freund Lemmer weiter berichten und die Dinge in den Blickwinkel der großen Politik stellen. Das Wort hat Ernst Lemmer.« Aber das paßte nun nicht mehr.
Ich zog also das dritte Exemplar meines Redeentwurfes hervor und begann anhand meiner Stichworte frei zu sprechen. Heute lächle ich darüber, denn inzwischen habe ich das freie Sprechen gelernt. Damals war es eine physische und psychische Superleistung, zumal neben mir ein Tonband lief, zwei Stenotypistinnen kritzelten und der Kommandant gespannt zu mir heraufblickte. Ich habe Blut und Wasser geschwitzt und einige Pfund Gewicht eingebüßt. Aber ich habe über eine Stunde frei geredet und, wie ich fand, mich wacker geschlagen.

Dann kam das Schlußwort, und das hatte ich ja wieder schriftlich fixiert. Ich war gerettet! – Das Schlußwort sprach ich in meiner Eigenschaft als CDU-Vorsitzender, und da mußte ich sehr aggressiv werden. Ich sprach vom völligen Versagen der politischen Zusammenarbeit zwischen den Parteien in Kleinmachnow, die praktisch aufgehört hatte. Ich erklärte, daß die CDU an diesem Zustand keine Schuld trage. Wir hätten den Kampf nicht provoziert, sondern seien bis an die Grenze des Möglichen entgegengekommen. Aber es gebe Grenzen. Kompromiß bedeute nicht: Einigung um jeden Preis. Die Grenze sei jetzt erreicht, und ich appellierte an die Gemeindeverwaltung und die verantwortlichen Männer der anderen Parteien, dem unerträglichen Zustand in Kleinmachnow ein Ende zu bereiten. – Ich schloß:
»Wir lassen uns unser demokratisches Recht, bewährte und politisch einwandfreie Männer und Frauen nach unserem Dafürhalten einzusetzen – wenn sie tüchtig sind –, von niemandem und nirgends schmälern!« – Das waren in Kleinmachnow ungewohnte und noch nicht gehörte Worte. Ich bekam lebhaften Beifall. Der russische Kommandant drückte mir die Hand und sagte: »Serr gutt!«
Dann strömten die Zuhörer aus den Sälen, stauten sich auf dem Platz vor dem Kino, als ein Auto sich näherte und Rufe ertönten: »Lemmer kommt!!!« – Und richtig: Um halb elf – nach Schluß der Versammlung – traf der Redner des Abends endlich ein. Das Publikum jubelte ihm zu, alles schrie: »Lemmer ist da! Noch einmal zurück!«, und die Menschen strömten wieder in das Kino. – Lemmer murmelte eine Entschuldigung, stieg auf das Podium und redete – eine Hand in der Hosentasche – etwa zwanzig Minuten drauflos. Er sagte im Grunde gar nichts! Aber *wie* er gar nichts sagte, war grandios! Er schmierte seine Zuhörer an die Wand, und sie jubelten ihm zu.
Ich saß seitwärts auf einem Stuhl, völlig erschöpft und ausgenommen und hörte staunend zu. Bei mir dachte ich: Was bist du doch für ein Dummkopf! Da gibst du dir beinah zwei Stunden lang redlich Mühe, den Menschen etwas Substanzielles zu sagen, sie hören höflich zu und spenden freundlichen Beifall. – Und dann kommt ein gottbegnadeter Redner und braucht nur den Mund aufzumachen, und alle sind hingerissen. – An diesem Abend habe ich einiges gelernt.
Nun – die Hauptsache war: Für die CDU war es ein großer Erfolg, der sich noch auszahlen sollte. – Im übrigen aber hatten wir so unsere Zweifel, ob Lemmers spätes Eintreffen wirklich unvermeidbar gewesen war. Er war ein Lebenskünstler und keinem Genuß abhold. Eine Einladung zu einem guten Imbiß hätte ihn durchaus aufhalten können. Auf unserem Sommerfest sangen wir daher nach der Melodie: »In der Nacht ist der Mensch nicht gern alleine« folgende Verse:

»Auf dem Podium ist der Bloch nicht gern alleine,
und er stampft voller Wut mit beide Beine,
wenn der Lemmer vorher zusagt: Ich erscheine –
irgendwann und irgendwo und irgendwie!
Nun, wir kennen den Lemmer schließlich alle.
Er ist freundlich zu uns in jedem Falle.
Aber oft geht es uns so wie mit Halle –
einerseits und andrerseits und außerdem!«

Auf diesem Sommerfest, das am 5. Juli 1946, dem Jahrestag der Gründung der Ortsgruppe, auf der Hakeburg mit politischem Kabarett und Tanz in großem Stil gefeiert wurde, haben wir noch viele politische Anzüglichkeiten verzapft, in Anwesenheit von Gästen aus Berlin und der Mark Brandenburg. Auf der Eintrittskarte, die eine Mark kostete, stand gedruckt: »Es wird gebeten, Bier-, Likörglas, Teller und Löffel mitzubringen.«
Die Arbeit im Kleinmachnower Antifa, der jetzt »Hauptausschuß« hieß[20], nahm viel Zeit in Anspruch. Die Verwaltung hatte große finanzielle Sorgen. Der Haushalt wies ein Defizit von 330 000 Mark auf. Die Grundsteuer mußte von 135 Prozent auf 400 Prozent und die Gewerbesteuer von 210 Prozent auf 250 Prozent erhöht werden. – Der Teltowkanal sollte bis zum Sommer 1946 schiffbar gemacht werden, eine Autobusverbindung von Stahnsdorf über Kleinmachnow nach dem Potsdamer Platz eingerichtet und der Anschluß Kleinmachnows an die Verpflegung Berlins immer erneut versucht werden. Die Kommunisten betonten allerdings, daß ein »politischer Anschluß« natürlich nicht in Frage komme.
Auch meine Redetätigkeit ging weiter und dehnte sich aus. Als ich am 15. Mai in Töplitz bei Potsdam wieder über das Thema »Bürgertum im Zeitalter des Sozialismus« sprechen wollte, erlaubte der dortige russische Kommandant die Veranstaltung nur unter der Bedingung, daß ich das Thema in »Volkstum und Sozialismus« änderte. Ich tat es und sagte natürlich genau das gleiche. – Vom 22. bis 24. Juni war ich mit Otto Nuschke und Dr. Heinrich Krone auf Redetournee und sprach in Stendal, Haldensleben und Osterburg. – Sonst war ich meist im Kreise Teltow oder in der näheren brandenburgischen Umgebung unterwegs.
Am 21. Mai hielt die SED in Kleinmachnow ihre erste öffentliche Kundgebung ab und trat damit auch hier als politische Kraft in Erscheinung. Sie sollte uns noch viel zu schaffen machen. Ich besitze den Wortlaut der Rede, die ein Genosse Sommer über das Thema »Mit der Sozialistischen Einheitspartei in die Zukunft« hielt. Sie begann mit den Worten: »Wenn heute diese Versammlung sehr schwach besucht ist –« und schloß mit dem Aufruf: »Tragt alle das rote Banner in die neue Zeit!«
Der organisatorische Aufbau der CDU war inzwischen auf allen Ebenen weitergegangen und zu einem gewissen Abschluß gekommen. Mir liegt ein Be-

richt vom März 1946 über unsere Kleinmachnower Ortsgruppe vor, den ich an die »Neue Zeit« zur Veröffentlichung geschickt habe. Er schildert ausführlich das Leben in der Ortsgruppe: Am 19. Februar war ein neuer Vorstand gewählt worden, der sich so zusammensetzte: 1. Vorsitzender ich, 2. Vorsitzender Franz Machura, 3. Vorsitzende Johanna Herzfeldt, 1. Schriftführer Alfred Ansorge, 2. Schriftführer Friedrich Gellert, 1. Schatzmeister Vincenz Mayr. Wir hatten einen Geschäftsführer, der täglich in unserem Parteibüro Sprechstunden abhielt. Der Vorstand tagte jede Woche, zusammen mit dem 3. Bürgermeister, der – wie berichtet – ein CDU-Mann war. Ein Organisationsausschuß unter Leitung des 1. Schriftführers kam nach Bedarf zusammen. Ihm gehörten vier Bezirksleiter und fünfzehn Unterbezirksleiter an, die die Verbindung mit den etwa 250 Mitgliedern aufrechterhielten. Ein Kommunaler Ausschuß unter Leitung des 2. Vorsitzenden umfaßte alle CDU-Mitglieder, die in den acht Unterausschüssen der Gemeindeverwaltung tätig waren, die Vertreterin der CDU im »Kommunalen Frauenausschuß«, Frau Yella Vulpius, sowie die Geistlichen beider Kirchengemeinden. Alle 14 Tage – öfter hatte der russische Kommandant verboten – kamen die Mitglieder zusammen, und es waren eigentlich immer mehr als die Hälfte anwesend. Außerdem hatten wir einen Diskussionsabend eingerichtet, der der politischen »Schulung« diente. Einer mußte den »advocatus diaboli« spielen und eine unserer politischen Grundhaltung konträre These aufstellen und vertreten. Die übrigen mußten mit ihm debattieren. Es ging oft heiß her. Auch der KV Teltow hatte einen neuen Vorstand gewählt, dem Dr. Dr. August Kayser als 1. Vorsitzender, ich als 2. Vorsitzender, Erich Schmelz als 3. Vorsitzender sowie die Ortsgruppen-Vorsitzenden von Rangsdorf, Wilhelm Brunner, und von Blankenfelde Rudolf Pabst, angehörten.
In Potsdam hatte ein Parteitag des LV Brandenburg stattgefunden und ebenfalls einen neuen Vorstand gewählt. Leider weiß ich nicht mehr alle Namen. Dr. Wilhelm Wolf war 1. Vorsitzender geblieben, ich 2. Vorsitzender[21].
Das wichtigste Ereignis aber war der große Parteitag der CDU in der SBZ am 16. und 17. Juni 1946 am Bahnhof Friedrichstraße im Admiralspalast, der damals als provisorische Staatsoper diente. Mehr als hundert Vertreter der CDU aus der amerikanischen, englischen und französischen Zone waren als Gäste angereist, darunter der Vorsitzende der bayerischen CDU, Josef Müller, genannt »Ochsensepp«, der Bürgermeister von München, Karl Scharnagl, der Bürgermeister von Herford, Dr. Friedrich Holzapfel, der Vorsitzende der CDU im Rheinland und Oberbürgermeister von Düsseldorf, Karl Arnold, zwei Senatoren aus Hamburg, Gobert und Genzmer, der damals noch zur CDU gehörende spätere Bundesinnenminister und noch spätere Bundespräsident Gustav Heinemann, die bekannte Sozialpolitikerin Helene Weber und viele, viele andere. Heinrich Vockel hatte aus Gründen der Arbeitsüberlastung das Amt des Generalsekretärs niedergelegt. An seiner

Stelle wurde Georg Dertinger gewählt[22], der später wegen seiner zwiespältigen Haltung der »unheilige Georg« genannt wurde.

Jakob Kaiser hielt das Hauptreferat. Er erteilte dem Klassenkampf und der Diktatur des Proletariats eine klare Absage und bekannte sich zu einem Sozialismus aus christlicher Verantwortung. Wörtlich sagte Kaiser: »Im christlichen Sozialgesetz und im Marxismus begegnen sich zwei Weltanschauungen, die einander ausschließen . . . Wir lehnen es ab, den Menschen . . . als das Ergebnis der wirtschaftlichen Umwelt zu sehen. Freiheit und Eigengesetzlichkeit der menschlichen Persönlichkeit sind uns unantastbare Lebensgesetze.« – Das waren damals neue und mutige Worte, die uns alle tief beeindruckten. Ich begriff an diesem Tage eigentlich zum erstenmal richtig, was es bedeutete, einer großen Partei anzugehören. Oberst Tulpanow, der mächtigste Mann der SMA in Berlin, hörte Kaisers Rede mit steinernem Gesicht an.

Am 19. Juni 1946 ordnete die SMA für den ganzen Bereich der SBZ Gemeindewahlen an. Sie sollten im Lande Sachsen am 1. September, im Lande Thüringen und in der Provinz Sachsen am 8. September, im Lande Mecklenburg und in der Provinz Mark Brandenburg am 15. September stattfinden. – Am 28. Juni erfolgte die Veröffentlichung der Wahlordnung. Danach sollte die Wahl durchaus nach demokratischen Regeln erfolgen: direkt, geheim und nach dem Verhältniswahlrecht.

Der Pferdefuß aber steckte in der Bestimmung, daß Wahlvorschläge nicht nur von den Parteien, sondern auch von »antifaschistisch-demokratischen« Organisationen aufgestellt werden könnten, denn die waren durchweg – wie ich schon ausgeführt habe – kommunistisch unterwandert. Der zweite Pferdefuß der Wahlordnung – und der erwies sich für die CDU als viel schwerwiegender – war, daß Wahlvorschläge nur von den *örtlichen* Organisationen der Parteien aufgestellt werden durften. Das hieß im Klartext: Gab es in einem Dorf keine Ortsgruppe der CDU, so durfte kein Wahlvorschlag – etwa vom Kreisverband – aufgestellt werden. Es konnten also in dem Ort keine Stimmen für die CDU abgegeben werden. Ich habe schon berichtet, daß es z. B. im Landkreis Teltow nur in 24 Orten gelungen war, Ortsgruppen der CDU zu gründen. Und es gab 183 Orte im Kreise Teltow! – Außerdem verfügte die SMA uneingeschränkt über die Verteilung von Papier für Zeitungen und Wahlplakate und konnte, je nach Laune, den bürgerlichen Parteien jede Werbungsmöglichkeit abschneiden. Wilhelm Pieck hatte bereits auf der 1. Reichskonferenz der KPD, Anfang März 1946, die Katze aus dem Sack gelassen, als er sagte: »Wahlen ja – aber so, daß überall Arbeiter-Mehrheiten entstehen!«[23] Nun hieß es für uns, an die Arbeit zu gehen, um am 15. September in Kleinmachnow ein gutes Wahlergebnis zu erzielen. Die SED veröffentlichte bereits am 2. Juli ihr Programm. Es begann sehr demokratisch mit der Forderung nach »weitgehender demokratischer Selbstverwaltung der Gemeinden«. Dann aber wurde für alle Bereiche der Verwaltung: Ernährung,

Wohnungswesen, Wirtschaft, Landwirtschaft, Gesundheitswesen, Sozialwesen, Arbeitsrecht und Kultur, eine mehr oder weniger bemäntelte Sozialisierung gefordert. Unter der Rubrik »Kultur« hieß es wörtlich: »Einheitsschule vom Kindergarten bis zur Universität«.
Der Wahlkampf in Kleinmachnow lief nicht sehr erfreulich an. Am 19. Juli hielt ein Regierungsdirektor Schulz im Auftrage des Volksbildungsamtes in der Eigenherdschule einen Vortrag über »Demokratische Schulreform«. Über sein Thema sagte der Redner so gut wie nichts, hingegen hetzte er gegen die »Bürger« und die »Intelligenz« und bezeichnete die CDU als reaktionäre Partei. Ich protestierte in einem sehr scharfen Schreiben bei dem »Beratenden Wahlausschuß« der Gemeindeverwaltung und schlug vor, zur Bereinigung der Situation mit einer gemeinsamen Erklärung beider Parteien an die Öffentlichkeit zu treten. Den Text der Erklärung fügte ich bei. – Tatsächlich wurde Anfang August eine Vereinbarung zwischen SED und CDU in Kleinmachnow veröffentlicht, in der die Parteien sich verpflichteten, »den kommenden Wahlkampf in würdiger und sachlicher Form durchzuführen und in Wort und Schrift alles zu vermeiden, was den politischen Gegner kränken könnte«. Diese Vereinbarung sollte vor Beginn jeder öffentlichen Versammlung verlesen werden. Für die CDU hatte ich unterschrieben, für die SED ihr Vorsitzender, ein Herr Salomon.
Bereits am 19. August gab es aber die nächste Auseinandersetzung zwischen Herrn Salomon und mir. Wir hatten einen gemeinsamen Besuch beim Landrat Meschkat vereinbart, um gegen dessen Einstellung Einspruch zu erheben, daß der vakante Platz des Leiters des Volksbildungsamtes – Freund Kiener war ausgeschieden – nur von einem SED-Mann eingenommen werden könne. Ein Mitglied der CDU, Professor Ruppel, hatte sich um diesen Posten beworben. Trotz dieser Absprache war aber Herr Salomon allein zu Meschkat gegangen und hatte mit ihm die Besetzung des Postens durch einen SED-Mann vereinbart. Natürlich war ich darüber verärgert, obwohl anzunehmen war, daß Salomon von seiner Partei und von dem besonders radikalen Landrat unter Druck gesetzt worden war. Außerdem ärgerte mich, daß die SED in Kleinmachnow bei den ehemaligen Pg.s – z. T. bei sehr prominenten! – mit dem Versprechen auf Stimmenfang ging, daß sie schnell entnazifiziert würden, wenn sie sich als künftige SED-Mitglieder eintragen ließen. Ich protestierte schriftlich.
Die Antwort von Herrn Salomon war wortreich, aber pflaumenweich. Er könne keinen Einfluß auf die Bewerbung von Mitgliedern seiner Partei nehmen, mit dem Landrat spreche er sowieso häufig, und die SED mache bei allen Einwohnern für ihre Ziele Propaganda, also auch bei Pg.s.
Schon eine Woche später mußte ich mich erneut beschweren. Am 25. August hatte in Kleinmachnow eine Versammlung mit dem Landrat Meschkat als Sprecher stattgefunden, auf der dieser erklärte: »Nur mit der SED ist ein

Wiederaufbau möglich!« Das verstieß klar gegen unsere Wahlkampfvereinbarung, und ich fragte daher an, ob die SED-Ortsgruppe Kleinmachnow der Meinung sei, daß mit der CDU kein Wiederaufbau möglich sei.
Inzwischen hatte die SED die ihr durch die Papierzuteilung der SMA reichlich zur Verfügung stehenden Wahlplakate in ganz Kleinmachnow angeklebt. Kleinmachnow war rot. Die Bevölkerung erregte sich, weil die CDU nicht antwortete, aber wir konnten sie nur vertrösten: Wir kommen noch rechtzeitig! Für mich war die Beschaffung von CDU-Wahlplakaten nämlich ein Problem. Erstens gab es nicht allzu viele, und zweitens mußte ich sie aus Berlin persönlich herbeischaffen, denn Transportmöglichkeiten hatte die Reichsgeschäftsstelle nicht. Das ging so vor sich: Ich stieg am Morgen, mit zwei leeren Eimern bewaffnet, am Bahnhof Düppel in die S-Bahn, fuhr nach Zehlendorf-Mitte, stieg in die Wannseebahn um und fuhr zur Papestraße. Dort stieg ich um in den Südring und fuhr zum Bahnhof Friedrichstraße. Von dort mußte ich bis zur Jägerstraße laufen, wo die Ausgabestelle für Plakate und Kleister war. Ich ließ mir so viele Plakate geben, wie ich tragen konnte. Ich teilte sie in zwei Stöße, schlug jeden Stoß zweimal zur Mitte hin zusammen, um die Plakate zu kniffen, und klemmte mir unter jeden Arm einen Stoß. Dann nahm ich in jede Hand einen Eimer, der inzwischen mit flüssigem Kleister gefüllt war, und zog los – den gleichen Weg zurück: die Friedrichstraße entlang, die Bahnhofstreppen hinauf, in den Zug steigen, in der Papestraße warten, in Zehlendorf umsteigen, von Düppel laufen. – Der Kleister schwappte über und füllte meine Hosenumschläge, die Plakate rutschten mir unter den Armen ab und fielen auf die Erde – es war eine Qual! Aber ich war fest entschlossen, Kleinmachnow mit CDU-Plakaten zu überschwemmen. Ich weiß nicht mehr, wie oft ich zur Jägerstraße hingefahren bin – jedenfalls stapelte ich im Laufe der Zeit in unserer Geschäftsstelle in der Hakenheide eine ansehnliche Menge von Plakaten auf und ausreichend Kleister.
Am 12. August beantragten wir zusätzlich beim Kommandanten in Teltow, Major Kriwoschejew, die Genehmigung, 4000 Handzettel und 200 Plakate für zwei Wahlversammlungen zu drucken, die wir am 27. August und 10. September veranstalten wollten. Die Handzettel wollte ich auf eigene Kosten bei meiner Verlagsdruckerei Kalesse in Schöneberg anfertigen lassen. Wir erhielten die Genehmigung.
Am 27. August veranstalteten wir dann die erste Wahlversammlung unter dem Motto »10 Kleinmachnower sprechen zu Kleinmachnow«, und die Kleinmachnower kamen in Scharen. Wieder waren das Kino und der Saal im Restaurant Uhlenhorst überfüllt. Jeder Redner war von mir streng vergattert worden, genau sechs Minuten zu sprechen, insgesamt also eine Stunde, so daß wir noch eine Stunde Zeit für eine Aussprache hatten. Es sprachen: Alfred Ansorge über »Die Bedeutung der Gemeindewahlen«, Rechtsanwalt Franz Machura über »Der Rechtsstaat«, Professor Dr. Carl Weickert über

»Kulturpolitik«, Yella Vulpius über »Die Mitverantwortung der Frau«, Ernst Hocker über »Die Aufgaben der Jugend«, Reinhold Schackla über »Handwerk und Gewerbe«, Friedrich Gellert über »Wirtschaftliches Unternehmertum und die öffentliche Hand«, Johanna Herzfeldt über »Soziale Fürsorge«, Otto Heinzel über »Sozialpolitik« und zum Schluß ich über »Christlichen Sozialismus«. Ich leitete die Versammlung und die anschließende Diskussion, an der sich die SED lebhaft beteiligte. Es war ein verheißungsvoller Auftakt für unseren Wahlkampf. Inzwischen hatten wir entsprechend den Vorschriften der Wahlordnung unseren Wahlvorschlag mit einer Liste unserer Kandidaten an den Bürgermeister als Wahlleiter eingereicht. Dem Wahlvorschlag mußte die Bestätigung jedes einzelnen Kandidaten beiliegen, daß er bereit sei, die Wahl anzunehmen. Die zu wählende Gemeindevertretung mußte laut Wahlordnung und entsprechend der Einwohnerzahl Kleinmachnows 30 Mitglieder umfassen, und wir waren so frech, 30 Kandidaten zu benennen. Herr Salomon besuchte mich und fragte ironisch, warum wir so viele Kandidaten benannt hätten. Ich lächelte und sagte: »Warten wir ab!« Er verabschiedete sich mit den Worten: »Na, über fünfzig Prozent kriegen Sie nie!« Am 6. September legte die SED schriftlich Einspruch gegen zwei unserer Kandidaten ein: gegen Herrn Josef und gegen Frau Herzfeldt. Herrn Josef wurde vorgeworfen, er sei vor der Nazizeit im Stahlhelm gewesen und in die SA überführt worden, und Frau Herzfeldt, sie habe in der NS-Frauenschaft eine leitende Position eingenommen und bei Robert Ley gearbeitet. Die SED lehnte eine Zusammenarbeit mit diesen Exponenten einer antifaschistischen Partei ab, betonte aber, daß es nicht die Zugehörigkeit zur CDU sei, die sie bemängele. Dem Protest schloß sich ein früherer Sozialdemokrat, Otto Medem – mit seiner Frau war Lotte bis zu deren Tod befreundet, und seine Tochter war viele Jahre in meinem Verlag angestellt – mit Schreiben vom 7. September als Beisitzer des Wahlausschusses an. Er erklärte beide Kandidaten nach den Bestimmungen der Wahlordnung als nicht wählbar und kündigte Schritte der Besatzungsmacht an. In der »Märkischen Volksstimme«, dem Parteiorgan des SED-LV Brandenburg, erschien am 13. September – also zwei Tage vor der Wahl – ein Artikel mit der Überschrift »CDU-Kandidaten in Kleinmachnow«, in dem der SED-Protest abgedruckt war. Ich besprach die Angelegenheit mit Ernst Lemmer, und wir beschlossen, uns nicht vorschreiben zu lassen, wer als Kandidat für die Gemeindevertretung in Kleinmachnow aufgestellt werde. In unserer Schlußversammlung am 10. September, »Ein letztes Wort«, nahm ich die Angriffe der SED in aller Öffentlichkeit auf und erklärte: Es sei richtig, daß Erich Josef vor 1933 Stahlhelmer gewesen sei, falsch dagegen sei, daß er in die SA überführt worden sei. Josef gehörte vielmehr einer Oppositionsgruppe im Stahlhelm an, die gegen den nationalsozialistischen Kurs des Stahlhelmführers Franz Seldte Front machte. Er erhielt deswegen bereits im Jahre 1932 ein Disziplinarver-

fahren angehängt und Betätigungsverbot. Als der Stahlhelm in die SA überführt wurde, trat Erich Josef aus. Die Gerüchte über ihn waren von einem vorbestraften Denunzianten aufgebracht worden.
Frau Johanna Herzfeldt war von einer früheren Hausangestellten aus Rache verdächtigt worden. Sie hatte weder der NS-Frauenschaft noch irgendeiner anderen NS-Organisation angehört, sondern war Mitglied des demokratisch eingestellten »Bundes deutscher Frauenvereine« gewesen. Sie hatte nie irgendwelche Beziehung zu Herrn Ley, sondern hatte sich als unpolitische freie Dolmetscherin betätigt. Ich beschuldigte die SED, nach dem Grundsatz »Es bleibt immer etwas hängen« gehandelt und damit die vereinbarte Fairneß im Wahlkampf gröblich verletzt zu haben.
Dann aber kam einer der aufregendsten Abende meines politischen Lebens. Die SED veranstaltete Ende August eine Wahlkundgebung, auf der der Vizepräsident der Provinzialverwaltung, Bernhard Bechler, sprechen sollte, der gefürchtetste und mächtigste deutsche Beamte der Mark Brandenburg. Ihm unterstand die gesamte Polizei. – Nach der Wahl wurde er Innenminister der neuen Provinzialregierung. – Ein Wort zuvor zu diesem Mann: Er war Major und Bataillonskommandeur in der deutschen Wehrmacht und geriet bei Stalingrad in russische Kriegsgefangenschaft. Er schloß sich dem »Nationalkomitee Freies Deutschland« an, einer am 12. Juli 1943 in Moskau gegründeten Organisation der kommunistischen Emigranten, Überläufer und Kriegsgefangenen. Neben Pieck und Ulbricht gehörten ihr auch die Generäle Paulus und Seydlitz an. Bechler arbeitete besonders für den Sender und die Zeitung »Freies Deutschland« und kam bereits im Mai 1945 mit den anderen kommunistischen Funktionären nach Deutschland zurück. – 1956 wurde Bechler Generalmajor der Nationalen Volksarmee.
Bechler wurde im Nazireich in Abwesenheit zum Tode verurteilt und seine Frau Margret unter Gestapo-Überwachung gestellt. Ein kommunistischer Geheimkurier sollte Frau Bechler eine Nachricht aus Moskau bringen, wurde aber gefaßt und hingerichtet. Nach 1945 wurde Frau Bechler von der SED beschuldigt, den Kurier an die Gestapo verraten zu haben. Sie wurde zum Tode verurteilt, aber zu lebenslanger Haft begnadigt. Bechler, der nach seiner Rückkehr nach Deutschland eine Jüngere gefunden hatte, ließ seine Frau für tot erklären. Diesem Antrag wurde stattgegeben, obwohl die SED-Justiz – und sicher auch Bechler selbst – genau wußten, daß Margret Bechler lebte und im Zuchthaus saß. Nach langer Leidenszeit wurde sie 1956 entlassen und durfte in die Bundesrepublik ausreisen[24]. In der DDR nahm niemand daran Anstoß, daß Herr Bechler Bigamist war. – Soviel zur Person des Herrn Generalmajors Bechler.
Ich ging zu der SED-Versammlung. Es war Stromsperre und das Kino nur spärlich erleuchtet. Niemand erkannte mich, und ich setzte mich in die Mitte der sechsten Reihe. Herr Salomon begrüßte und eröffnete die Versammlung.

Dann sprach Bechler über das Thema »Formale Demokratie«. Er lehnte eine Demokratie, in der alle Menschen in gleicher Weise Träger der Staatsautorität sind, rundweg ab und forderte eine »kämpferische Volksdemokratie«, in der alle »Gegner des Volkes« von den demokratischen Rechten ausgeschlossen werden müßten. Wer nach seiner Meinung »Gegner des Volkes« seien, sagte er nicht. – Bechler endete, lauter Beifall prasselte los – ich war vermutlich der einzige Nichtkommunist im Saal –, Herr Salomon trat an die Rampe, um das Schlußwort zu sprechen. Er bedankte sich beim Redner und meinte, daß nach diesen überzeugenden Ausführungen wohl niemand sich zu Wort melden wolle. – Ich hob die Hand und rief laut: »Doch! Ich bitte ums Wort!« – Allgemeine Verblüffung. – Herr Salomon legte die Hand über die Augen, sah ins Publikum und fragte, wer sich da melde. Ich sagte: »Ich – Dr. Bloch!« – Lautes Gemurmel, aber Salomon konnte natürlich nicht anders, als mir das Wort zu geben.
Ich ging also auf das Podium und sagte, daß ich mich erinnere, daß ein gewisser Hermann Göring vor Jahren gesagt habe: »Wer Jude ist, bestimme ich.« – Heute scheine Herr Bechler bestimmen zu wollen, wer Demokrat und wer Faschist sei. Im übrigen hätte ich mit Bewunderung zugehört, wie Herr Bechler aus dem roten kommunistischen Kuchen einige demokratische Rosinen herausgepolkt habe. – Bechler hörte mit ironischem Lächeln zu. Das Publikum war ganz still. –
Bechler antwortete auf meine Ausführungen und behauptete, ich hätte ihm das Schlußwort leicht gemacht. Aber als ich meinerseits noch einmal das Wort verlangte, wurde es mir verweigert.
Am nächsten Tage wußte ganz Kleinmachnow von meinem Auftreten in der SED-Versammlung, und ich hörte viele anerkennende Worte.
Die SED tat sich übrigens mit der »formalen Demokratie« im Wahlkampf überall schwer. In Wünsdorf z. B. erklärte ein SED-Redner auf die Frage eines CDU-Mannes nach dem Wesen der Demokratie kurz und klar: »Demokratie ist die Diktatur des Proletariats.« Am Tage zuvor hatte derselbe Redner formuliert: »die Diktatur der Arbeiterschaft« und wurde von dem Versammlungsleiter verbessert in »die Diktatur des werktätigen Volkes«. – Nun: Werktätiges Volk, das wären 80 Prozent und eine zu begrüßende Diktatur. Aber so war es wohl nicht gemeint!
Etwa eine Woche vor der Wahl startete dann die Plakataktion der CDU in Kleinmachnow. Wir waren zwölf CDU-Mitglieder, die sich gegen neun Uhr abends in der Geschäftsstelle trafen, darunter Rosmarie und ich. Wir bildeten sechs Zweiergruppen, und jede Gruppe bekam einen Eimer Kleister, einen Pinsel und ein Paket Plakate zugeteilt. Zuerst gingen wir gemeinsam zu der durch Scheinwerfer hell angestrahlten Rathaus-Baracke im Uhlenhorst, die reichlich mit roten SED-Plakaten beklebt worden war. Wir klebten über, unter, neben jedes SED-Plakat ein CDU-Plakat, so daß die ganze Vorder-

wand der Baracke bald nicht mehr rot, sondern blau aussah. Als wir im eifrigsten Arbeiten waren, fuhr ein Auto den Uhlenhorst entlang, Richtung Meiereifeld. Ein Auto war damals eine Seltenheit. Wir wußten alle sofort: Da sitzt der Bürgermeister Casagranda drin. Er sah interessiert aus dem Seitenfenster zu uns hinüber, hielt aber nicht an. Etwa zehn Minuten später gingen die Scheinwerfer aus und auch die wenigen Straßenlampen in Kleinmachnow. Casagranda hatte mit dem Elektrizitätswerk telefoniert und uns ins Dunkel setzen lassen. Wir ließen uns aber durch diese kleine Schikane, die ganz der Schlitzohrigkeit des Bürgermeisters entsprach, nicht im geringsten beeindrucken und klebten munter im Dunkeln weiter.
Gegen Morgen – so um sechs Uhr – waren wir fertig. Es gab in Kleinmachnow kein rotes SED-Plakat mehr, das nicht von blauen CDU-Plakaten eingerahmt war. Als die Kleinmachnower am Morgen aufstanden und vor die Tür traten, wurde ihnen blau vor Augen. – Sie waren mit der CDU zufrieden.
Am 10. September – fünf Tage vor der Wahl – stieg unsere zweite Wahlversammlung unter dem Titel »Ein letztes Wort«. Lemmer war der Hauptredner. Seine Rede wurde wieder mit Lautsprecher zum Restaurant Uhlenhorst und auf die Straße übertragen. Die überfüllte Versammlung wurde ein voller Erfolg.
Und dann war es soweit: Der 15. September brach an – Wahltag, Zahltag! Die Einwohner von Kleinmachnow strömten ab neun Uhr in die Wahllokale, überall saßen unsere Mitglieder in den Wahlkommissionen. Um acht Uhr abends wurden die Wahllokale geschlossen und die Stimmen ausgezählt. Wir hatten in jedem Wahllokal ein Mitglied postiert und damit beauftragt, sowie das Wahlergebnis bekannt war, im Laufschritt zu dem zentral gelegenen Restaurant zu eilen, in dem sich die Ortsgruppe versammelt hatte, um auf das Ergebnis zu warten.
Eine ungeheure Spannung herrschte in dem Raum. Die Schätzungen begannen pessimistisch bei 35 Prozent und steigerten sich bei den Optimisten bis auf über 50 Prozent. Um halb neun kam der erste Bote angehetzt: Es war nicht zu glauben: 88 Prozent für die CDU! – Ungeheurer Jubel – aber auch Mahnung zur Zurückhaltung: Das war nur ein Wahllokal. Es konnte ein Zufall sein.
Der nächste Bote kam: 80 Prozent. Dann eilten sie von allen Seiten herbei. Wir rechneten fieberhaft. Dann lag das Endergebnis vor: 7268 abgegebene Stimmen, davon 254 ungültig. Die SED hatte 1726 Stimmen erhalten, die CDU 5179. Das waren 75 Prozent der Stimmen für die CDU. Ein überwältigender Erfolg!
Ich stürzte ans Telefon und rief Ernst Lemmer an, der bei Jakob Kaiser auf den Erfolg der Wahl wartete. Sie waren natürlich beide ebenfalls über das Kleinmachnower Ergebnis hoch beglückt. Kaiser gab unsere Prozentzahl gleich an den englischen Rundfunk weiter, der bereits um halb zehn das sen-

sationelle Wahlergebnis eines Ortes in der SBZ durchsagte. Die Erfolge der CDU waren begreiflicherweise nicht überall so gut wie bei uns. Aber im Landkreis Teltow wurden wir beinah in allen Orten, in denen die CDU eine Ortsgruppe besaß und daher einen Wahlvorschlag hatte aufstellen dürfen, die stärkste Partei und stellten den Bürgermeister.

In der ganzen Provinz Mark Brandenburg gab es 2096 Gemeinden und 1 620 192 Wahlberechtigte, von denen 820 600 ihre Stimme der SED, 259 038 der CDU, 236 287 der LDP gegeben hatten. Die Wahlbeteiligung betrug 93 Prozent. Auch in den anderen Ländern lag die SED bei den Gemeindewahlen an der Spitze: in Mecklenburg 69,6 Prozent, in Brandenburg 59,8 Prozent, in der Provinz Sachsen 59,2 Prozent, im »roten« Sachsen 53,7 Prozent und in Thüringen 50,5 Prozent.

Daß dieser große SED-Sieg hauptsächlich aufgrund der einschränkenden Bestimmung, daß nur *örtliche* Parteiorganisationen Wahlvorschläge aufstellen durften, erzielt worden war, sollte sich bald darauf bei den Kreistags- und Landtagswahlen bewahrheiten. – Die SMA hatte am 18. September auch Wahlen in der SBZ für Kreistage und Landtage erlaubt und auf den 20. Oktober angesetzt. Im Kreise Teltow mußten 30 Kreistagsabgeordnete, in der Provinz Mark Brandenburg 100 Landtagsabgeordnete gewählt werden. – Nun begann wieder eine anstrengende Wahlkampagne, die mich als Redner durch das ganze Land Brandenburg hetzte. Besonders häufig sprach ich im Landkreis Teltow.

Das Ergebnis der Wahlen am 20. Oktober 1946 in Brandenburg und besonders im Landkreis Teltow war erfreulich: Im Landtag Brandenburg hatte die CDU mit 31 Abgeordneten und die LDP mit 20 Abgeordneten zusammen die Mehrheit, gegenüber der SED mit 44 Abgeordneten und der »Gegenseitigen Bauernhilfe« mit fünf Abgeordneten. Nur in vier von den 21 Landkreisen der Provinz Mark Brandenburg hatte die SED die absolute Mehrheit erreichen können, in einem Landkreis war die CDU sogar die stärkste Partei geworden und stellte den neuen Landrat: Das war der Landkreis Teltow. Im Kreistag Teltow saßen 20 CDU-Abgeordnete und zehn LDP-Abgeordnete 20 SED-Abgeordneten gegenüber.

Von den neun Stadtkreisen der Provinz Mark Brandenburg wurde die CDU in Potsdam stärkste Partei und stellte den Bürgermeister.

Ein ähnlich gutes Ergebnis wie Brandenburg erzielte nur noch die Provinz Sachsen, wo 56 bürgerliche Abgeordnete 53 SED- und Bauernhilfe-Abgeordneten gegenüberstanden. In den Ländern Sachsen, Thüringen und Mecklenburg hatte die SED die Mehrheit errungen.

Die äußere politische Situation in der SBZ hatte sich durch die Wahlen grundsätzlich geändert. In Kleinmachnow wurde das CDU-Mitglied Otto G. Bürgermeister. Im Kreise Teltow, wo die CDU zwar die meisten Stimmen, aber nur ebenso viele Abgeordneten-Mandate wie die SED erhalten hatte,

wurde nach langem Feilschen mit dem russischen Kommandanten der bisherige dritte Bürgermeister von Kleinmachnow, Karl Siebenpfeiffer, Landrat und der bisherige Landrat Meschkat Kreistags-Vorsitzender. Im Landtag Brandenburg wurde der Sohn des ersten Reichspräsidenten, Friedrich Ebert, der ebenfalls Friedrich mit Vornamen hieß, Präsident, Dr. Wilhelm Wolf Vizepräsident und ich Schriftführer im Präsidium. In der brandenburgischen Regierung saßen zwei CDU-Mitglieder: Ernst Stargardt als Minister der Justiz und der Kleinmachnower Fritz Schwob als Minister für Arbeit und Sozialwesen. Das LDP-Mitglied Dr. Walter Kunze wurde Minister für Finanzen. Mein »Freund« Bechler wurde Innenminister, und zwei ebenso unerfreuliche Vertreter der SED, Heinrich Rau und Fritz Rückert, wurden Minister für Wirtschaftsplanung und für Volksbildung, Wissenschaft und Kunst. Mit Rückert sollte ich als Kulturbeauftragter der CDU noch viel Ärger haben. Der Ministerpräsident Dr. Karl Steinhoff – natürlich in die SED überführt – war ein ehrenwerter Mann, ein altes SPD-Mitglied.
Daß aber trotz des erfreulichen Wahlergebnisses in Kleinmachnow die Bäume nicht in den Himmel wachsen sollten, erfuhr ich bereits nach der ersten Sitzung des Gemeinderates Kleinmachnows, die am 8. Oktober 1946 stattfand. Wir wählten unseren Parteifreund Alfred Ansorge zum Vorsteher. Das ging glatt durch. Dann aber nahmen wir mit unserer CDU-Mehrheit einen Antrag unserer Fraktion an, den ich formuliert hatte, in dem ein Untersuchungsausschuß eingesetzt werden sollte, um die Vorgänge innerhalb der Gemeindeverwaltung in der Zeit vom Zusammenbruch bis zum Zusammentreten der gewählten Gemeindevertretung zu untersuchen. – Bereits am nächsten Tage war der bisherige Bürgermeister Casagranda, der neue Fraktionsvorsitzende der SED, beim russischen Kommandanten in Teltow, und ich bekam eine Vorladung zur Kommandantur. Dort wurde mir »befohlen«, meinen Antrag zurückzuziehen, widrigenfalls . . . Freie Wahlen sind etwas Großartiges. Aber Freiheit ist ein dehnbarer Begriff.
Zum Abschluß ein lustiges Erlebnis, das Lotte in Kleinmachnow hatte. Sie ging mit einer Frau Walewski die Ginsterheide entlang, als sie vor einem Haus von russischen Soldaten angehalten wurde. In das Haus sollte ein russischer Major einziehen und war gerade dabei, Möbel, die er sich »besorgt« hatte, einzuräumen. Die beiden Frauen wurden genötigt, sich Schaufel und Besen zu besorgen und das Haus zu säubern. Was half's! Sie gingen nach Hause, zogen sich um und erschienen wieder mit Reinigungsmaterial. Dann wurden die Betten aufgestellt. Kaum waren die Sprungfedergestelle eingelegt, als der Major im pikfeinen braunen Ledermantel voller Begeisterung auf den Sprungfedern auf und ab zu springen begann und vor Vergnügen über dieses westliche Zivilisationserlebnis in laute Freudenschreie ausbrach. – Die Frauen konnten sich verdrücken.

5. Kapitel

Kampf um Selbstbehauptung und der Beginn der Gleichschaltung

Das Ergebnis der Wahlen in der SBZ war für die Sowjets überraschend, enttäuschend, wenn nicht gar deprimierend ausgefallen. Die deutsche Bevölkerung hatte – für die Sowjets unverständlicherweise – die Vorzüge des Kommunismus nicht begriffen, sich trotz der energischen Nachhilfe der SMA vor und während der Wahlen als »undankbar« erwiesen und von der ihr gewährten Möglichkeit, ihre politische Meinung zu äußern, einen »falschen« Gebrauch gemacht. Man mußte also in Zukunft andere Mittel ergreifen. Und die standen reichlich zu Gebote.
In den drei politischen Gremien, in denen ich mich politisch betätigt hatte, war das Wahlergebnis für die CDU besonders gut ausgefallen: Im Landtag der Provinz Mark Brandenburg hatten – wie erwähnt – die CDU-Fraktion und die LDP-Fraktion zusammen die Mehrheit gegenüber den SED-Abgeordneten und denen der »Vereinigung der gegenseitigen Bauernhilfe (VdgB)«, die natürlich alle SED-Mitglieder waren. Im Kreistage Teltow waren CDU und SED gleichstark. Aber die LDP-Fraktion hatte zehn Sitze erhalten, so daß hier eine Mehrheit von 30 bürgerlichen 20 SED-Abgeordneten gegenüberstand. – Und in Kleinmachnow – last not least – saßen in der Gemeindevertretung 23 CDU-Mitglieder sieben SED-Mitgliedern gegenüber.
Leider sah es in den anderen Landtagen, Kreistagen, Städten und Gemeinden nicht so günstig für die CDU aus. Aber ich habe ja von meiner Tätigkeit zu berichten, und vielleicht war ich sogar an dem Erfolg der CDU in meinem Bereich nicht ganz unbeteiligt.
Ich habe bereits berichtet, daß ich mich mit dem Vorsitzenden der CDU im Kreise Teltow, Dr. Dr. August Kayser, dahingehend geeinigt hatte, daß *ich* hauptsächlich in Potsdam, *er* hauptsächlich in Teltow tätig sein sollte. So lag der Schwerpunkt meiner politischen Tätigkeit im Lande Brandenburg, als stellvertretender Landesvorsitzender und als Landtagsabgeordneter. Auf der Landesliste für die Landtagswahl hatte ich nur auf Platz 20 gestanden, weil das Land Mark Brandenburg 21 Landkreise und neun Stadtkreise umfaßte, die natürlich alle bestrebt waren, im Landtag vertreten zu sein. Da mein Freund Ernst Lemmer auch in Kleinmachnow wohnte und damit zum Landkreis Teltow gehörte, führte er selbstverständlich die Landesliste der

CDU in Brandenburg an. So war für mich die Chance, ein Abgeordnetenmandat zu gewinnen, nicht sehr groß gewesen. Aber da die CDU 31 Sitze erhalten hatte, war ich gewählt worden, und nach der Wahl galt nur diese Tatsache und nicht die Reihenfolge auf der Landesliste. So wurde ich als Schriftführer in das Präsidium des Landtages gewählt sowie in den »Kulturausschuß« und in den »Ausschuß für Wiederaufbau, Gesundheitswesen und Umsiedlerfragen«. Außerdem wählte mich die Fraktion zu ihrem stellvertretenden Vorsitzenden.
Am 22. November 1946 fand die erste Sitzung des brandenburgischen Landtages im Plenarsaal der damaligen Provinzialverwaltung in Potsdam, Friedrich-Ebert-Straße 79/81, statt, da der Landtag noch kein eigenes Haus besaß. Präsident wurde Friedrich Ebert, Vizepräsidenten wurden der Landesvorsitzende der brandenburgischen CDU, Dr. Wilhelm Wolf, und je ein SED- und ein LDP-Abgeordneter, Schriftführer waren außer mir ein SED- und ein VdgB-Abgeordneter. Friedrich Ebert bemühte sich um eine unparteiliche, kollegiale Zusammenarbeit, so daß ich an diese Zeit eine gute Erinnerung habe. Eine der wichtigsten Aufgaben des Präsidiums war das Begnadigungsrecht, wovon noch zu erzählen sein wird.
Am 9. September 1947 zog der Landtag Brandenburg in ein eigenes Gebäude in die Saarmunderstraße 23 um, wo ausreichend Platz für die Arbeit des Landtages, des Präsidiums und der Fraktionen vorhanden war. – Daß auch die SMA einige Räume zur Verfügung gestellt bekommen hatte, sei nur am Rande erwähnt. Bei jeder Landtagssitzung war sie mit mehreren Offizieren unter Leitung eines Hauptmanns Kratin[25] vertreten. – Aber auch an jeder Fraktionssitzung nahm ein sowjetischer Offizier teil. Wir mußten schnell lernen, bei Anwesenheit unseres »Betreuers« eine eigene Sprachregelung zu verwenden, die die Amerikaner »double talk« nennen. Was wir ausdrücken wollten, war verschlüsselt. George Orwell bezeichnet in seinem berühmten Zukunftsroman »1984« diese Ausdrucksform als »Zwiedenken«. Dem LV der CDU war in Potsdam ein eigenes Haus, die »Alte Wache«, zur Verfügung gestellt worden, in dem später die Redaktion der CDU-Zeitung »Märkische Union« arbeitete. Ich war als zweiter Vorsitzender mehrmals in der Woche dort. Leider war mein Verhältnis zu Dr. Wolf nicht besonders gut, und dem Landesgeschäftsführer Zborowski traute ich von Anfang an nicht über den Weg. Die Zukunft sollte erweisen, daß mein Instinkt mich nicht getäuscht hatte. Aber zu den übrigen Mitarbeitern des LV war mein Verhältnis überaus vertrauensvoll, wobei ich besonders die Damen Else Dau und Charlotte Ulrich nennen möchte.
Fraktionsvorsitzender wurde Dr. jur. Gerhard Schütze, ein Rechtsanwalt und Notar aus der Stadt Brandenburg, der vom September 1943 bis zum Kriegsende im KZ Sachsenhausen gesessen hatte. Wir konnten gut zusammenarbeiten. Nach dem plötzlichen Tode von Dr. Wolf am 14. Mai 1948

wurde Dr. Schütze an seiner Stelle Vizepräsident des Landtages, und Willy Heller, ein ehemaliger katholischer Gewerkschafter, wurde Fraktionsvorsitzender. Heller wurde später Ministerialdirektor in der Landesregierung Brandenburg und leitete die Abteilung Verkehr. Mit ihm verband mich bis zu seinem Tode eine enge Freundschaft[26].
Der brandenburgische Landtag nahm sofort nach seiner Konstituierung seine Arbeit auf und bereitete eine Verfassung für das Land Mark Brandenburg vor, an deren Gestaltung ich eifrig mitgearbeitet habe und deren Wortlaut sich sehen lassen konnte. Daß sie später in der Praxis nur »ein Fetzen Papier« blieb – wie Hitler die Weimarer Verfassung zu bezeichnen pflegte –, steht auf einem anderen Blatt. Wir lebten eben in der SBZ!
Artikel 4 der Verfassung z. B. besagte, daß »alle Männer und Frauen vor dem Gesetz gleich« seien. Im Artikel 6 waren die elf »Grundrechte« aufgezählt, darunter die Freiheit der Person, der Meinungsäußerung, des Streikrechtes, der Wohnung, der Wissenschaft und ihrer Lehre sowie die Glaubens- und Gewissensfreiheit, die Wahlfreiheit und die Vereins- und Versammlungsfreiheit. Schöne Worte! Denn sowjetische Offiziere verstanden etwas anderes darunter als wir, und zwar mit voller kommunistischer Überzeugung. Und wer so naiv war, unsere Ausdeutung der Worte »Grundrecht« oder »Freiheit« ernst zu nehmen, hatte unter Umständen viel Zeit, in Sibirien über »Demokratie« und »Volksdemokratie« oder über »Theorie und Praxis in der SBZ« nachzudenken.
Ich selbst kann mir über meine damalige Mitarbeit an der Verfassung keine Vorwürfe machen. Ich habe wacker und in aller Öffentlichkeit für die Sache des westlichen Demokratieverständnisses gekämpft. Mir liegt das Konzept einer Rede vor, die ich vor der Verabschiedung der Verfassung in vielen Versammlungen im ganzen Lande gehalten habe. Ich habe einen eigenen Verfassungsentwurf der CDU propagiert, in dem die Grundrechte, die Gewaltenteilung und das Mehrparteiensystem gefordert wurden. Ich habe ganz ungeschminkt die politischen Prinzipien der SED gebrandmarkt: das Einparteiensystem, die Beteiligung der Massenorganisationen und das Prinzip der Einstimmigkeit[27]. Ich habe dargelegt, daß das Mehrheitsprinzip zwar eine der Säulen westlichen Demokratieverständnisses, aber gleichzeitig einer ihrer Schwachpunkte sei, daß jedoch die SED gerade diesen Schwachpunkt zur Durchsetzung ihrer alten Forderung der »Diktatur des Proletariats« ausnutze, die sie heute unter Mißbrauch des Wortes »Volk« als »Diktatur des werktätigen Volkes« bezeichnet.
Am Schluß meiner bei der SMA und SED unliebsames Aufsehen erregenden Rede pflegte ich einen am 10. November 1946 im »Neuen Deutschland« erschienenen Artikel zu zitieren, in dem behauptet wurde, daß in einer »Volksdemokratie« die beiden Elemente »Diktatur und Demokratie« miteinander verflochten seien, und der wörtlich schloß: »Wer wem diktiert bzw. wer de-

mokratische Rechte hat und wem sie vorenthalten werden, darauf kommt es an.« Nun, deutlicher ging es nicht, und meine Mahnungen blieben nicht ohne Einfluß auf den Wortlaut der Verfassung.
Am 6. Februar 1947 nahm der Landtag – natürlich einstimmig[28] – die Verfassung an. Nach Artikel 29 mußte der Landtag nun den Ministerpräsidenten und auf dessen Vorschlag die Minister wählen. Man legte uns eine Liste »ausgezeichneter« Männer vor, die auch das Vertrauen der SMA besaßen, und wir wählten sie.
Daß ein Mitglied der SED Ministerpräsident wurde, war berechtigt, denn die SED war die stärkste Fraktion. Im übrigen aber entsprach die Zusammensetzung der Regierung nicht dem Wahlergebnis: im Landtag: eine bürgerliche Mehrheit, in der Regierung: vier SED-Minister gegen drei bürgerliche[29].
Aber in diesen ersten Monaten nach der Wahl hatten wir noch gar nicht richtig begriffen, wie uns geschah. Wir faßten erst langsam Tritt und formierten uns zu dem Versuch, unsere verfassungsmäßigen Rechte wahrzunehmen, wobei ich allerdings aus meiner späteren Sicht und Einsicht sagen muß, daß unser Versuch von vornherein zum Scheitern verurteilt war. Wer unter sowjetischer Herrschaft steht, hat nur drei Möglichkeiten: sich unterzuordnen, zu fliehen oder unterzugehen. – Aber das wußten wir damals noch nicht!
Der SED-Ministerpräsident, Dr. Karl Steinhoff, war ein alter Sozialdemokrat, der 1946 zwangsweise[30] in die SED überführt worden war. Er war ein integrer Fachmann. Hingegen waren die übrigen drei SED-Minister üble Typen: Als Innenminister fungierte Bernhard Bechler aus Kleinmachnow und als »Minister für Volksbildung, Wissenschaft und Kunst« Fritz Rücker, ebenfalls aus Kleinmachnow. Beide waren Mitglieder des »Nationalkomitees Freies Deutschland« gewesen. Von Bechler habe ich schon erzählt. Rücker war von Beruf Studienrat und schon seit 1945 für die »demokratische Schulreform« in Brandenburg zuständig. Ich geriet dauernd mit ihm – insbesondere wegen des Religionsunterrichtes – in Gegensatz. Er wollte ihn aus den Schulen verdrängen, obwohl der erste Satz des Artikels 66 der Verfassung lautete: »Das Recht der Religionsgemeinschaften auf Erteilung von Religionsunterricht in den Räumen der Schule ist gewährleistet.« – Der Dritte im SED-Bunde, der »Minister für Wirtschaftsplanung« – lies: für Enteignung –, Heinrich Rau, war schon 1916 der Spartakusjugend und 1919 der KPD beigetreten. Von 1937 bis 1938 war er Kommandeur der 11. Roten Infanterie-Brigade in Spanien gewesen. Danach saß er acht Jahre im Gefängnis und KZ.
Die beiden CDU-Minister waren hervorragende Fachleute: Ernst Stargardt wurde Justizminister. Er war Volljurist und seit 1945 Oberstaatsanwalt in Potsdam gewesen. Er war Verfolgter des Naziregimes. Fritz Schwob, Mitglied unserer Kleinmachnower Ortsgruppe, wurde Minister für Arbeit und Sozialwesen. Er hatte ein staatswissenschaftliches Studium absolviert, war vor 1933 Mitglied des Provinzialausschusses der Provinz Grenzmark Posen-

Westpreußen, Mitglied des Preußischen Staatsrates und Bevollmächtigter im Reichsrat gewesen. Also ein Mann mit einer weiten politischen Erfahrung. Auch der einzige LDP-Mann im Kabinett, Dr. Walter Kunze, der das Finanzministerium übernahm, hatte eine langjährige demokratische Laufbahn hinter sich: 1921 Fraktionsvorsitzender des Deutschen Hochschulbundes, seit 1924 Parteisekretär der Demokratischen Partei im Osthavelland und Mitglied des Reichsbanners Schwarz-Rot-Gold. – Soviel über die Regierung und den Landtag Brandenburg.

Nun zum Kreistag Teltow: Als 2. Vorsitzender des CDU-KV Teltow war ich bei der Wahl zum Kreistag auf einem der sicheren ersten Plätze der Wahlliste als Kandidat aufgestellt worden. Ich wurde von der Fraktion zum stellvertretenden Fraktionsführer gewählt, habe mich aber bei meiner Arbeit im Kreise Teltow auf die Teilnahme an den Sitzungen des Kreistages, der Fraktion und des Kreisvorstandes der CDU beschränkt, weil mich meine Arbeit in Potsdam und in Kleinmachnow voll in Anspruch nahm und mich im Grunde auch mehr interessierte als die Arbeit im Kreise Teltow. Außerdem hatte ich ja eine kleine berufliche Nebenbeschäftigung in Berlin, um unser tägliches Brötchen zu verdienen.

Natürlich habe ich außerdem häufig an den Veranstaltungen der CDU in den Städten und Gemeinden des Kreises teilgenommen, viele politische Versammlungen besucht und bin dort oft als Redner aufgetreten. Wenn wichtige Probleme auftauchten, habe ich mich voll eingesetzt und konnte dabei meinen Einfluß als Landtagsabgeordneter für den Kreis nutzbar machen. – Aber der Kreis Teltow wird in meinem weiteren Bericht keine große Rolle mehr spielen.

Nur direkt nach den Wahlen 1946 bin ich zweimal dort sehr aktiv tätig gewesen und in beiden Fällen leider nicht erfolgreich. Einmal ging es um die Wahl des neuen Landrates, der zweifelsfrei der CDU als der Partei, die bei der Wahl die meisten Stimmen erhalten hatte, zustand. Das erkannte auch der zuständige sowjetische Offizier an. Ich schlug den bisherigen dritten Bürgermeister von Kleinmachnow, Herrn Siebenpfeiffer, vor, weil ich glaubte, mir durch meine enge Verbindung mit diesem Manne, der mir schon seine Wahl zum dritten Bürgermeister verdankte, einen zuverlässigen Vertrauensmann an der Spitze des Kreises Teltow gesichert zu haben. Es war ein verhängnisvoller Irrtum. Siebenpfeiffer erwies sich auf seinem neuen Posten als Opportunist, der nur seinen eigenen Vorteil suchte und nicht die Interessen der CDU vertrat. Das war mein erster Fehler.

Mein zweiter Fehler – wenn man den Vorgang so hart beurteilen darf – war mein Nachgeben bei der Wahl des Vorsitzenden des Kreistages. Ich hatte diesen Posten zunächst gegenüber der SED ebenfalls für die CDU beansprucht, weil wir in der Wahl die meisten Stimmen gewonnen hatten. Ich stützte mich dabei auf § 9 der »Demokratischen Kreisordnung der Mark

Brandenburg«, die am 19. Dezember 1946 vom Präsidium des Landtages Brandenburg – mit meiner Stimme – erlassen worden war. Der letzte Satz des § 9 lautete: »Die Zusammensetzung des Vorstandes soll dem Stärkeverhältnis der Parteien im Kreistage entsprechen.« Ich legte in diesem Satz den Ton auf das Wort »Parteien«. Der zuständige sowjetische Offizier hingegen legte den Ton auf »im Kreistage« und erklärte mir in einer »Unterhaltung«, die sich über eine Stunde hinzog, daß »im Kreistage« nur die Stärke der Fraktionen wichtig sei und nicht die Zahl der Stimmen. – Wenn wir nun schon wegen der etwa 1000 Stimmen, die wir bei der Wahl mehr erhalten hätten, den Landrat stellten, sei es nur fair, daß die SED bei gleicher Fraktionsstärke (20 Abgeordnete) den Vorsitzenden des Kreistages stelle, obwohl wir zusammen mit den zehn LDP-Kreistagsvertretern eine klare bürgerliche Mehrheit hatten.
Ich gab schließlich nach – das Argument des Russen erschien mir nicht unberechtigt –, und so wurde der bisherige Landrat, mein alter »Freund« Meschkat, Vorsitzender des Kreistages. Ich muß aber der Wahrheit zuliebe feststellen, daß er sich in dieser Position – im Gegensatz zu seinem früheren Verhalten als Landrat – unparteiisch benahm und keinen Anlaß zum Ärger gab.
Nun zu meinem Heimatort Kleinmachnow. Dort hatte der SED-Bürgermeister Casagranda zur ersten Sitzung der neugewählten Gemeindevertretung zum 10. Oktober 1946 eingeladen, in der 23 CDU-Vertreter sieben SED-Vertretern gegenüberstanden. Während bisher die Verwaltung von Kleinmachnow unter Ausschluß der Öffentlichkeit mehr oder weniger selbstherrlich von der SED in Übereinstimmung mit dem sowjetischen Kreiskommandanten von Teltow vor sich gegangen war, sollte nun die erste »demokratische« Sitzung in aller Öffentlichkeit stattfinden. Die Kleinmachnower strömten in Scharen herbei. Nicht nur alle Stühle waren besetzt, die Menschen drängelten sich im Saal und standen sogar noch im Treppenhaus. – Das blieb übrigens all die Jahre hindurch so, bis auch in Kleinmachnow der Antifa-Block und die Einheitsliste dem kurzlebigen Hoffnungsschimmer auf Demokratie und Redefreiheit ein Ende bereiteten.
Eine Kostprobe sollten die Kleinmachnower schon auf der ersten Sitzung erleben. Nach den Formalien hielt Casagranda vor seiner Rücktrittserklärung eine Abschiedsrede, in der er sogar »unsern großen Dichter Schiller« bemühte: »Es ist der Geist, der sich den Körper baut!« Er rief alle Gemeindevertreter auf, gemeinsam im »demokratischen Geist« zu arbeiten. – Aber einen Antrag der CDU-Fraktion auf Einsetzung eines Untersuchungsausschusses, der die bisherige Verwaltung durchleuchten sollte, hatte er – versehentlich – nicht auf die Tagesordnung gesetzt! Es bedurfte erst eines »Antrages zur Tagesordnung« von mir, um einen Punkt »Verschiedenes« auf die Tagesordnung zu bringen, unter dem wir unseren Antrag nachträglich einbringen konnten. Wir verlangten eine Nachprüfung der bisherigen Verwaltung

in acht Punkten: so z. B. über die Tätigkeit der Dienststelle »Arbeitseinsatz«, über Unregelmäßigkeiten im Krankenhaus, über die bisherige Kohlenverteilung unter besonderer Berücksichtigung der Zuteilung an die Angestellten der Gemeindeverwaltung, über die Gebühren bei der Ausstellung von Unbedenklichkeitsbescheinigungen an Pg.s und deren Verwendung, über die Verteilung der Grundstücke aufgrund der Bodenreform usw.
Der Fraktionsvorsitzende der CDU, Friedrich Gellert, brachte unseren Antrag ein. Der neugewählte Vorsteher der Gemeindevertretung, Franz Machura, stellte ihn zur Abstimmung. Es entzündete sich die von der Bevölkerung mit Spannung erwartete heiße Debatte, in der z. B. ich auf die lügenhaften SED-Presse-Veröffentlichungen hinwies, daß die CDU gar nicht in der Lage sei, Bürgermeister zu benennen, und die SED gebeten habe, die alten Bürgermeister doch zu belassen – schließlich wurde der CDU-Antrag mit den Stimmen der CDU angenommen. Bereits am nächsten Tag fuhr Casagranda nach Mahlow zum sowjetischen Kreiskommandanten, und ich wurde vorgeladen. Ich bekenne, bei dieser »Unterhaltung« keine sehr rühmliche Rolle gespielt zu haben. Es war meine erste ernsthafte Differenz mit der Besatzungsmacht, und ich wußte noch nicht, wie man sich in solcher Situation verhalten sollte. Nun, ich habe es bald gelernt! – Erste Lehre: Niemals eine Brille aufbehalten, sonst ist man ein »Intellektueller«. Zweite Lehre: Hart kontern und nicht stillschweigen. Das beeindruckt. Ich hatte eine Brille auf und hörte nur zu. So wurde mir also »befohlen«, den CDU-Antrag auf Einsetzung eines Untersuchungsausschusses sofort zurückzuziehen, widrigenfalls ...
Die zweite Sitzung der Gemeindevertretung fand am 23. Oktober 1946 statt. Auf ihr erfuhr die erstaunte Bevölkerung, daß die SMA die Einsetzung des Untersuchungsausschusses verboten hatte. Es entspann sich wiederum eine heftige Debatte, an deren Ende Ernst Lemmer, der auch Mitglied der Gemeindevertretung war, in seiner überlegenen Art zum Frieden aufrief. Dann wurde die neue Gemeindeverwaltung gewählt: Den Bürgermeister und seinen ersten Stellvertreter stellte die CDU, den zweiten Stellvertreter die SED. Es war unser alter »Freund« Freimund.
Ich könnte nun ein ganzes Buch allein über die Sitzungen der Kleinmachnower Gemeindevertretung schreiben. Die Wortgefechte zwischen der CDU und der SED boten den Kleinmachnowern noch tagelang danach Stoff zur Unterhaltung und Erheiterung. Zwei sehr schwer wiegende Vorgänge werde ich in den nächsten Kapiteln zu schildern haben. Hier nur ein Beispiel, das zeigen möge, wie der Humor zu seinem Recht kam, wobei nicht nur die CDU und die Bevölkerung laut lachten, sondern auch manche SED-Gemeindevertreter – besonders die ehemaligen SPD-Mitglieder – sich verstohlen freuten. Einer der SED-Gemeindevertreter war eine Frau Thiemann, eine humorlose Lehrerin, die infolge ihrer Linientreue zur Schulrätin des Kreises Teltow

avanciert war. Ich habe schon von ihrer Einstellung zu Advent und Weihnachten erzählt. Einmal brachte sie mit salbungsvollen Worten einen Antrag ein, der beinhaltete, daß man der werktätigen Bevölkerung dadurch mehr Freude an ihrer Arbeit verschaffen sollte, daß man sie durch ein auch der nichtarbeitenden Bevölkerung (den bösen Bürgern!) weithin hörbares Signal zur Arbeit, zur Pause und zum Arbeitsschluß rufen solle. Sie wollte, ohne es auszusprechen, die Bewilligung von Geld zur Anbringung von Sirenen auf den umliegenden Fabriken beantragen. – Ich dankte mit ebenso salbungsvollen Worten der »Frau Kollegin« überschwenglich für ihren ausgezeichneten Vorschlag, den die CDU vollinhaltlich unterstütze. Ich freute mich besonders, daß gerade ich, der ich doch leider so oft der verehrten Frau Kollegin widersprechen müsse, ihr nun vorbehaltlos zustimmen könne. – Meine CDU-Freunde und die zuhörenden Besucher waren sprachlos. Ich fuhr fort, daß ich den Antrag nur noch präzisieren wolle, und schlug vor, daß die Gemeindevertretung das erforderliche Geld zur Beschaffung der im Krieg eingeschmolzenen Kirchenglocken bewilligen solle. Ich sei überzeugt, daß die Kleinmachnower Arbeiter sich freuen würden, wenn sie zu Beginn und zum Schluß ihrer Arbeit das Geläut der Glocken hören würden. Nun löste sich die Spannung in einem brüllenden Gelächter. Frau Thiemann nahm mir das übel, und unser gemeinsamer Antrag wurde einem Ausschuß übertragen und dort begraben.
Soweit die Ausgangsposition in Potsdam, Teltow und Kleinmachnow. – Bevor ich nun in den kommenden Kapiteln meine persönlichen Erlebnisse in den Jahren 1947 bis 1950 schildere, muß ich einen Überblick über die große Politik im Jahre 1947 geben, ohne den die spätere Entwicklung und auch mein persönliches Schicksal nicht zu verstehen sind. Diese Darstellung gehört um so mehr in meine Erinnerungen hinein, als ich an den meisten Sitzungen teilgenommen und an vielen Entscheidungen mitgewirkt habe.
Das brennende politische Problem hieß für alle Deutschen seit dem Zusammenbruch des Reiches: »Wird es jemals wieder ein Gesamtdeutschland geben?« Da Deutschland offiziell noch nicht in zwei Staaten gespalten, sondern nur verwaltungsmäßig in vier Besatzungszonen und vier Berliner Sektoren aufgeteilt war, gab es das Problem »Wiedervereinigung« noch nicht. Die entscheidende Frage war damals nicht, *ob* es ein »Gesamtdeutschland« geben sollte – darüber waren sich im Grunde alle einig –, die entscheidende Frage war: *Wie* sollte dieses Gesamtdeutschland aussehen? Wie die SED und ihre sowjetischen Hintermänner es sich vorstellten? Wie die SPD unter Kurt Schumacher es forderte? – Oder wie die CDU/CSU es sich wünschte, wobei leider hervorgehoben werden muß: Wie es sich Jakob Kaiser oder wie es sich Konrad Adenauer wünschte?
Ich habe erzählt, daß am 19. Dezember 1945, als die beiden ersten Vorsitzenden der CDU in der SBZ, Andreas Hermes und Walther Schreiber, wegen

ihrer Ablehnung der Bodenreform durch einen Kraftakt des sowjetischen Oberst Tulpanow und mit Hilfe der willfährigen Landesvorsitzenden von Sachsen-Anhalt, Dr. Herwegen, und von Mecklenburg, Dr. Lobedanz, zum Rücktritt gezwungen worden waren, Jakob Kaiser und Ernst Lemmer die Leitung der CDU in der SBZ übernommen hatten. Es war für sie eine schwere Belastung, daß sie auf Druck der SMA Herwegen und Lobedanz in den Parteivorstand aufnehmen mußten[31].
Die Parteileitung saß in Berlin und betrachtete sich als Zentrale der CDU in »Gesamtdeutschland«. In Berlin hatten die ersten Besprechungen über eine Parteineugründung stattgefunden, in Berlin war der erste Zusammenschluß von evangelischen, katholischen und liberalen Politikern erfolgt, in Berlin war der Name CDUD entstanden: Christlich-Demokratische Union Deutschlands. Die Geschäftsstelle in der Jägerstraße firmierte als »Reichsgeschäftsstelle«.
Aber der Führungsanspruch Berlins für alle vier Zonen rief Widerspruch hervor, besonders bei Konrad Adenauer. So entbrannte gleichzeitig mit der staatsrechtlichen Diskussion über »Gesamtdeutschland«, an der sich die vier Alliierten und die anderen Parteien beteiligten, ein interner Parteistreit in der CDU/CSU über die Gesamt-CDU, der mit großer Erbitterung geführt wurde.
Die politische Initiative für die Bildung »gesamtdeutscher« Gremien hatte schon Anfang 1946 die SED ergriffen[32] – natürlich in Übereinstimmung mit den Sowjets, die hofften, auf diese Weise ihren Einfluß auf die westlichen Zonen ausdehnen zu können. Am 30. Januar 1946 wies Wilhelm Pieck auf einer Sitzung der »Einheitsfront der vier antifaschistischen Parteien« in Berlin seinen Weg »zur Erhaltung der Einheit Deutschlands und des Bestandes der deutschen Nation« auf und wetterte gegen die föderalistischen und separatistischen Tendenzen in den westlichen Zonen. Pieck zitierte in seiner Rede – wie später Casagranda in Kleinmachnow – ebenfalls Schiller: »Ans Vaterland, ans teure, schließ dich an!« und endete mit dem Rütlischwur: »Wir sind ein einig Volk, und einig wollen wir handeln!«[33] Wer den damals über Siebzigjährigen später so gut kennengelernt hat wie ich, kann sogar glauben, daß es ihm aus dem Herzen kam. Aber das »Vaterland« sollte das »Vaterland der Werktätigen«, sollte nach sowjetischem Vorbild kommunistisch sein.
Zwei Wochen später – am 13. Februar 1946 – hielt Jakob Kaiser in Berlin eine richtungweisende Rede. Er bekannte sich als alter Gewerkschafter zum Sozialismus, aber zu einem »Sozialismus aus christlicher Verantwortung«, den er gegen einen sittlich-ungebundenen Individualismus einerseits und einen materialistisch gebundenen Sozialismus andererseits abgrenzte. Er trat mit Nachdruck dafür ein, daß nur Berlin der historische Ort sei, wo ein »Brückenschlag zwischen Ost und West« erfolgen könne, der für den Frieden

in der Welt Voraussetzung sei. Das waren neue Ideen, die in West und Ost auf Zustimmung, aber auch auf offene Ablehnung stießen.
So lehnte z. B. Kurt Schumacher auf einem Treffen mit Jakob Kaiser in Berlin am 22. Februar 1946 den »Brückenschlag« Kaisers brüsk ab, »solange er nicht mit seinem Wagen frei durch die SBZ fahren könne«[34].
Im März 1946 flog Kaiser mit Hilfe der Briten in den Westen. Er traf mit vielen alten Freunden aus der christlichen Gewerkschaftsbewegung zusammen, aber es kam zu keinem Treffen mit Konrad Adenauer, der seinen alleinigen Führungsanspruch in der CDU/CSU eindeutig angemeldet hatte und aus seinem Mißtrauen gegen den »Sozialismus des Herrn Kaiser« keinen Hehl machte. – Adenauer wollte Berlin nie wieder als Hauptstadt eines wiedererrichteten deutschen Staates wissen. Für ihn endete das Abendland, wie einst das Reich Karls des Großen, an der Elbe.
Ich enthalte mich aus meiner heutigen Sicht jeder Kritik an diesen drei inzwischen verstorbenen bedeutenden deutschen Politikern der Nachkriegszeit. Ich bitte meine Leser bei etwaiger Kritik ihrerseits daran zu denken, daß alle diese Äußerungen ein knappes Jahr nach dem totalen Zusammenbruch, sozusagen während der Geburtswehen einer neuen Zeit, gemacht wurden. Damals – 1946 – stand ich bedingungslos hinter Jakob Kaiser.
Im Herbst 1946 begannen auch die westlichen Alliierten, sich Gedanken über die Zukunft Deutschlands zu machen, nachdem ihnen klargeworden war, daß Jalta und das Potsdamer Abkommen schöne Träume gewesen waren. Am 6. September 1946 hielt der amerikanische Außenminister Byrnes in Stuttgart eine aufsehenerregende Rede. Er sagte darin, daß es die Ansicht der amerikanischen Regierung sei, daß dem deutschen Volke nun endlich erlaubt werden müsse, die notwendigen Vorbereitungen für die Errichtung einer demokratischen deutschen Regierung zu treffen. – Nun kam Bewegung in die deutsche Politik.
Bald darauf erhielt ich eine Einladung zum 26. Oktober 1946 nach Berlin zu einem Treffen aller gewählten CDU-Landtagsabgeordneten in der SBZ und eine weitere Einladung zu einer Sitzung des »Erweiterten Parteivorstandes der CDU« zum 6. November. Auf beiden Veranstaltungen sprach Jakob Kaiser und verpflichtete die CDU der SBZ auf seine Vorstellung von »Gesamtdeutschland«.
Mitte November 1946 veröffentlichte der Parteivorstand der SED einen »Verfassungsentwurf für eine Deutsche Demokratische Republik«, und damit war nicht die heutige DDR gemeint, sondern »Gesamtdeutschland«. Dieser Verfassungsentwurf machte aber klar, daß es keine Übereinstimmung zwischen SED und CDU geben konnte.
Da die Sowjets auf die Rede von Byrnes vom 6. September 1946 nicht reagierten, sondern im Gegenteil in der von ihnen beherrschten SBZ ihre Form von »Demokratie« – nämlich die kommunistische Gewaltherrschaft – unge-

niert institutionalisierten und versuchten, der SED alle Macht in die Hände zu spielen, schlossen am 2. Dezember 1946 die USA und Großbritannien ihre beiden Zonen zu einer »Bizone« mit gemeinsamen deutschen Verwaltungsbehörden zusammen.
Natürlich wurde Adenauers Ablehnung der Berliner CDU oder gar einer Zentrale in Berlin durch diese Gründung gestärkt. Er sprach nun offen davon, daß die zukünftige deutsche Hauptstadt »zwischen Rebenhängen, nicht aber zwischen Kartoffelfeldern« und überhaupt nicht »auf Kolonialboden« liegen dürfe.
Als einzig noch wirksame Klammer zwischen der CDU in West und Ost blieb die bereits am 15. Dezember 1945 in Bad Godesberg gegründete »Arbeitsgemeinschaft der Gesamt-CDU« lebendig. Auf ihre Veranlassung trafen sich Vertreter der CDU aus West und Ost im Februar 1947 zur »Königsteiner Tagung« und beschlossen, für den 13. bis 15. März eine Vorstandssitzung dieses Gremiums nach Berlin einzuberufen. Auf dieser Sitzung, an der Adenauer »wegen Grippe« nicht teilnahm, wurde beschlossen, an alle vier deutschen Parteien einen Brief zu richten, in dem sie dazu aufgerufen wurden, gemeinsam so schnell wie möglich – als erste Stufe einer gesamtdeutschen Vertretung des Volkes – eine »nationale Repräsentanz« vorzubereiten. Der Aufruf blieb ohne Erfolg – Schumacher bezeichnete die »nationale Repräsentanz« als Trojanisches Pferd, vor dem man sich hüten müsse. Adenauer blieb bei seiner Ablehnung[35] alles dessen, was aus Berlin kam. Der Großteil der westlichen deutschen Presse stieß in das gleiche Horn und warnte vor einem neuen deutschen Zentralismus.
Auf dem Brandenburger CDU-Landesparteitag in Potsdam, am 3. Mai 1947, sagte Jakob Kaiser zu uns: »Drohende Schatten zwischen dem westlichen und dem östlichen Deutschland treten hervor!«, und Ernst Lemmer fügte hinzu: »Uns droht eine Chaotisierung des nationalen Willens.« – Wir waren alle recht deprimiert. In dieser verzweifelten Situation machte der bayerische Ministerpräsident Hans Ehard den Versuch, die deutsche Einigung auf dem Umweg über den Föderalismus, d. h. über die Länder, voranzutreiben. Er lud die Regierungschefs aus allen vier Besatzungszonen – gleich, welcher Partei sie angehörten – zu einer gemeinsamen Konferenz für den 6. bis 8. Juni 1947 nach München ein. Ehard versprach sich von der Konferenz zweierlei: erstens ein Bekenntnis zur politischen Einheit in einer neuen staatlichen Form und zweitens eine sofortige wirtschaftliche Zusammenarbeit.
Aber auch diese Konferenz war von vornherein zum Scheitern verurteilt – schon wegen der unüberbrückbaren Gegensätze zwischen SED und SPD. Schumacher hatte an die sozialdemokratischen Teilnehmer die Parole ausgegeben: »Niemand ist in München dazu legitimiert, die Möglichkeiten einer zukünftigen Reichsverfassung auch nur in der Tendenz vorwegzunehmen.« Die fünf sowjetzonalen Ministerpräsidenten verlangten am Vorabend der

Konferenz, daß auf die Tagesordnung als erster Punkt »die Bildung einer deutschen Zentralverwaltung als Vorstufe eines deutschen Einheitsstaates« gesetzt werden solle. Als diese Forderung abgelehnt wurde, reisten sie ab[36]. Damit war der letzte Versuch, durch politische Verhandlungen ein »Gesamtdeutschland« zu schaffen, gescheitert.
Nun bemühten sich die USA, durch wirtschaftliche Maßnahmen zu erreichen, was durch politische nicht zu erreichen war. Sie veränderten damit zwar in wenigen Jahren das Gesicht der Welt, sie versteinerten es aber auch ungewollt. Am 5. Juni 1947 veröffentlichte der amerikanische Außenminister George Marshall in einer Rede in der Harvarduniversität seine Pläne für eine umfassende Hilfeleistung für Europa, und zwar für »Gesamteuropa«, die Sowjetunion mit eingeschlossen. Dieser Vorschlag wurde ein Jahr später als »Marshallplan« Wirklichkeit und verschaffte Westeuropa innerhalb von drei Jahren eine Wirtschaftshilfe von 13 Milliarden Dollar als nichtrückzahlbare Zuschüsse oder als langfristige Kredite.
Die westeuropäischen Staaten, einschließlich der westdeutschen Länder, bejahten den Plan sofort dankbar – auch Adenauer und Schumacher. Kaiser hingegen wollte begreiflicherweise erst die Reaktion der Sowjetunion abwarten, ehe er offiziell Stellung bezog. Diese Entscheidung fiel bereits am 2. Juli 1947 auf der »Pariser Außenministerkonferenz«, auf der der sowjetische Außenminister Molotow den Marshallplan als ein »Mittel des kalten Krieges« bezeichnete und ablehnte. Damit war auch die Ablehnung des Marshallplanes durch die SED vorbestimmt, und sie erfolgte umgehend mit der Begründung, die Amerikaner wollten, daß »Deutschland seine Zukunft um den Preis einer Anleihe verkaufen solle«.
Nun mußte Kaiser Flagge zeigen, und das um so mehr, als die SED gleichzeitig mit ihrer Ablehnung des Marshallplanes eine neue Form der seit 1945 üblichen »Blockpolitik« durchzusetzen versuchte. Bisher waren die politischen Willensträger nur die Parteien, die sich bereits 1945 zum »Block der antifaschistischen Parteien« (Antifa) zusammengeschlossen hatten. Jetzt sollten diesem Block auch noch die »Massenorganisationen« angehören: der FDGB, die VdgB, die FDJ, der Kulturbund und der Demokratische Frauenbund. Da die führenden Vertreter der Massenorganisationen beinah alle der SED angehörten, standen die Vertreter der beiden bürgerlichen Parteien im »Block« einer erdrückenden Mehrheit der SED gegenüber. Diese Mehrheit sollte dazu benutzt werden, die 1945 vereinbarte »Einstimmigkeit« im Antifa bei allen Beschlüssen illusorisch zu machen. Wenn nämlich die Vertreter der bürgerlichen Parteien wirklich dem Druck der SMA und der SED in ihrem Heimatort nicht nachgegeben hatten und den Mut aufbrachten, im »Block« eine eigene Meinung zu vertreten, so wurden sie als »Faschisten« verdächtigt, aus dem Block ausgeschlossen und durch willfährige Mitglieder ersetzt: So wurde die »Einstimmigkeit« erreicht[37].

Der aus »ernannten« Mitgliedern bestehende »Block« sollte den vom Volk »gewählten« Selbstverwaltungsorganen – den Landtagen, Kreistagen und Gemeindevertretungen – vorgeordnet werden. Alle Entscheidungen der Selbstverwaltungsorgane mußten im »Block« vorberaten und »einstimmig« gebilligt sein, ehe sie »beschlossen« wurden.

Kaiser benutzte eine Sitzung des Erweiterten Parteivorstandes am 12. Juli 1947, um die Position der CDU in der SBZ sowohl zum Marshallplan als auch zur »realen Demokratie« klarzustellen. Ich erinnere mich noch sehr gut an seine temperamentvoll vorgetragenen Ausführungen, die als »Oppositionsrede« bekannt wurden und weitreichende Folgen hatten. Kaiser bedauerte zunächst die Ablehnung des Marshallplanes durch die Sowjetunion, die zur Folge habe, daß die SBZ die Vorteile dieser wirtschaftlichen Hilfe nicht in Anspruch nehmen könne. Damit sei die Spaltung Deutschlands in zwei sich wirtschaftlich völlig unterschiedlich entwickelnde Teile vorgezeichnet. Anschließend ging Kaiser zum Angriff auf die Pläne der SED über, die SBZ in einen kommunistischen Einheitsstaat zu verwandeln. Er griff auch die SMA scharf an und wies auf die »Abwanderungsbewegung« aus der SBZ nach dem Westen hin, »die Abstimmung mit den Füßen«.

In der Aussprache wurde aber zum erstenmal deutlich, wie weit die CDU in der SBZ bereits durch den Druck der SMA unterwandert worden war. Leute wie Nuschke, Dertinger, Herwegen und Lobedanz äußerten Kritik[38] an Kaisers scharfer Stellungnahme, so daß die SED in der Zeitung »Berlin am Mittag« behaupten konnte: »Die gesunden Kräfte in der CDU haben sich im Parteivorstand durchgesetzt.« Sie berichtete nicht, daß Kaisers Rede vom Erweiterten Parteivorstand einstimmig gebilligt worden war.

Die SMA forderte den Wortlaut der Kaiser-Rede an und verbot den Abdruck in den Zeitungen. Sie wurde auch sonst äußerst aktiv. Hauptmann Kratin und seine Offiziere schwärmten ins Land und versuchten die führenden Mitglieder der CDU in »Gesprächen« von der reaktionären Haltung Jakob Kaisers zu überzeugen und einen Keil zwischen Basis und Parteileitung zu treiben. Die Gespräche begannen meist freundschaftlich, enthielten aber mehr oder weniger versteckte Drohungen, wobei etwa vorhandene Schwachpunkte der Betroffenen, die um Familie, Beruf und Heimat zu bangen hatten, geschickt ausgenutzt wurden.

Ich persönlich hatte viele solcher Gespräche durchgestanden. Ich galt wegen meiner vielen Versammlungen, nicht nur in Brandenburg, sondern in der ganzen SBZ, bei der SMA als einflußreicher Parteigänger Kaisers. Aber ich hatte es insofern leichter als viele meiner Parteifreunde: Ich war im amerikanischen Sektor[39]. Man konnte mich mit wirtschaftlichen Maßnahmen weder erpressen noch verlocken.

Die sowjetische Agitation verstärkte sich immer mehr, je näher der 2. Parteitag der CDU in der SBZ heranrückte, der für den 4. bis 8. September 1947

nach Berlin in den Admiralspalast einberufen war. Er trug nicht mehr »gesamtdeutsches« Gepräge wie der erste Parteitag im Jahre 1946[40]. Konrad Adenauer hatte seine Stellung als Parteiführer der CDU/CSU inzwischen unangreifbar ausgebaut und verdächtigte Kaiser und die CDU in der SBZ, »zuerst aus Versöhnlichkeit, dann aus Schwäche, zuletzt aus Angst Mitläufer der SED zu werden«[41].
Adenauer hatte seine Teilnahme am Parteitag zwar angekündigt, sagte aber wiederum im letzten Augenblick »wegen einer akuten Erkrankung« ab. Er trat am gleichen Tage auf einem westfälischen Kreisparteitag als Redner auf. – Immerhin aber kamen Karl Arnold, Gustav Heinemann, Heinrich von Brentano und Josef Müller.
Der Parteitag begann mit einer Sensation. Amerikanische Offiziere waren in großer Zahl sehr frühzeitig erschienen und hatten die erste Reihe der für die Besatzungsvertreter vorbehaltenen Mittelloge besetzt. Die später kommenden Russen verlangten, daß die Amerikaner die Plätze räumten, da der Parteitag im sowjetischen Sektor stattfinde. Als die Amerikaner sich weigerten, verließen die Russen den Saal. Schließlich wurde ein Kompromiß gefunden, und ein Oberstleutnant Demidov nahm offiziell als Vertreter der SMA am Parteitag teil, und Oberst Tulpanow hielt sogar eine im Programm nicht vorgesehene Rede. Als er nach harten Angriffen gegen die »britischen und amerikanischen Spalter«, die entschlossen seien, »Deutschland als einheitlichen Staat zu vernichten«, betonte, er wolle aber den Herren Kaiser und Lemmer keine unnötigen Schwierigkeiten bereiten, erntete er demonstrativen Beifall. Dann sprach Kaiser. Er kritisierte unbeirrt die Vorherrschaftsgelüste der SED, erkannte den Vorteil des Marshallplanes an und setzte sich wieder für gesamtdeutsche Zentralverwaltungen ein. Der Höhepunkt seiner Rede und der am meisten bejubelte und überall zitierte Satz lautete: »Wir müssen und wir wollen Wellenbrecher des dogmatischen Marxismus und seiner totalitären Tendenzen sein.« – Oberst Tulpanow hörte mit steinernem Gesicht zu. Aber alle spürten: Dies war der Anfang vom Ende, obwohl Kaiser und Lemmer einstimmig als erster und zweiter Vorsitzender wiedergewählt wurden[42].
Die SED-Presse griff Kaiser nach dem Parteitag heftig an und beschuldigte ihn, daß er aus der berühmten »Brücke zwischen West und Ost« des Vorjahres einen »Wellenbrecher gegen den Osten« gemacht habe. Die »Brücke« sei zum »Brückenkopf« geworden.
Nun begann das entscheidende Vierteljahr 1947. Der Druck der SMA und der SED-Organe auf die CDU-Mitglieder in der ganzen SBZ – je weiter von Berlin entfernt, um so stärker – wurde unerträglich. Oberst Tulpanow gab die Devise aus: »Es gibt zwei Deutschland: das der fortschrittlichen Kräfte und das des nationalen Verrates und des amerikanischen Monopolkapitals. Jeder muß sich entscheiden, zu welchem Deutschland er gehören will.« – Man sollte heute niemanden verurteilen, der damals dem übermächtigen Druck erlegen ist. Wer

wollte schon einen »nationalen Verrat« begehen oder als »nicht fortschrittlich« verdächtigt werden oder ein »Monopolkapitalist« sein?
Am 20. September 1947 machte die SED auf einem vier Tage dauernden Parteitag in Berlin den nächsten Schritt in Richtung auf ihr Ziel: »Volksdemokratie«. Dieses Mal hieß die offizielle Parole: »Volksinitiative und Volkskontrolle«. Sie war nichts anderes als die neuformulierte alte Forderung nach Einbeziehung der Massenorganisationen in den Antifa-Block.
Am 30. September richtete die SED einen von Pieck und Grotewohl unterschriebenen Brief an den »Alliierten Kontrollrat«. In dem Brief wurde eine »Volksabstimmung in Gesamtdeutschland« über die Fragen »Einheitsstaat oder Zoneneinteilung sowie über eine einheitliche Wirtschaftsplanung nach dem Vorbild der SBZ«[43] vorgeschlagen und von der Londoner Konferenz ein entsprechender Beschluß gefordert. Die SED-Propaganda wurde von den Sowjets sowohl anläßlich der Dreißig-Jahr-Feiern der Oktoberrevolution in Moskau durch Molotow als auch auf der Londoner Konferenz durch den sowjetischen Vertreter Smirnov kräftig unterstützt.
Die CDU konterte auf einer Sitzung des politischen und geschäftsführenden Ausschusses des Hauptvorstandes am 5. November 1947 in Berlin und kündigte eine Großkundgebung für den 16. November an, auf der Kaiser und Lemmer zur Londoner Konferenz Stellung nehmen würden. Am 10. November richtete Kaiser ein Schreiben an die Oberbefehlshaber der vier Kontrollmächte, und am 13. November veröffentlichte der Parteivorstand ein »Memorandum zur Londoner Konferenz«, in dem die Forderung nach einem »gesamtdeutschen Konsultativrat« wiederholt wurde.
Seine Idee von dem »Konsultativrat« hatte Kaiser schon auf einer von 3000 Menschen besuchten Versammlung in Weimar am 21. September 1947 und auf einer Sitzung der Arbeitsgemeinschaft der CDU/CSU in Köln am 25. September in Koblenz, das in der französischen Zone lag, propagiert. In Koblenz gab es einen erstaunlichen Zwischenfall. Die französische Militäradministration hatte für die Tagung den »Rittersturz« zur Verfügung gestellt. Kaiser wurde kurz nach der Eröffnung der Sitzung herausgerufen, und ein französischer Offizier eröffnete ihm, daß er wegen seiner »gesamtdeutschen Bestrebungen« die französische Zone sofort zu verlassen habe. Nach dem Eingreifen des französischen Generaldelegierten wurde der Ausweisungsbefehl zwar zurückgenommen, und Kaiser durfte reden, aber immerhin! Es war schon eine merkwürdige Zeit damals.
Inzwischen versuchte die SED, in den Ländern der SBZ vollendete Tatsachen zu schaffen. In Brandenburg z. B. beschloß der Antifa-Block auf einer Sitzung, zu der nur die SED und die Gewerkschaftsmitglieder eingeladen worden waren – die CDU und die LDP hatte man »vergessen« –, die Gründung von »Volkskontrollausschüssen«. Der Beschluß wurde auf unseren heftigen Protest hin annulliert[44].

Jetzt ging es Schlag auf Schlag. Am 13. November 1947 verlangte die SED die Gründung eines »Deutschen Volkskongresses für Einheit und gerechten Frieden«, auf dem die Forderung nach »Volkskontrolle und Volksdemokratie«[45] durchgesetzt werden sollte. Am 16. November fand die angekündigte, außerordentlich stark besuchte Großkundgebung der CDU im Berliner Friedrichstadt-Palast statt, in deren Verlauf ein Appell an die Außenminister der Alliierten gerichtet wurde, auf der Londoner Konferenz nicht auf die SED-Vorschläge einzugehen, sondern die gesamtdeutschen Lebensrechte durch eine »permanente gesamtdeutsche Konferenz der Parteien« zu wahren. Von amerikanischer und britischer Seite kam Zustimmung, die Sowjets lehnten ab. Die Reden von Kaiser und Lemmer auf dieser Kundgebung waren die letzten, die sie als Parteivorsitzende öffentlich halten durften.
Am 26. November 1947 erklärte der Parteivorstand der SED alle Verhandlungen mit der CDU über ein gemeinsames Vorgehen für gescheitert und berief eigenmächtig für den 6. und 7. Dezember 1947 den »Volkskongreß für Einheit und gerechten Frieden« nach Berlin ein. Die Würfel waren gefallen.
Einen Tag später – am 27. November – beraumte die CDU eine außerordentliche Sitzung des Parteivorstandes für den 2. Dezember nach Berlin an. Schon in der Einladung wurde klar gesagt, daß nunmehr keine Aussicht auf eine Einigung mit der SED mehr bestehe, und es wurde die mangelnde Unterstützung durch die CDU/CSU in Westdeutschland und durch die SPD beklagt. An der Vorstandssitzung nahm auch Hauptmann Kratin teil. Trotz allen Druckes wurde von den Delegierten die Haltung von Lemmer und Kaiser einstimmig bestätigt. Eine Teilnahme am »Volkskongreß« wurde abgelehnt, da er keinen wirklich »gesamtdeutschen und überparteilichen Charakter« haben würde. Die Beteiligung von einzelnen CDU-Mitgliedern am Volkskongreß wurde »auf eigene Verantwortung« gestattet, wobei die Motive unter Berücksichtigung der gegebenen persönlichen Verhältnisse gewürdigt wurden. Wir – d. h. die CDU-Fraktion des Brandenburger Landtages – gaben am 4. Dezember 1947 sogar eine offizielle Vertrauenserklärung für Kaiser und Lemmer ab.
Am 6. Dezember 1947 trat der »1. Volkskongreß« in Berlin zusammen. Von 2215 Delegierten gehörten nur 219 der CDU an. (Diese Zahlenangabe stammt aus SED-Quellen! – Es können auch weniger gewesen sein[46].) In der SED-Presse wurde die Beteiligung der CDU besonders lobend hervorgehoben. Otto Nuschke, der in die Kongreßleitung gewählt wurde, der thüringische Minister Bachem und der Vizepräsident der Zentralverwaltung Landwirtschaft, Luitpold Steidle, wurden groß herausgestellt und natürlich die Herren Lobedanz und Herwegen. Steidle war Oberst in der Wehrmacht gewesen und dem Nationalkomitee Freies Deutschland beigetreten. Er wohnte in Kleinmachnow, und ich habe manchen Strauß mit ihm ausgefochten.
Nachdem Nuschke von Oberst Tulpanow in einer Unterredung am 4. De-

zember 1947 eindeutig klargemacht worden war, daß eine negative Einstellung zum Volkskongreß einer negativen Einstellung zur SMA gleichzusetzen sei, wurde für den 11. Dezember eine neue Vorstandssitzung der CDU einberufen. Die SMA hatte diesmal zwei Offiziere als Teilnehmer delegiert. Kaiser bat vor Beginn der Sitzung beide, den Vorstand allein beraten zu lassen. Als sie sich weigerten, unterbrach Kaiser die Sitzung und setzte sich mit den Amerikanern und den Briten in Verbindung. Zwei britische Offiziere erschienen, und es kam zu einem heftigen Zusammenstoß zwischen Russen und Briten. Schließlich gaben die Briten nach und gingen[47].

Die Spannung war durch diesen Vorfall natürlich verstärkt. Kaiser eröffnete die Sitzung und erklärte in Anwesenheit der Sowjets, daß die Teilnahme am Volkskongreß nur durch einen Parteitagsbeschluß oder durch einen Befehl der SMA zu erreichen sei. – Die Sowjets blieben stur. Keiner wußte einen Ausweg. Es war eine verzweifelte Situation. Wir waren alle äußerst deprimiert.

Hauptmann Kratin gab Kaiser in einer Sitzungspause den Rat zurückzutreten. Kaiser lehnte ab, und wir bekräftigten ihn in seiner Haltung. Wir wollten der SMA die Verantwortung zuschieben. Aber die SMA scheute vor der letzten Konsequenz zurück und versuchte, uns über ihre Vertrauensmänner zu zermürben. Georg Dertinger, der CDU-Generalsekretär, z. B. sagte zu uns: »Sie gehen einen gefährlichen Weg. Die Russen bleiben noch lange im Lande!« – Der alte Professor Hickmann, Landesvorsitzender in Sachsen, gab unser aller Stimmung wieder, wenn er sagte: »Es geht über die Kraft.«

Am 15. Dezember 1947 scheiterte die Londoner Konferenz endgültig. Die SMA entschloß sich zu handeln. Sie lud für den 19. Dezember die sechs Landesvorsitzenden der CDU zu einem Gespräch ein, an dem aber auch Kaiser und Lemmer teilnehmen sollten. Kaiser und Lemmer blieben hart. Die Landesvorsitzenden suchten nach einem ehrenvollen Ausweg, um wenigstens ihre Arbeit in den Landesverbänden fortsetzen zu können. So kam ein gewundener Entschluß zustande, in dem zwar Kaiser und Lemmer das Vertrauen ausgesprochen, aber eine vorübergehende Trennung zwischen Zonenvorstand und Landesvorständen bis zur Wiederherstellung der vertrauensvollen Zusammenarbeit zwischen der SMA und dem Zonenvorstand vereinbart wurde. Wir konnten die Menschen in den Städten und Dörfern, die uns ihr Vertrauen geschenkt und uns gewählt hatten, nicht im Stich lassen. Das war aber nur in Zusammenarbeit mit den örtlichen SMA-Dienststellen draußen im Lande möglich.

Natürlich war uns klar, daß wir eine verschleierte Bankrotterklärung abgegeben hatten, und die SMA stieß auch sofort nach: Sie befahl am 20. Dezember 1947, daß die sechs Landesvorsitzenden als das oberste Gremium der CDU anzusehen seien. Nur Otto Nuschke als Leitungsmitglied und Georg Dertinger als Hauptgeschäftsführer wurden bestätigt.

Kaiser und Lemmer gaben am gleichen Tage eine Erklärung vor der Presse ab, in der sie feststellten, daß sie durch den Eingriff der SMA an der legalen Ausübung ihrer von der Partei übertragenen Rechte gehindert worden seien. Diese seien nunmehr durch Befehl der SMA auf Nuschke und Dertinger übergegangen[48]. – Professor Hickmann versuchte mit einer Erklärung zu vermitteln, daß das alles nur »vorübergehend« sei. Aber die SMA verbot die Veröffentlichung dieser Erklärung, und Nuschke stellte sich öffentlich auf den Standpunkt, daß Kaiser zwar noch das Vertrauen der Partei besitze, daß aber zum Amt des Parteivorsitzenden auch das Vertrauen der SMA gehöre.
Nun trat noch einmal – zum letzten Male – die »Arbeitsgemeinschaft der CDU/CSU« in Aktion. Karl Arnold, Heinrich von Brentano, Gustav Heinemann, Friedrich Holzapfel, Josef Müller und andere kamen nach Berlin und machten den Sowjets klar, daß für sie nur Kaiser und Lemmer die legalen Vertreter der CDU der SBZ seien. Das müßten alle CDU-Mitglieder im Lande, aber auch die SMA zur Kenntnis nehmen.
Es war aber zu spät. Die SMA blieb bei ihrem Kurs. Kaiser und Lemmer, die bisherige Geschäftsleitung sowie die Redaktion des Zentralorgans »Neue Zeit« wurden auf Anweisung von Nuschke am Betreten der CDU-Zentrale in der Jägerstraße gehindert. Die Ära Nuschke/Dertinger begann. Die CDU West-Berlins löste sich von der »Zonen-CDU« und wurde Teil der CDU der späteren Bundesrepublik Deutschland. Wir Amtsträger in der SBZ mußten noch einen langen und schweren Weg gehen, der für manche mit dem Tode, für viele im Gefängnis und für die meisten mit der Flucht in den Westen endete[49].
Wenn ich heute an die damaligen Tage zurückdenke, fällt mir die verzweifelte Ähnlichkeit mit der Situation vieler Deutscher in der Hitlerzeit auf. Kann man uns nachträglich einen Vorwurf daraus machen, daß wir die Hoffnung behalten haben, in einem diktatorisch beherrschten Lande etwas von unseren Idealen bewahren zu können? Wir hatten – trotz aller Erfahrungen im Dritten Reich – die innere Zwangsläufigkeit jeder Diktatur – ob nazistisch oder kommunistisch – einfach nicht begriffen. Über zwei Jahre haben wir noch unseren aussichtslosen Kampf geführt und unseren Kopf hingehalten. Lächle, wer will, über uns! Wir haben unter Einsatz aller Kräfte gekämpft. Als Beweis dafür mag gelten, daß ich im Jahre 1959 – also fast zehn Jahre nach meiner Flucht – in einer in Ost-Berlin erscheinenden »Zeitschrift für Geschichtswissenschaft« von der SED immer noch als einer ihrer gefährlichsten Gegner der damaligen Zeit bezeichnet werde[50].

6. Kapitel

Politischer Alltag 1947

Im vorigen Kapitel habe ich einen etwas allgemein-historischen Bericht über die Ereignisse des Jahres 1947 gegeben, an denen ich allerdings weitgehend beteiligt war. – In diesem Kapitel will ich nun ganz persönliche Erlebnisse aus dem Jahre 1947 erzählen.

Direkt an der Grenze zu Kleinmachnow, im angrenzenden amerikanischen Sektor von Berlin, in der Benschallee, hatten die Alliierten ein »UNRRA-Lager« eingerichtet. Dort wohnten in Baracken ehemalige KZ-Häftlinge und Zwangsarbeiter, die die Nazizeit überlebt hatten und nicht wieder repatriiert werden konnten oder wollten. Sie warteten auf die Übersiedlung in eine neue Heimat. Es handelte sich hauptsächlich um aus Polen stammende Juden.

Es ist schwierig, die Atmosphäre in diesem neuen Zwangsghetto zu beschreiben. Daß diese Menschen die Deutschen nicht gerade liebten, ist einleuchtend, daß sie daher ihnen gegenüber zu Handlungen »am Rande der Legalität« neigten, ebenfalls. Sie saßen ohne jede Beschäftigung, auf eine ungewisse Zukunft wartend, in ungemütlichen Räumen herum und kamen leicht auf dumme Gedanken.

Für Kleinmachnow aber war dieses Lager eine Plage. Denn während die Kleinmachnower von den Russen auf Hungerration gesetzt waren, wurden die UNRRA-Lagerbewohner von den Amerikanern mit Lebensmitteln überhäuft. Sie hatten Butter, Fleischkonserven, Wurst, Kaffee, Zigaretten usw. im Überfluß, alles Dinge, von denen die Kleinmachnower nur träumen konnten. So schwärmten die UNRRA-Leute jeden Morgen aus, gingen in Kleinmachnow von Haus zu Haus und versuchten, ihre überflüssigen Lebensmittel gegen Schmuck oder andere Wertgegenstände zu tauschen. Die hungrigen Kleinmachnower machten von diesem Angebot eifrigen Gebrauch, denn Gold kann man nicht essen. Kleinmachnow wurde von den Schwarzmarkthändlern stärker heimgesucht als die Zehlendorfer, die zum amerikanischen Sektor gehörten und daher sehr viel besser mit Nahrungsmitteln versorgt waren als die Bewohner der SBZ.

Da die UNRRA-Leute sich anmaßend und aufdringlich benahmen, war die Stimmung in Kleinmachnow gegen sie einigermaßen gereizt. Die Zustände wuchsen sich allmählich zu einem Skandal aus. Am Bahnhof Düppel lauerten

die Schwarzhändler und belästigten die Fahrgäste. Der sowjetische Kreiskommandant von Teltow mußte die Kleinmachnower Polizei anweisen einzuschreiten. Aber es war natürlich sehr schwierig, gegen diese in der Nazizeit schwer betroffenen Menschen energisch vorzugehen. So wurden sie meist nur registriert.
Am Vormittag des 5. März 1947 kam der CDU-Bürgermeister von Kleinmachnow, Otto G., zu mir, als dem Vorsitzenden der CDU-Ortsgruppe, und berichtete von einem unangenehmen Zwischenfall, der sich am Abend des 4. März im Waldkaffee zugetragen habe: Er habe zusammen mit dem Leiter des Ernährungsamtes, Thieme, einem SED-Mitglied, einen Kontrollgang durch die Kleinmachnower Lokale gemacht, wie es seinen Amtspflichten entsprach. Nach 22 Uhr seien sie in das Waldkaffee gekommen, wo sie sich zunächst nur an einen Tisch gesetzt und zwei Schnäpse bestellt hätten. Dann habe Herr Thieme ihn darauf hingewiesen, daß an einem anderen Tisch ein als notorischer Schwarzhändler bekannter UNRRA-Insasse mit einer übelbeleumdeten Kleinmachnower Frau sitze. Den UNRRA-Bewohnern war das Betreten der SBZ nach 22 Uhr nicht erlaubt. Er sei daher zu dem Mann gegangen und habe ihn aufgefordert, sich auszuweisen. Der habe das abgelehnt mit den herausfordernden Worten: »Sie sind ja betrunken!« – Daraufhin sei Thieme, der bis dahin ruhig am Tisch sitzen geblieben war, auf den Mann losgestürzt, habe ihn gepackt und irgendein Schimpfwort geschrien, das er – Otto G. – nicht verstanden habe, in dem aber das Wort »Jude« vorgekommen sei. Er sei pflichtgemäß sofort dazwischengegangen, habe Thieme zurückgerissen und, da der UNRRA-Mann sich nach wie vor weigerte, seinen Ausweis zu zeigen, die Polizei verständigt. Die Polizei sei kurz danach erschienen und habe den Mann festgenommen.
G. erschien mir bei seinem Bericht ziemlich unsicher, und ich hatte sofort den Verdacht, daß der Schnaps im Waldkaffee vielleicht nicht der erste gewesen war, den er auf seinem Kontrollgang getrunken hatte. Ich erinnerte mich an mein Erlebnis mit G. während der Volkssturmzeit, als eine Probealarmübung daran scheiterte, daß er betrunken zu Hause saß und nicht in der Lage war, die ihm unterstellte Gruppe zu alarmieren. – Aber natürlich war das nur ein vager, ganz persönlicher Verdacht, den ich nie geäußert habe.
Außerdem hielt ich es für möglich, daß der gerissene SED-Mann Thieme mit voller Absicht den CDU-Bürgermeister in einen Skandal hineinziehen wollte. Auf alle Fälle kannte ich G. lange und gut genug, um zu wissen, daß er ein anständiger Kerl und keinesfalls ein Antisemit war.
Ich machte G. unmißverständlich klar, in was für eine fatale Situation er sich und die CDU in Kleinmachnow gebracht hatte. Dann ging ich zu Ernst Lemmer, um ihm von dem Vorfall Kenntnis zu geben. Auch er war bestürzt, meinte aber, das beste sei, zunächst nichts weiter zu unternehmen. Dennoch ging ich anschließend zu dem Vorsitzenden der SED-Ortsgruppe in Klein-

machnow, einem Herrn Buch, um ihn über die Rolle, die Herr Thieme in der Angelegenheit gespielt hatte, zu informieren. Außerdem aber suchte ich den einzigen jüdischen Gemeinderat in Kleinmachnow, Fritz Rosenbaum, auf und sprach ihm im Namen der CDU-Ortsgruppe Kleinmachnow mein Bedauern über diesen Zwischenfall aus. Mehr konnte ich nicht tun, und ich dachte, daß die Angelegenheit damit erledigt sei. – Weit gefehlt!

»Die Weltbühne«, 1905 von Siegfried Jacobsen gegründet, ist in der Weimarer Republik eine sehr bekannte Monatszeitschrift gewesen. Sie wurde seit 1927 von dem Pazifisten und Sekretär der »Deutschen Friedensgesellschaft«, Carl von Ossietzky, herausgegeben. Ossietzky wurde 1931 wegen Landesverrats verurteilt und von den Nazis 1933 in ein KZ gesperrt. 1936 erhielt er den Friedensnobelpreis und wurde 1938 zu Tode gefoltert. Nach dem Zusammenbruch wurde die Zeitschrift von Maud von Ossietzky im Ostsektor neu herausgegeben.

In der Mai-Ausgabe der »Weltbühne« erschien ein langer Artikel unter der Überschrift »Rassenhaß im Zeichen des christlichen Sozialismus«, geschrieben von einem gewissen E. Sparr. In diesem Artikel wurden die Dinge völlig falsch und gehässig dargestellt. Herr Sparr behauptete, der Bürgermeister und Herr Thieme hätten das Waldkaffee aufgesucht, »um sich dort einige Schnäpse auf das Wohl der kommenden Judenverfolgungen zu genehmigen«. – Der Bürgermeister habe den still an einem Tisch sitzenden Juden aufgefordert, »sofort das Lokal zu verlassen, da Juden in Kleinmachnow nichts zu suchen hätten«. Als der Mann das Lokal nicht verlassen habe, sei »der Bürgermeister explodiert« und habe mit Worten wie »Judengesindel« die Polizei gerufen. Die Polizei habe sich für den Bürgermeister geschämt und den Mann laufenlassen.

Bei dieser unsachlichen Darstellung des Vorganges bezog sich der Verfasser des Artikels auf die Zeugenaussage der Wirtin des Waldkaffees, des Kellners und eines Gastes. Dann aber zog der Schreiber gegen Kleinmachnow insgesamt los, das seit dem Wahlsieg der CDU eine »Hochburg des Faschismus« sei. Im Namen von Millionen ermordeter Juden forderte er die sofortige Amtsenthebung des »faschistischen Bürgermeisters« und beschimpfte nicht nur die CDU, sondern die Kleinmachnower insgesamt auf das übelste.

Natürlich war ich nun gefordert. Ich schrieb daraufhin am 17. Mai 1947 einen sehr sachlichen Brief an die Redaktion der »Weltbühne«, in dem ich meinem Bedauern darüber Ausdruck gab, daß sich die Redaktion nicht vor Veröffentlichung sachkundig gemacht habe. Es hätten dafür zur Verfügung gestanden entweder der Ortsgruppenvorsitzende der SED, Mitglied des Zentralvorstandes der Partei in Berlin, oder Ernst Lemmer, 3. Vorsitzender des Zentralvorstandes des FDGB, oder ich, Landtagsabgeordneter und Mitglied des Präsidiums des Landtages in Potsdam. Anschließend gab ich eine genaue Darstellung der Vorfälle und wies besonders darauf hin, daß nicht der Bür-

germeister, sondern zunächst der als Schwarzhändler bekannte UNRRA-Mann aggressiv geworden sei und daß sich die Polizei ihres Bürgermeisters nicht geschämt, sondern pflichtgemäß den Mann nur vorläufig entlassen habe, weil er »aktenbekannt« war. Im übrigen sei er kurze Zeit danach in einem anderen Lokal, in dem er sich unliebsam aufgeführt hatte, erneut festgenommen und in Haft behalten worden.
Zwei Tage später konnte ich der Weltbühne zusätzlich mitteilen, daß inzwischen die SED-Ortsgruppe festgestellt habe, daß nicht ihr Mitglied, Herr Thieme, sondern ein unbekannter, im Lokal anwesender Gast die antisemitischen Äußerungen gemacht habe. Das sei durch zwei Zeugenaussagen eidlich erhärtet.
Um ganz objektiv und loyal zu sein, möchte ich an dieser Stelle daran erinnern, daß wir im Jahre 1947 die Nazizeit erst seit zwei Jahren überwunden hatten und daß eine Empfindlichkeit gegen jede Art von neuem Antisemitismus durchaus verständlich war. – Zu welchen Blüten aber diese begreifliche Sorge vor neuem Nazismus führen konnte, mag ein Brief eines jüdischen Mitbürgers aus Kleinmachnow, Hans Seligmann, aufzeigen. Die CDU-Zeitung »Neue Zeit« hatte am 20. Mai unter der Überschrift »Dichtung und Wahrheit« den Artikel der Weltbühne aufgegriffen und richtiggestellt. Daraufhin schrieb Herr Seligmann an die Redaktion mehrere Briefe, in denen es unter anderem hieß: »Kleinmachnow ist der konservierende Herd des übriggebliebenen Antisemitismus Groß-Berlins. Wenn Sie mit prüfender Skepsis an diese Frage herangehen, vergessen Sie nicht zu bedenken, daß über 75 % der Bevölkerung nationalsozialistisch orientiert waren und jetzt dieselbe Prozentzahl CDU gewählt hat. (Weiter nach rechts ging es nimmer!)« Am 4. Juli 1947 erschien in dem Organ der jüdischen Gemeinde »Der Weg« ein weiterer massiver Angriff, nunmehr auf mich. Ein gewisser H. Geissler gab zunächst eine Darstellung der Ereignisse vom 4. März, die kaum noch etwas mit den Tatsachen zu tun hatte. Nun konnte man z. B. lesen, daß »Herr G. bekanntlich gemeinsam mit drei Freunden in total betrunkenem Zustand auf einen jüdischen DP (displaced person) eingeschlagen« hätte. – Dann aber wurde meine Richtigstellung vom 17. Mai in den Mittelpunkt eines infamen Angriffes gegen mich gestellt. Jetzt wurde nämlich behauptet, daß ich »Antisemitismus als mein Privileg« betrachte. Es wurde festgestellt, daß ich »jüdischer Mischling« sei und daß ja die beschämende Tatsache bekannt sei, daß viele »halb- und volljüdische Fahnder und Spitzel bei der Gestapo tätig gewesen seien«. Weiter hieß es, ich sei »freiwillig gekommen, als der Führer rief, um durch aktive Mitarbeit beim Volkssturm dem Nazismus zu einem möglichst langen Leben zu verhelfen«. – In diesem Stile ging es weiter, und zum Schluß des Artikels wurde die Parteileitung der CDU aufgefordert, meine politische Zuverlässigkeit zu überprüfen.
Ich verlangte natürlich von der Zeitschrift »Der Weg« eine offizielle Richtig-

stellung. Ich verwies dabei darauf, daß der Informant des Herrn Sparr ein gewisser Herr Totenkopf gewesen sei, der zur Zeit des Zwischenfalles im Waldkaffee anwesend war. Feststellungen hätten ergeben, daß Totenkopf ein mehrfach vorbestrafter Mann sei, gegen den die Staatsanwaltschaft zur Zeit wegen neuer Delikte eine Strafe von anderthalb Jahren Zuchthaus beantragt habe. – Außerdem sei Herr Sparr inzwischen im Waldkaffee gewesen und habe versucht, unter Drohungen die Wirtin und den Kellner zu falschen Zeugenaussagen zu veranlassen. – Aber die Redaktion der Zeitschrift »Der Weg« schwieg.

Da griff mein schon häufig erwähnter Gegenspieler, der brandenburgische Innenminister Bechler – zwar ungewollt, aber erfolgreich – als rettender Engel ein. Er befahl nämlich dem Oberstaatsanwalt in Potsdam, formell Anklage gegen den Bürgermeister von Kleinmachnow zu erheben. Am 7. August 1947 fand die Verhandlung vor dem Schöffengericht in Teltow statt. Nach viertägiger Verhandlung, in der zahlreiche Zeugen gehört wurden, wurde Bürgermeister G. auf Antrag des Staatsanwaltes freigesprochen. Der betroffene Insasse des UNRRA-Lagers war ebenfalls als Zeuge gehört worden und hatte ausgesagt, er selber habe sich in keiner Weise bedroht oder beleidigt gefühlt und habe auch nicht beabsichtigt, irgendwelche Schritte zu unternehmen. Es seien aber einige Herren aus Potsdam bei ihm im Lager erschienen, die ihm ein Schriftstück zur Unterschrift vorgelegt hätten, damit Klage erhoben werden könnte.

Nunmehr hätte man annehmen sollen, daß die Angelegenheit ausreichend geklärt worden war. Aber weit gefehlt! – Die »Tribüne«, Tageszeitung des FDGB, berichtete am 11. August 1947 in äußerst tendenziöser Form über die Gerichtsverhandlung. Alle Falschmeldungen der Zeitschriften »Die Weltbühne« und »Der Weg« wurden erneut aufgewärmt, und das Gericht wurde lächerlich gemacht: »Der Herr Anklagevertreter hielt eine salbungsvolle Rede, in der er die Tatsachen auf den Kopf stellte.« – Die Zeugen waren »treudeutsche Unschuldslämmer und arme Opfer einer böswilligen Anzeige«. »Dem bösen Juden zeigte man den erhobenen Zeigefinger.« – Der Artikel schloß mit den Worten: »Sind wir schon wieder auf dem Wege in die Bande einer willkürlichen Justiz?«

Nun ja! – Es war zwar kein gutes Deutsch, aber ich wußte um die Macht der Presse und beschloß, mich mit dem Gerichtsurteil zufriedenzugeben. Die Zeitungen »Der Abend«, »Der Kurier« und »Der Neue Weg« hatten sachlich und informativ berichtet. Ich wollte nichts mehr unternehmen. – Da aber kam des Dramas zweiter Akt.

Am 30. August 1947 wurde morgens im Grunewald die Leiche eines Mannes ohne Kopf gefunden. Die Identifizierung war schwierig, aber nach einigen Tagen stand fest, daß es sich bei dem Ermordeten um den polnischen Juden Mischka Czucker handelte, just um jenen Insassen des UNRRA-Lagers, mit

dem es den Ärger in Kleinmachnow gegeben hatte. Der Kopf wurde übrigens niemals gefunden.
Obwohl dieser Mord aller Wahrscheinlichkeit nach die Folge einer internen Auseinandersetzung zwischen zwei Schwarzhändlerbanden gewesen war, griff »Die Weltbühne« den Fall sofort wieder auf, veröffentlichte in ihrer Oktobernummer einen Artikel »Judenmord 1947«, tischte als »Vorgeschichte zu dem Mord« wieder die – durch Gerichtsurteil widerlegte – Räuberstory aus dem Waldkaffee auf und behauptete, daß seit Monaten gegen Mischka Czucker in Kleinmachnow eine systematische Hetze betrieben worden sei, und zwar unter Leitung des Ortsgruppenvorsitzenden der CDU, Dr. Peter Bloch.
Damit aber nicht genug! – Es wurde in dem Artikel weiterhin behauptet, daß der Ermordete zum letzten Mal lebend am 28. August 1947 in Kleinmachnow gesehen worden sei und daß alles dafür spreche, daß Mischka Czucker in Kleinmachnow ermordet und seine Leiche dann in den Grunewald gebracht worden sei. – Schließlich verstieg sich der Verfasser des Artikels – wieder jener H. Geissler, der den Artikel in »Der Weg« geschrieben hatte – zu der Behauptung, daß der eigentliche Mörder zwar noch nicht bekannt sei, aber die intellektuellen Mörder in den Reihen jener Antisemiten in Kleinmachnow zu suchen seien, die die Hetze gegen Mischka Czucker und gegen »die Juden« im allgemeinen »inszeniert« hätten. Nun wußte ich es: Ich war ein intellektueller Judenmörder! – Diese unverschämte Verdächtigung konnte ich natürlich nicht auf mir sitzenlassen. Ich beauftragte den Kleinmachnower Rechtsanwalt Professor Ruppel, Klage gegen »Die Weltbühne« zu erheben mit dem Ziele eines formellen Widerrufes. Der Prozeß zog sich lange hin, endete aber schließlich damit, daß die »Weltbühne« verurteilt wurde und einen Widerruf abdrucken mußte. Sie veröffentlichte ihn allerdings an einer Stelle und in einer Form, die eigentlich einen neuen Prozeß erforderlich gemacht hätte. Aber mir hing inzwischen die ganze Sache zum Halse heraus, und ich unternahm nichts weiter.
Auch sonst ereignete sich nichts mehr: Der Mörder wurde niemals gefunden. Aber natürlich hatte die ganze Angelegenheit viel Staub aufgewirbelt, und damit komme ich zum dritten Akt des Dramas: Im Dezember 1947 erhielt ich einen überaus aufgeregten Brief von meinem New Yorker Freund Gerhard Kobrack, in dem er mich fragte, was denn um Gottes Willen an dem Judenmord dran sei. Die amerikanischen Zeitungen hätten groß über mich berichtet, und es sei völlig ausgeschlossen, daß ich je eine Einreisegenehmigung nach den USA erhalten würde. Ich möchte doch sofort schreiben, was los sei.
– Ich war natürlich bestürzt. Es gelang mir, den Berliner Korrespondenten der »New York Times«, einen Mr. Clarc, zu sprechen, dem ich alle Unterlagen vorlegte. Nach anderthalb Stunden war es mir gelungen, ihn zu überzeugen, und er versprach, die ganze Angelegenheit noch einmal gründlich zu

überprüfen und entsprechend an seine Zeitung zu berichten. So konnte ich am 31. Dezember 1947 mit einem langen Brief an Gerhard Kobrack, dem ich alle Unterlagen beifügte, diese unerfreuliche Sache, die mich viel Zeit und Nerven gekostet hatte, noch im Jahre 1947 abschließen. – Im Jahre 1960 erhielt ich ohne Schwierigkeiten ein Einreisevisum in die USA, sogar als VIP und Gast des »State Departments«.
Im Frühjahr 1947 wollte ich zum erstenmal nach dem Krieg offiziell nach Westdeutschland reisen. Am 13. März 1947 beantragte ich einen Interzonenpaß, den man damals für eine Reise von der SBZ in eine der westlichen Zonen brauchte. Der Präsident der Industrie- und Handelskammer in Berlin hatte mir die Ausstellung des Passes zugesagt, mußte sich aber nach einiger Zeit als unzuständig erklären. Am 27. März wurde mir mitgeteilt, daß vielleicht im April Aussichten für mich bestünden. Aber am 10. April lehnte der zuständige sowjetische Kreiskommandant die Ausstellung des Interzonenpasses mit der Begründung ab, daß er neue Bestimmungen aus Moskau abwarten müßte, die in etwa drei Wochen eintreffen würden.
Was der sowjetische Kreiskommandant aber nicht wußte, war, daß die britische Militärregierung in Berlin mich einmal heimlich mit einem Militärflugzeug in den Westen eingeflogen hatte. In der britisch besetzten Zone fand eine Kulturveranstaltung der CDU statt, an der nach Möglichkeit auch Vertreter aus der SBZ teilnehmen sollten. Da ich der Kulturbeauftragte für das Land Brandenburg war, erklärten sich die Briten bereit, mich ohne vorgeschriebene Formalitäten hinüberzufliegen. Ich sollte mich auf dem britischen Militärflugplatz in Gatow einfinden. Ich begab mich also zu dem vorgeschriebenen Termin nach Gatow und mußte im Wartesaal über eine Stunde warten. Ich war der einzige Zivilist. Alle anderen Passagiere waren britische Soldaten, die fröhlich lachten und plauderten. Vermutlich fuhren sie auf Urlaub. Das Flugzeug hatte keine Sitze, sondern nur seitwärts aufgestellte Sanitätstragen und war ein einmotoriges Kleinstflugzeug, das heftig schaukelte.
Später bin ich mehrfach mit dem Interzonenzug gefahren: nach Hannover zu meiner Schwester und nach Frankfurt zu beruflichen Verhandlungen. Es war immer ein Abenteuer! Ich erinnere mich, daß ich in Hannover zweimal übernachten mußte. Das erste Mal gab es keine andere Schlafmöglichkeit als den riesigen Bunker auf dem Platz vor dem Bahnhof. Da saß man in einem Betonkeller, der durch eine matte Lampe erhellt war, auf Holzbänken zwischen höchst zweifelhaften Gestalten, legte seinen Koffer vor sich auf einen Holztisch, legte die Arme auf den Koffer, damit er nicht geklaut wurde, und den Kopf auf die Arme – so verbrachte man eine höchst ungemütliche Nacht.
Das zweite Mal war der Komfort in Westdeutschland bereits fortgeschritten. Es gab in Bahnhofsnähe ein Hotel, und der Portier ließ sich gegen ein Uhr in

der Nacht mit etwas Butter dazu bewegen, mir ein Zimmer zu überlassen. Es lag im sechsten Stock und war für zwei Personen bestimmt. Die Einrichtung bestand aus frisch zusammengenagelten Betten, einem Schrank und zwei Hockern. Ich war der einzige Gast im Zimmer, zog mich aus, legte mich in eins der Betten und fand mich auf dem Fußboden wieder, da die Bodenbretter des Bettes unter der Seegrasmatratze nur auf schmalen Hölzchen ruhten. Ich zog also in das andere Bett um, nachdem ich die Bodenbretter provisorisch wieder eingefügt und die Matratze darübergelegt hatte. In das zweite Bett legte ich mich ganz vorsichtig, die Bretter ächzten zwar, hielten aber. Etwas später öffnete sich die Tür, und ein zweiter Gast erschien. Ich tat so, als ob ich fest schliefe, und wartete auf die Dinge, die da kommen mußten. Und richtig: Es krachte, und der andere verbrachte die Nacht auf dem Fußboden. Hoffentlich hatte er dem Portier nicht zuviel für dieses komfortable Nachtquartier in die Hand gedrückt!
Seitdem wir wußten, daß unser Sohn Horst lebte und in ein belgisches Bergwerk verschleppt worden war, haben wir alles in unseren Kräften Stehende unternommen, um ihn freizubekommen. Dabei haben sich besonders mein Freund Rudolf Jürgens, der als wissenschaftlicher Leiter der pharmazeutischen Firma Hoffmann-Laroche in Basel saß, und ein Freund, der erwähnte Heinz Kobrack, der nach Amerika emigriert war und sich als Arzt in Chicago niedergelassen hatte, engagiert.
Aufgrund ihrer Interventionen wurde Horst im Februar 1947 von der Lagerleitung aufgefordert, ein Entlassungsgesuch einzureichen. Kurze Zeit später suchte mich im Verlag ein Offizier der belgischen Militärmission in Berlin auf, um die eingereichten Angaben zu überprüfen. Unsere Hoffnung wuchs.
Um so niederschmetternder war die Ende Februar erfolgende kaltschnäuzige Ablehnung einer vorzeitigen Entlassung.
Lottes durch die Nachkriegszeit sowieso geschwächte Gesundheit erreichte durch diese deprimierende Nachricht einen Tiefstand. Am 18. Mai wurde dann bekannt, daß am 1. Juni mit der Entlassung der Gefangenen begonnen werden sollte. Wenig später wußten wir, daß Horst bei dem ersten Transport nicht dabei war. Er hatte einen Fluchtversuch unternommen, war wieder eingefangen und zu sechs Wochen »cachot« verurteilt worden. Er war daher bei der Lagerleitung nicht gut angeschrieben und konnte mit keiner bevorzugten Behandlung rechnen. Außerdem eiterte seine Wunde am Bein wieder, so daß er im Juli 1947 in das Militärhospital nach Beverloo verlegt und ein Splitter operativ entfernt wurde.
Im Juli kam er wieder ins Bergwerk zurück und mußte weiterhin unter Tage arbeiten. Schließlich kam der große Tag, an dem die letzten Gefangenen entlassen wurden und nur das Stammpersonal der Verwaltung zurückblieb, das das Lager auflösen mußte.
Horst wurde also Richtung Heimat in Marsch gesetzt, aber der Weg dorthin

verlief noch ziemlich abenteuerlich. Es ging nicht etwa direkt nach Hause, sondern mit der Eisenbahn, mit Lastwagen oder zu Fuß von Sammellager zu Sammellager. Er hatte 75 Pfund Gepäck bei sich, hauptsächlich gesparte oder getauschte Lebensmittel wie Olivenöl, Tabak und ähnliches.
Schließlich landete Horst in Eisenach, wo sich niemand um die entlassenen Gefangenen kümmerte. Nachdem er – in Vorahnung seiner späteren Kunstbeflissenheit! – einen Abstecher in Richtung Wartburg unternommen hatte, machte er sich mit einem Kumpel selbständig und bestieg einen Zug nach Berlin – ohne Geld und ohne gültigen Entlassungsschein, denn erst mußten die Gefangenen noch in Deutschland für einige Wochen in Quarantäne, bevor sie offiziell nach Hause durften.
Horst pumpte am Anhalter Bahnhof ein Mädchen um 20 Pfennig an, um mit uns telefonieren zu können, aber wir hatten eine neue Telefonnummer. So charterten die beiden gegen etwas Tabak eine Dreirad-Taxe – so was gab es damals in Berlin! –, und die Fahrt ging über Britz, wo der Kumpel wohnte, nach Kleinmachnow, wo er am 23. Oktober 1947 eintraf.
Abends gegen halb acht Uhr klingelte es bei uns. Lotte öffnete die Haustür und fragte: »Wer ist da?« – »Mutti, mach auf, ich bin's!« sagte eine wohlvertraute Stimme. Wir stürzten beide zur Gartentür, Lotte umarmte ihren Sohn, und ich bezahlte erst mal die Dreirad-Taxe. Was dann folgte, brauche ich nicht zu schildern. – Wir waren wieder eine vierköpfige Familie!
Inzwischen verlief meine politische Tagesarbeit weiterhin wie in den Jahren zuvor. Ich nahm meine Pflichten im Landtag, im Kreistag und in der Gemeindevertretung wahr. Mein erweiterter Wirkungsbereich steigerte auch das Interesse der Sowjets an mir, insbesondere das des sowjetischen Geheimdienstes. Eines Nachmittags war Lotte allein zu Hause und hatte Besuch von einer Lehrerin der Kleinmachnower Oberschule, einer couragierten Frau. Da bummerte es an der Tür. Lotte öffnete, zwei sowjetische Offiziere verlangten mich zu sprechen. Lotte sagte, daß ich nicht da sei, sie sollten ein anderes Mal kommen. Aber die beiden ließen sich nicht abweisen und verlangten energisch Einlaß. »Wir warten!« sagten sie. – Was blieb Lotte übrig: Sie ließ sie ein, sie war ja Gott sei Dank nicht allein im Hause. Sie fragte die Russen, ob sie mit ihr in dem einzigen geheizten kleinen Zimmer sitzen wollten oder in dem kalten großen. Die Russen blieben bei den Frauen, und die Zeit schlich quälend langsam dahin.
Ich war in Potsdam, Rosmarie im Verlag. Als es anfing zu dunkeln, ging Lotte zum Fenster, öffnete es, um die Holzläden vorzumachen. Sofort sprangen die Russen auf und versuchten, sie daran zu hindern, weil sie dachten, sie wollte aus dem ebenerdigen Fenster springen, um mich zu warnen. Sie hatten also irgendwelche dunklen Absichten!
Zufällig trafen Rosmarie und ich uns am Bahnhof Düppel und kamen zusammen nach Hause. Als die Russen hörten, daß ein Schlüssel in die Haustür

gesteckt wurde, sprangen sie wiederum auf, gingen zur Tür, und einer stellte sich so hinter die Tür, daß, als ich eintrat, ein sowjetischer Offizier vor mir und einer in meinem Rücken stand. Ich ließ mir meine Verblüffung nicht anmerken – allmählich hatte ich einige Übung mit Russen –, tat, als ob ich die Maßnahme der Offiziere zur Verhinderung einer etwaigen Flucht meinerseits nicht bemerkt hätte, und begrüßte sie freundlich mit Handschlag. Dann bat ich sie ins Zimmer und begann, ohne sie überhaupt zu Wort kommen zu lassen oder zu fragen, was sie bei mir wollten, zu schwadronieren. Ich erzählte ihnen, daß ich eben aus Potsdam komme und mit Oberst sowieso gesprochen hätte, und der General sowieso habe gesagt und – und – und. Die Russen sagten kein einziges Wort, sahen sich an, grüßten höflich und verabschiedeten sich mit den Worten: »Wirr sähen, Sie schon politisch arbeiten!« – Aber Lotte saß der Schreck noch lange in den Knochen.

Ich sollte an dieser Stelle vielleicht besonders hervorheben, daß Lotte in den fünf Jahren meiner politischen Tätigkeit in der SBZ und später in der DDR aus der Angst niemals herauskam. Ich war zwar der aktiv Gefährdete. Aber ich wußte ja stets, was geschah und daß im Grunde nichts geschah. – Lotte hingegen mußte immer nur warten und warten, bis ich zurückkam. Diese Passivität ist sicher das sehr viel schwerere Schicksal.

Mit diesem Warten handelte es sich weniger um die zeitliche Inanspruchnahme durch meine politischen Ämter in Berlin, Potsdam und Teltow. Die Sitzungen dauerten zwar oft bis mitten in die Nacht, aber ich konnte mich wenigstens bei unerwarteter Dauer der Sitzung telefonisch melden.

Nervenzermürbender waren für sie meine Vortragsreisen im ganzen Gebiet der SBZ. Ich war inzwischen in allen Landesverbänden bekannt geworden und konnte den zahlreichen Anforderungen von Kreisverbänden und Ortsgruppen, auf ihren Versammlungen zu sprechen, gar nicht mehr nachkommen. Es verging kaum eine Woche, in der ich nicht nachmittags von einem Auto, das die Hauptgeschäftsstelle in der Jägerstraße schickte, abgeholt und nach Mecklenburg oder Sachsen oder gar nach Thüringen gefahren wurde und erst gegen Morgen zurückkam. Für mich waren die Fahrten anstrengende, aufregende, aber meist befriedigende Erlebnisse, aber für Lotte . . .

Gewöhnlich folgte nach Schluß einer Versammlung auch noch ein gemütliches Beisammensein im Kreise der örtlichen CDU-Prominenz, die von dem »Politiker aus Berlin« politische Offenbarungen erwartete, die ich leider nicht geben konnte. Aber ich habe mich redlich bemüht, die Parteifreunde aufzurichten und ihnen Zuversicht für ihren politischen Kampf zu geben, der um so schwerer war, je weiter der Ort von Berlin entfernt lag.

Ich mußte mich mit der Zeit daran gewöhnen, daß in beinah jeder Versammlung, auf der ich sprach, sogenannte »Volkskorrespondenten« anwesend waren und nach Möglichkeit alles mitschrieben, was ich sagte. Allmählich kannte ich sie vom Ansehen, und da sie oft auch in die Diskussion nach dem

Vortrag eingriffen und immer die gleichen dummen Sprüche machten, pflegte ich ihre Beiträge gewöhnlich schon im Vortrag aufzugreifen und zu zerpflücken. Das hörte sich dann so an: »Dahinten sehe ich ja auch meine Freunde sitzen, die mich auf meinen Reisen durchs Land so liebenswürdigerweise begleiten. Nachher werden sie aufstehen und mich fragen: . . . Dann werde ich antworten: . . .« – Ich hatte die Lacher auf meiner Seite, und da die Brüder meist nur ihr vorgeschriebenes Repertoire hatten, schwiegen sie in der Diskussion.
Kurze Zeit nach jedem Vortrag wurde ich ziemlich regelmäßig zum Kreiskommandanten befohlen. Dort wurde ich sehr höflich aufgefordert, an der gegenüberliegenden Seite des Schreibtisches Platz zu nehmen, und ein freundschaftliches Gespräch begann. Natürlich hatten die Volkskorrespondenten ihren Bericht abgeliefert, und dem Kreiskommandanten paßte diese oder jene Äußerung von mir nicht. In Deutschland würde das Gespräch so verlaufen, daß der Offizier beginnen würde: »Hören Sie mal, mir ist da zu Ohren gekommen . . .« – Nicht so bei den Sowjets. Die liebten ein Palaver nach orientalischer Manier. Erst einmal fragte der Kommandant: »Wie geht es Ihnen?« – »Gut! – Sähr gut!« – »Was macht die Familie?« – »Gut? – Sähr gut!« – »Waren Sie in letzter Zeit politisch tätig?« – Dabei lag offen auf dem Schreibtisch der Bericht, über den gesprochen werden sollte. Ich machte das Spielchen meist nicht mit und sagte nach der ersten Frage brüsk: »Herr Kommandant! Sie wollen mit mir doch über meine Versammlung in sowieso reden. Da liegt doch der Bericht.« Dann resignierte mein Gesprächspartner über soviel barbarische Direktheit und kam zur Sache. Ich wurde verwarnt und machte unbeeindruckt weiter. Aber es war doch immer ein Eiertanz oder besser: ein Tanz auf dem Vulkan.
Während die Sowjets mich zwar bespitzelten, aber mit einem gewissen Respekt behandelten, haßten mich die deutschen Kommunisten von Herzensgrund. Die SED-Presse griff mich laufend an und machte mich für jeden Verstoß eines CDU-Funktionärs verantwortlich, gleich, ob ich etwas damit zu tun hatte oder nicht. Meist handelte es sich um sogenannte »Wirtschaftsverbrechen«. Ich besitze noch eine Ausgabe des Organs der SED im Lande Brandenburg, »Märkische Volksstimme«, vom 16. Juni 1947, in der ein Artikel unter der Überschrift »Ist das Sozialismus aus christlicher Verantwortung, Herr Kreistagsabgeordneter?« veröffentlicht wurde. Ein CDU-Mitglied namens Liesegang, der größte Bauer im Dorf, Vorsitzender der Raiffeisengenossenschaft und Gemeinderat in Mahlow-Glasow, war bei seinem Jahressoll von 12 000 Litern Milch mit 2500 Litern im Rückstand. Außerdem war der Fettgehalt der Milch zu niedrig. Die »Märkische Volksstimme« sprach von »Gewinnsucht« und »Schiebung«. Wer war schuld? Natürlich ich, wie die Zeitung behauptete, der »gewandte Wortführer der CDU des Kreises Teltow und Berater des Landrates«. – So ging es mir oft.

Aber auch in Kleinmachnow bekam ich gelegentlich Schwierigkeiten. Das lag hauptsächlich daran, daß die SED sich unseren Ort ausgesucht hatte, um wegen der großen CDU-Mehrheit ein Exempel zu statuieren. In Kleinmachnow liegt die »Hakeburg«, der Stammsitz derer von Hake. Während der Nazizeit hatte der Reichspostminister Ohnesorge dort eine Forschungsanstalt für die Post eingerichtet. Nach dem Zusammenbruch stand die Hakeburg leer, und ich habe von unseren Sommerfesten dort erzählt. Zu der Burg gehörten große Ländereien parkähnlichen Charakters, in denen drei große Hallen standen. Die ganze Anlage war von den Sowjets als ehemaliges Reichseigentum beschlagnahmt und der Gemeinde Kleinmachnow übereignet worden. Der SED-Bürgermeister Casagranda hatte große Pläne mit der Hakeburg. Er wollte dort ein Heilbad errichten, wozu sich die Anlage sicherlich sehr gut geeignet hätte, zumal der Park an einen ziemlich großen See in der Nähe der Machnower Schleuse grenzte. – Aber die SED-Führung hatte andere Pläne.
Eines Tages kreuzten einige sowjetische Offiziere bei Casagrande auf, forderten die Schenkungsurkunde von der Gemeinde zurück und übereigneten die ganze Anlage der SED. Diese ging sofort an die Errichtung einer Parteihochschule »Karl Marx«, die für die gesamte SED in der SBZ Propagandaredner ausbilden sollte. Arbeiter wurden requiriert, Privathäuser für die Professoren beschlagnahmt und die Hallen zu Quartieren für die Studenten umgebaut. 100 Professoren und etwa 1000 Studenten sollten an der Hochschule tätig sein. – Nun, die Bäume wuchsen nicht in den Himmel, aber immerhin 20 Professoren und etwa 150 Studenten nahmen in der Hakeburg Quartier, und ich mußte von nun an bei jeder Versammlung in Kleinmachnow damit rechnen, daß geschulte Marxisten im Publikum saßen.
Die Kleinmachnower SED und besonders der entmachtete ehemalige Bürgermeister Casagranda sannen auf Rache für die Wahlniederlage. Und so kam es einmal in meiner eigenen Hochburg Kleinmachnow zu einer öffentlichen Versammlung, die sich beinahe zu einer katastrophalen Niederlage der CDU ausgewachsen hätte. Die Gelegenheit ergab sich für Casagranda am 17. Juni 1947 anläßlich eines Rechenschaftsberichtes der Gemeindeverwaltung Kleinmachnows, zu dem Bürgermeister G. die Bewohner von Kleinmachnow in die Kammerspiele eingeladen hatte. Da es sich nicht um eine CDU-Veranstaltung handelte, hatte ich mich um die Vorbereitung der Versammlung nicht gekümmert und meine Ortsgruppenmitglieder nicht hinbestellt. Das sollte sich als verhängnisvoller Fehler erweisen. Schon als ich den Saal betrat, stellte ich mit Erstaunen fest, daß ich kaum von Freunden begrüßt wurde, sondern daß mir von vielen Plätzen fremde Gesichter entgegenstarrten. Casagranda hatte seine Hilfstruppen gesammelt, um seinem Nachfolger und der CDU-Verwaltung einen Denkzettel zu verpassen.
Ich setzte mich in die erste Reihe neben Casagranda. Der Rechenschaftsbe-

richt des Bürgermeisters und die der Gemeinderäte verliefen ohne Zwischenfall. Dann aber ging es los: Casagranda erhob sich, drehte sich zum Publikum um und begann mit pathetischer Stimme zu erzählen, daß er eine ihm persönlich sehr unangenehme Aufgabe zu erfüllen habe. Neben ihm sitze der Vorsitzende der CDU, den er als ehrenwerten Mann kenne. Nun aber sei ihm etwas Unglaubliches zu Ohren gekommen, und er müsse Dr. Bloch hier in aller Öffentlichkeit fragen, ob dieser Vorwurf der Wahrheit entspreche. – Der Saal platzte vor Spannung, und auch ich war äußerst neugierig, was nun kommen würde. Casagranda fragte mich in aller Form, ob es den Tatsachen entspreche, daß ich mir vom Arbeitsamt Teltow 400 Blankoformulare habe geben lassen, um damit mir mißliebige Personen zu Demontagearbeiten verpflichten zu können. – Ich fiel aus allen Wolken. Ich war in meinem Leben noch niemals im Arbeitsamt Teltow gewesen, das ich in schlechtester Erinnerung hatte, weil ich im Jahre 1944 von dort dreimal eine Aufforderung erhalten hatte, mich zur OT zu stellen. – Und nun das!! Ich sprang sofort auf und erklärte, daß ich die Frage des Herrn Casagranda vollinhaltlich verneinen könne, und drückte mein Bedauern darüber aus, daß eine solche Frage überhaupt gestellt werde. Man müsse mich in Kleinmachnow doch kennen. – Casagranda entschuldigte sich anscheinend sehr verlegen, behauptete aber, nur seine Pflicht als Gemeindevertreter getan zu haben, da ihm das Gerücht als durch Zeugen erhärtete Tatsache zugetragen worden sei. Für ihn sei die Angelegenheit mit meiner Erklärung natürlich erledigt, und er gebe seiner Freude darüber Ausdruck, daß ich eine so klare Antwort geben konnte.
Das war reine Scheinheiligkeit, denn er hätte mich ja nur privat zu fragen brauchen. Aber er dachte vermutlich: Semper aliquid haeret! – Im Saale summte es wie in einem Bienenkorb – bei den CDU-Anhängern vor Entrüstung, bei den anderen vor Enttäuschung. Es war so laut, daß mir zunächst entging, daß ein SED-Mitglied namens Rudolf Liebermann lautstark erklärte: »Der Bloch konnte zwar wahrheitsgemäß sagen, daß er keine Blankoformulare vom Arbeitsamt Teltow erhalten hat, aber nur, weil der Leiter des Arbeitsamtes sich geweigert hat, sie ihm auszuhändigen. Verlangt hat er sie!«
Während die Versammlung weiterging, kamen Freunde zu mir und berichteten mir von dieser Infamie. Ich war sofort entschlossen, Liebermann gerichtlich zu belangen. Gegen Casagranda konnte ich nichts unternehmen. Er hatte ja nur gefragt, aber nichts behauptet.
Die Versammlung verlief weiterhin für die CDU unerfreulich. Ein SED-Sprecher nach dem anderen betrat das Podium und griff die CDU-Gemeindeverwaltung an, die – wie ich zugeben muß – in ihren Erwiderungen nicht gerade einen besonders cleveren Eindruck machte. Ich hielt mich zurück, weil ich von den Vorgängen in der Verwaltung nicht viel wußte.
Da betrat ein früheres SPD-Mitglied, ein wohlhabender Kaufmann namens Otto Medem, das Podium, griff nun die CDU-Ortsgruppe direkt an und be-

sonders mich. Er ging von der Gemeindearbeit auf die allgemeine Politik über und prägte in seiner Rede ein Wort, das mich seitdem überallhin in der SBZ begleitete: »Wir wollen Block-Politik, aber nicht Bloch-Politik!«
– Inzwischen war es beinahe Mitternacht geworden, aber das Publikum wich und wankte nicht. Immer neue SED-Sprecher traten auf. – Da ging ein CDU-Mitglied, Johannknecht, auf das Podium und kämpfte tapfer gegen die SED an. – Nun mußte ich ebenfalls auftreten. Ich war der letzte Redner und wendete den alterprobten Trick an, ganz leise zu reden. Das zwingt das Publikum dazu, ebenfalls ganz leise und besonders aufmerksam zu sein. Ich gab noch einmal meinem Bedauern Ausdruck, daß es in Kleinmachnow möglich sei, daß gegen mich solche unsinnigen Vorwürfe erhoben würden, dabei wies ich auch die zusätzlichen Vorwürfe des Herrn Liebermann in aller Form zurück. Der hatte sich inzwischen voller Freude über die für die SED so erfolgreich verlaufene Versammlung in dem gegenüber vom Kino liegenden Restaurant Uhlenhorst einen kräftigen Rausch angetrunken. Während meiner Rede tat er mir den Gefallen, durch den Saal zu torkeln und laut zu grölen: »Wir wollen mehr zu essen haben!« Das gab mir die erwünschte Gelegenheit! Ich rief ihm zu: »Richtig, Herr Liebermann, *Sie* sollten mehr essen und weniger trinken!« – Das Publikum brach in einen Beifallssturm aus, und der Abend war gerettet.
Bereits am nächsten Tage schrieb ich an den Leiter des Arbeitsamtes Teltow, der zunächst versuchte, unter Hinweis auf eine Bestimmung, daß an Privatpersonen keinerlei Auskünfte gegeben werden dürften, zu kneifen. Erst der Hinweis auf meine Eigenschaft als Kreistags- und Landtagsabgeordneter sowie ein energischer Brief des Ministers für Arbeit und Sozialwesen in Brandenburg, meines Parteifreundes Schwob, veranlaßten den Leiter des Arbeitsamtes, eine klare Antwort zu geben. Nun reichte der Kleinmachnower Rechtsanwalt Machura am 10. Juli 1947 Klage gegen Liebermann ein und verlangte einen öffentlichen Widerruf vor der Gemeindevertretung und Veröffentlichung des Widerrufs und einer Entschuldigung an allen Kleinmachnower Anschlagbrettern.
Inzwischen konnte geklärt werden, wie das ganze Gerede zustande gekommen war: Der Bürgermeister hatte einen Beauftragten zum Arbeitsamt Teltow geschickt, um für die Gemeinde 400 Blankoformulare für Arbeitseinsatz zu holen. Dieser Beauftragte war aber erst kurz vor Dienstschluß in Teltow eingetroffen, so daß der Leiter des Arbeitsamtes selbst seinen Namen unter die Formulare setzen mußte, da der zuständige Bearbeiter bereits gegangen war. Aus Faulheit unterschrieb er nur blanko und füllte die Formulare nicht aus. Von dieser »Arbeitsbelastung« hatte er – aus welchem Grunde auch immer – seinem Genossen Liebermann erzählt. Liebermann wußte also nur, daß die Namen der zu Verpflichtenden erst in Kleinmachnow eingesetzt würden. Von mir war nicht die Rede gewesen. Aber so entstehen Gerüchte!

113

Da Liebermann sich weigerte, meinen Forderungen zu entsprechen, mußte ein Schiedsverfahren angesetzt werden, das in der SBZ einer Privatklage vorauszugehen hatte. Liebermann versuchte die Sache so darzustellen, als ob er nur belanglose Zwischenrufe gemacht hätte. Aber er hatte am Schluß der Versammlung, nachdem ich vom Podium aus bereits seine Behauptung formell zurückgewiesen hatte, vor etwa 20 CDU-Mitgliedern seine Verdächtigung wiederholt.

Er konnte also nicht kneifen. Aber vor dem Schiedsmann belastete er nun seinerseits den Leiter des Arbeitsamtes. Er erklärte, dieser habe in Anwesenheit von drei weiteren SED-Mitgliedern erzählt, daß ich einige Tage nach Ausgabe der 400 Blankoformulare an die Gemeindeverwaltung ohne Nennung meines Namens in das Arbeitsamt gekommen sei und weitere 400 Formulare für die Gemeinde verlangt hätte. Der Leiter des Arbeitsamtes habe mich zwar erkannt, aber so getan, als kenne er mich nicht, um mich reinfallen zu lassen.

Es bedurfte also erneuter Rückfragen beim Arbeitsamt Teltow und der eidesstattlichen Versicherung des Leiters, daß er mich nie in seinem Leben gesehen oder gesprochen habe. – Die Gerichtsverhandlung fand schließlich im November 1947 statt und führte zur Verurteilung des Herrn Liebermann.

Zum Schluß kann ich aber von einigen lustigen politischen Ereignissen erzählen, damit dieses Kapitel nicht allzu trübe wird. Zunächst einmal von der Feier am 1. Mai 1947. Wieder war Herr Medem die Hauptperson. Er war im Grunde gar nicht bösartig, sondern ein ausgesprochenes Schlitzohr, dem es Spaß machte, die CDU in Verlegenheit zu bringen. So war er einmal zu einem Tanzfest der CDU-Ortsgruppe erschienen und hatte die zahlreich vertretene Jugend großzügig mit Schnäpsen bewirtet, bis die Stimmung so anstieg, daß ich eingreifen mußte. – Er wollte sich schiefflachen.

Aber zurück zum 1. Mai. Die SED hatte die CDU offiziell eingeladen, an dem Umzug zum »Tage des Deutschen Arbeiters«[51] teilzunehmen. Es war schwierig abzulehnen, da der 1. Mai in der SBZ offizieller Staatsfeiertag war. Die meisten meiner CDU-Freunde hatten genau wie ich noch nie an einem 1.-Mai-Umzug teilgenommen, aber was half's. Ich bat also die Ortsgruppenmitglieder, sich auf dem Rathausplatz zu versammeln.

Ich selbst mußte natürlich auch hingehen, beabsichtigte aber, meine Einstellung zu diesem sozialistischen Festtag deutlich zu dokumentieren. Ich zog mir also ein weißes kurzärmeliges Hemd und kurze weiße Hosen an. Am Hemd befestigte ich einen blühenden Fliederzweig. Damit schien mir, daß ich genügend deutlich machte, daß ich den Frühling und nicht die Sozialistische Internationale zu feiern beabsichtigte. Ich kam auf den Rathausplatz. Meine Mannen standen versammelt. Wer schildert mein Entsetzen, als ich sah, daß alle eine rote Nelke angesteckt hatten. Was war passiert: Herr Medem hatte rote Anstecknelken aufgekauft, war zu den wartenden CDU-Leuten gegangen

und hatte sie ihnen angesteckt. Keiner hatte sich getraut, diese freundliche Gabe abzulehnen, um nicht in den Verdacht zu geraten, ein Faschist zu sein. Als ich fassungslos vor ihnen stand, fuhren alle Hände verstohlen an den Jakkenrevers, und im Nu waren die roten Nelken verschwunden. – Wir marschierten los. Herr Medem aber stand am Straßenrand und hielt sich den Bauch vor Lachen.
Während die Amerikaner, Briten und besonders Franzosen in den ersten Jahren sehr zurückhaltend im Verkehr mit den Deutschen waren, pflegten die sowjetischen Militärbehörden eifrig gesellschaftlichen Umgang mit den in der SBZ politisch verantwortlichen Deutschen. Natürlich taten sie das nicht unserer schönen blauen Augen wegen, sondern aus recht durchsichtigen politischen Motiven. Die SMA in Karlshorst lud die Spitzenfunktionäre der Parteien zu opulenten »Dinnerparties«[52] ein – ich werde anschließend von einer erzählen –, der Oberkommandierende im Lande Brandenburg lud im Herbst 1947 die brandenburgische Regierung und das Präsidium des brandenburgischen Landtages in seine Gästevilla zu einem Essen ein. Die repräsentative Villa lag in Potsdam kurz hinter der Glienicker Brücke am Wasser. Ich war als Schriftführer auch eingeladen und bat die Gemeindeverwaltung Kleinmachnows, mir für diesen besonderen Anlaß »den« Wagen mit Fahrer zur Verfügung zu stellen. Leider hatte ich für die Zeit, zu der wir eingeladen waren, eine unaufschiebbare Verabredung, so daß ich erst später eintreffen konnte. Ich fand beim Eintreffen in einem großen Saale die sieben Regierungsmitglieder sowie sechs Präsidiumsmitglieder vor, ich war der siebente. Wir waren also insgesamt 14 Deutsche. Jedem von uns war ein sowjetischer Offizier zugeordnet, und außerdem war der General mit seinem Stab anwesend. Es waren also etwa 35 Personen versammelt. Der General saß an der Spitze einer langen Tafel, auf der die seltensten Delikatessen standen, bei deren Anblick mir das Wasser im Munde zusammenlief. Um den General herum saß sein Stab und anschließend jeweils abwechselnd ein Deutscher und ein Russe.
Als ich eintraf, war die Stimmung schon recht angeregt. Mir kam ein Oberstleutnant entgegen, der mich zu betreuen hatte, begrüßte mich überaus freundlich, stellte mich dem General vor, führte mich an meinen Platz und erklärte mir lachend, daß ich zur Strafe für mein verspätetes Kommen zunächst einmal ein Glas trinken müsse. Die Gläser, die vor jedem Teilnehmer standen, waren etwa acht Zentimeter hoch und hatten einen Durchmesser von etwa fünf Zentimetern. Zu trinken gab es eine Mischung aus Wodka, Sekt und Fruchtsaft, ein Teufelsgetränk, weil es vorzüglich schmeckte, man aber nicht merkte, daß man ziemlich starken Alkohol zu sich nahm.
Ich erinnerte mich an Ernst Lemmers Mahnung, daß man bei russischen Einladungen immer erst einen Suppenlöffel voll Butter runterschlucken müsse, um die Magenschleimhaut gegen den Alkohol immun zu machen. Ich grinste

115

also den Russen freundlich an, sagte, daß ich das natürlich machen werde, griff aber erst zu dem vor mir liegenden Löffel und schluckte Butter – was gar nicht so angenehm ist! Der Oberstleutnant lachte verständnisvoll. Dann tranken wir uns zu.
Die Gläser wurden von eifrigen Ordonnanzen immerzu nachgefüllt. Man konnte nach Belieben essen, aber alle Augenblicke erhob sich abwechselnd ein Russe oder ein Deutscher brachte einen Toast aus – meist auf die Freundschaft zwischen dem großen sowjetischen und dem großen deutschen Volk –, alles stand auf, und es mußte ausgetrunken werden. Da jeder Deutsche und viele Russen einmal einen Toast ausbrachten, leerten wir im Verlauf der Zeit über 20 Gläser. Die Stimmung stieg rasant, und nach einiger Zeit tanzten sowjetische Offiziere und deutsche Kommunisten Arm in Arm wie die Kosaken. Die fünf anwesenden CDU-Mitglieder hielten sich sehr zurück, aber auch der General und sein Stab blieben recht reserviert. Um so aufmerksamer wurde registriert, was die Deutschen in der gelösten Stimmung plauderten.
Ich habe die glückliche Veranlagung, große Mengen Alkohol vertragen zu können, ohne betrunken zu werden. So blieb ich während des ganzen Festes klar, und der Oberstleutnant, der eifrig mit mir politische Probleme erörterte, kam nicht auf seine Kosten. Endlich erhob sich der General, sprach einige Abschiedsworte und verließ mit den Herren seines Stabes den Saal. Das Fest war zu Ende! Die meisten Deutschen torkelten umher. Ich ging kerzengerade zum Ausgang, war noch so klar, vorher zu den Plätzen des Generals und seiner Begleitung zu gehen und an den dort stehenden Flaschen zu riechen: klares Wasser! Dann verließ ich die Villa. Aber als ich auf den Balkon hinaustrat, von dem etwa zehn steinerne Stufen zur Straße hinabführten, und ich in der frischen Luft stand, merkte ich die Wirkung des Alkohols. Es gelang mir noch, mit äußerster Willensanstrengung die Stufen ohne zu schwanken hinunterzugehen. Dann aber fiel ich in das gottlob bereits auf mich wartende Auto und konnte nur noch dem Fahrer sagen: »Nach Hause!«
Den Rest weiß ich von Lotte.
Der Fahrer klingelte im Wolfswerder 46. Als Lotte, die gerade Besuch hatte, herausguckte, sagte er: »Holen Se ma Ihren Mann!« – »Warum?« fragte Lotte, »ist er krank?« – »Nee, voll!« – Das hatte mein Weib in den 23 Jahren unserer Ehe noch nicht erlebt. Sie schaffte mich also mit Hilfe des Fahrers ins Haus und fragte ihren Besuch fassungslos: »Was mache ich denn nun mit ihm?« Der Besuch mußte bekennen, daß ihm die Situation ebenfalls neu sei. So beschlossen die beiden Damen, mich die Treppe hinaufzuhieven und ins Bett zu packen. Das war aber nicht ganz leicht. Schließlich hatten sie mich an der untersten Stufe, Lotte gab mir einen Puff und sagte: »Bist du ein Preuße oder bist du kein Preuße?« Ich schüttelte sie ab und murmelte: »Ich bin ein Preuße!« Dann stieg ich die Treppe ohne Hilfe hinauf, wurde ans Bett ge-

bracht und fiel hinein. Lotte stellte vorsichtshalber einen Eimer neben das Bett.
Nach etwa vier Stunden kam Rosmarie nach Hause und wurde mit dem ungewohnten Zustand ihres Vaters vertraut gemacht. Auch sie war zunächst fassungslos. Beide berieten, was nun zu tun sei. Schließlich faßten sie sich ein Herz und entschlossen sich, nach mir zu sehen. Sie näherten sich auf Zehenspitzen dem Bett, erwarteten Fürchterliches – und von nun an kann ich wieder selber berichten: Ich hob den Kopf, sah erstaunt auf die ängstlich starrenden Frauen und erhob mich völlig nüchtern. Es stellte sich auch keinerlei Nachwirkung ein. Ich war einfach vier Stunden lang infolge einer Alkoholvergiftung besinnungslos gewesen. Die Geschichte blieb natürlich nicht geheim, und die Kleinmachnower hatten wieder mal was zu lachen.
Nun, ganz zum Schluß dieses Kapitels, eine Story, für deren absoluten Wahrheitsgehalt ich meinem Freunde Ernst Lemmer die Verantwortung überlassen muß, der sie mir erzählt hat. Er war zum erstenmal mit Jakob Kaiser, Otto Nuschke und Professor Kurt Landsberg, dem LV-Vorsitzenden der CDU in Berlin, nach Karlshorst eingeladen worden. Die Herren beschlossen, in Anbetracht der zu erwartenden lukullischen Genüsse den ganzen Tag nichts zu essen. – Sie waren zu 18 Uhr geladen und versammelten sich mit dem General und einigen Offizieren in einem Salon zu einem ausführlichen politischen Gespräch. Es gab weder etwas zu essen noch zu trinken. Die Zeit verrann, der Hunger wurde immer größer – nichts geschah.
Punkt Mitternacht schoben Ordonnanzen, mit weißen Handschuhen angetan, zwei große Flügeltüren auseinander, und eine Tafel bot sich den entzückten Blicken dar, auf der sich die Delikatessen – angefangen bei Kaviar – zu Bergen häuften. Dazu wurde Krimsekt gereicht. Professor Landsberg war Antialkoholiker und trank grundsätzlich Fruchtsaft, das respektierten die Russen. Aber für die anderen drei galt die russische Sitte des Toastausbringens, bevor sie noch in die rettenden Lebensmittel reinhauen konnten. Als erster fiel Jakob Kaiser um, ihm folgte Otto Nuschke, und als letzter sank Ernst Lemmer.
Nun stellte sich heraus, daß die Russen mit diesem Erfolg gerechnet hatten. Für jeden Deutschen war ein Zimmer im ersten Stock vorbereitet mit einem sauber bezogenen Bett, und ein Oberstleutnant stand bereit, der die Alkoholleichen betreute. Dann fuhren Limousinen vor, und die Gäste wurden – von ihren Betreuern begleitet! – nach Hause gefahren. So weit, so gut!
Otto Nuschke besaß ein kleines Gut außerhalb von Berlin. Es war eine schneereiche Winternacht, und die Fahrt in der viertürigen Limousine dauerte ziemlich lange. Nuschke war auf den Hintersitz verfrachtet worden, während der Oberstleutnant neben dem Fahrer saß. Plötzlich kam Nuschke – aus welchem Grunde immer – die Lust an, auszusteigen. Er öffnete also die hintere Tür und stieg während der Fahrt aus. Gottlob landete er unbeschadet

im tiefen Schnee. – Ich möchte nicht wissen, was mit dem unseligen Offizier geschehen wäre, wenn Nuschke etwas passiert wäre. – So wurde er wieder eingesammelt, im Auto verstaut und zu Hause abgeliefert.
Am nächsten Morgen kam – wie an jedem Morgen – ein Wagen der Parteileitung vorgefahren, um Nuschke abzuholen. Der aber suchte verzweifelt nach seiner Zahnprothese, die verschwunden war. Schließlich half es nichts, die Zeit drängte, er mußte ohne Prothese abfahren.
Plötzlich fuhr das Auto an einer Stelle vorbei, wo der Schnee aufgewühlt war. Nuschke hatte eine Idee. Er ließ halten, stieg aus und suchte mit beiden Händen im aufgewühlten Schnee herum. Dann hielt er triumphierend sein Gebiß in der Hand und konnte so – wieder komplett – seine Arbeit in der Geschäftsstelle aufnehmen.
Se non è vero, è ben trovato!

7. Kapitel

Die Illusion 1948

Mit dem Jahre 1948 begann für die CDU in der SBZ die Ära Nuschke/Dertinger. Was wir damals nicht ahnen konnten, war, daß diese Ära bis zur Verhaftung des »Außenministers der DDR«, Georg Dertinger, am 15. Januar 1953 und bis zum Tode des »stellvertretenden Ministerpräsidenten der DDR«, Otto Nuschke, am 27. Dezember 1957 dauern würde.
Georg Dertinger war in der Zeit der Weimarer Republik zeitweise Chefredakteur des »Stahlhelm« gewesen, gehörte der Deutschnationalen Volkspartei an und unterhielt enge Verbindungen zum »Tatkreis« und dem »Herrenklub« um Herrn v. Papen. Während der Nazizeit hatte Dertinger sich als aufrechter und integrer Journalist betätigt, dem die Nazis verboten, in reichsdeutschen Zeitungen zu schreiben, und über den z. B. mein Freund Ernst Lemmer sich in seinen Lebenserinnerungen im Hinblick auf diese Zeit durchaus positiv äußert.
Nach 1945 wurde Dertinger vom politischen Ehrgeiz gepackt, oder – wie ich aus eigenem Miterleben weiß – er wurde durch den Ehrgeiz seiner adligen Frau in Abenteuer gehetzt, die ihn ins Verderben trieben. Er sah die Erfüllung seiner Pläne nur in der Zusammenarbeit mit den Sowjets. 1946 wurde er Generalsekretär der Ost-CDU und war später an dem Sturz von Jakob Kaiser maßgebend beteiligt. Am 12. Oktober 1949 wurde er Außenminister der neugegründeten DDR, am 15. Januar 1953 vom SSD als »Spion und Verräter« verhaftet und im Juni 1954 zu 15 Jahren Zuchthaus verurteilt. Am 26. Mai 1964 wurde er begnadigt. Sein Name bleibt mit dem Makel der freiwilligen Anerkennung der Oder-Neiße-Linie im Juni 1950 verbunden[53].
Er hat beim Ende meiner politischen Tätigkeit in der DDR eine entscheidende Rolle gespielt. Mir gegenüber hat er sich immer anständig benommen, und ich bin bis heute überzeugt davon, daß er – auch in seiner zwielichtigsten Zeit – glaubte, als guter Deutscher zu handeln.
Otto Nuschke war ein ganz anderer Mensch. Ihn trieb kein politischer Ehrgeiz. Er war naiv und ein Phantast, den die Sowjets ohne Mühe für ihre Zwecke ausnutzen konnten. 1919/20 gehörte er als Mitglied der Deutschen Demokratischen Partei der »Weimarer Nationalversammlung« an und war 1921 bis 1933 Mitglied des preußischen Landtages, in dem er wacker gegen

die Nazis auftrat. Wie schon erzählt, besaß er in der Umgebung von Berlin einen Bauernhof von etwa 100 Morgen, den ihm im Jahre 1934 die Nazis entschädigungslos wegnahmen. Danach schlug er sich mühsam als Journalist durchs Leben. – 1945 wurde ihm vom Sowjetmarschall Schukow persönlich der Hof in feierlicher Form zurückgegeben. Diese Geste mag den gefühlsgesteuerten Mann in seiner schon in der Weimarer Zeit russophilen Grundhaltung bestärkt und auf den Weg getrieben haben, den er traumwandlerisch bis zum Ende gegangen ist. In allen hohen Ämtern, die er im Laufe der Zeit bekleidete – Mitglied des Präsidiums des ersten Volkskongresses – Mitvorsitzender des Deutschen Volksrates – stellvertretender Vorsitzender des Ministerrates der DDR –, hat er nie politische Bedeutung erlangt, sondern diente der SED als Feigenblatt. Nur als »Beauftragter für kirchliche Angelegenheiten« konnte er ausgleichend wirken. An seinem Grabe sprach Propst Heinrich Grüber die letzten Worte, und unter den Trauergästen befand sich auch Bischof Otto Dibelius. Ich habe von der Ära »Nuschke/Dertinger« gesprochen. Eigentlich hätte ich sagen sollen: Ära »Nuschke/Dertinger/Götting«. – Der Aufstieg Gerald Göttings, stellvertretender Vorsitzender des LV Sachsen-Anhalt der CDU, begann zusammen mit dem Georg Dertingers. Götting wurde im Januar 1948 nach dem Sturz der legalen CDU-Führung unter Jakob Kaiser der Stellvertreter Dertingers[54] und nach dessen Berufung zum Außenminister der DDR Generalsekretär der CDU.
Götting hat alle überlebt und alles überstanden. Er ist noch heute der allmächtige »Generalsekretär« (nunmehr: 1. Vorsitzender) der CDU in der DDR. Ob er sich wohl noch an unsere vertraulichen Gespräche im Jahre 1950 erinnert, als er noch nicht entschlossen war, endgültig mit den Sowjets zu paktieren, und noch mit einer Flucht in den Westen liebäugelte – der damals so gar nicht linientreue Gerald Götting . . .?
Mit der Entmachtung Jakob Kaisers als Vorsitzender der CDU durch die SMA war der Kampf um den weiteren Weg der CDU in der SBZ noch lange nicht beendet. Bereits Anfang Januar 1948 stellten die LVs Sachsen, Mecklenburg und Berlin sowie mehrere KVs den Antrag, doch noch einen – von Jakob Kaiser bereits 1947 geforderten – ordentlichen Parteitag einzuberufen, um über die Beteiligung der CDU am »2. Deutschen Volkskongreß« zu entscheiden. Am 10. Januar 1948 sprach Kaiser auf einer von über 3000 Mitgliedern besuchten öffentlichen Versammlung in der »Neuen Welt« in der Hasenheide. Er sprach dem sogenannten »Koordinationsausschuß«, der auf Befehl von Oberst Tulpanow anstelle des abgesetzten Hauptvorstandes die Leitung der CDU übernommen hatte, das Recht ab, im Namen der CDU Beschlüsse zu fassen.
Vier Wochen später – am 12. Februar 1948 – legte der »Koordinationsausschuß« zwar Oberst Tulpanow den Antrag zur Einberufung eines Parteitages vor, Tulpanow aber lehnte erwartungsgemäß brüsk ab. Für ihn war die Ent-

scheidung endgültig. Am gleichen Tage noch erteilte er Kaiser Redeverbot für das gesamte Gebiet der SBZ und entzog ihm den Ausweis zur Fahrberechtigung innerhalb dieses Gebietes.
Am 12. Februar 1948 fielen noch zwei weitere wichtige Entscheidungen: Alle Mitarbeiter der bisherigen »Reichsgeschäftsstelle« in der Jägerstraße lehnten den »Koordinationsausschuß« als illegal zustande gekommen ab, verweigerten die Zusammenarbeit und verlangten die Abberufung Dertingers als Generalsekretär. Gleichzeitig beschloß der »Koordinationsausschuß«, daß die CDU sich am »2. Volkskongreß für Einheit und gerechten Frieden«, der für den 17./18. März 1948 nach Berlin einberufen worden war, offiziell beteiligen werde. Dieser Beschluß war nur die logische Folge der Trennung von Kaisers politischer Linie, der 1947 noch durchgesetzt hatte, daß die CDU am »1. Deutschen Volkskongreß« nur durch inoffizielle Vertreter beteiligt sein dürfe. Immerhin aber hatten – ich habe das bereits erzählt – 219 CDU-Mitglieder am »1. Deutschen Volkskongreß« teilgenommen, an der Spitze Otto Nuschke, der zusammen mit Wilhelm Pieck (SED) und Wilhelm Külz (LDP) das Präsidium eines »Ständigen Ausschusses des Volkskongresses« bildete.
An der Sitzung des »Koordinationsausschusses« nahm selbstverständlich auch Walther Schreiber, der Vorsitzende des LV Berlin, teil. Plötzlich erschien Hauptmann Kratin und teilte Schreiber mit, daß seine Anwesenheit »unerwünscht« sei. Schreiber verließ die Sitzung unter Protest.
Am 14. Februar 1948 entschied der LV Berlin der CDU in Gemeinschaft mit der CDU-Fraktion der Berliner Stadtverordnetenversammlung, daß eine weitere organisatorische Zusammenarbeit mit den fünf LVs der SBZ nicht mehr möglich erscheine. Der LV Berlin machte sich in West-Berlin selbständig und gründete eine neue Geschäftsstelle in Charlottenburg, Reichsstraße 4. – Der Name »Reichsstraße« blieb bis zum Mauerbau für alle Flüchtlinge aus der SBZ ein Begriff, der mit »Freiheit« gleichgesetzt wurde[55].
Wir verantwortlichen Politiker der im Machtbereich der SMA liegenden fünf Länder waren nun ganz auf uns gestellt und trugen schwer an dieser Verantwortung, die wir für alle in der SBZ zur CDU stehenden Frauen und Männer übernommen hatten. Wir gingen den Weg zwischen Skylla und Charybdis, zwischen Widerstand und Anpassung, mit dem festen Willen: »Soviel Widerstand wie möglich, soviel Anpassung wie nötig.« Davon wird jetzt zu berichten sein.
Ich habe gesagt, daß der Beschluß des »Koordinationsausschusses« vom 12. Februar 1948, wonach die CDU offiziell am »2. Deutschen Volkskongreß« teilnehmen sollte, nur die logische Folge der Trennung von Jakob Kaiser war. Ich könnte es auch anders ausdrücken. Oberst Tulpanow hatte im Dezember 1947 zu Otto Nuschke gesagt: »Wer gegen den Volkskongreß ist, ist gegen die SMA.« Das bedeutete im Klartext: Ohne Teilnahme am Volkskongreß keine Weiterarbeit der CDU im gesamten Gebiet der SBZ. Wir hatten

uns entschlossen weiterzuarbeiten. – Also mußten wir am »2. Deutschen Volkskongreß« teilnehmen.
Und daß wir weiterarbeiteten, erwies sich – bei allen Kompromissen, die wir schließen mußten – als überaus hilfreich für die Menschen in der SBZ. In Brandenburg z. B. konnte ich mich auf Artikel 6 der 1946 vom Landtag beschlossenen Verfassung stützen, der begann: »Die Staatsgewalt findet im Rahmen der Gesetze ihre Grenzen an den Grundrechten. Diese sind: Freiheit der Person, Freiheit der Meinungsäußerung, Glaubens- und Gewissensfreiheit, Freiheit der Wissenschaft und ihrer Lehre, Wahlfreiheit, Vereins- und Versammlungsfreiheit, Freiheit der Wohnung, das Recht der Freizügigkeit, die Wahrung des Brief- und Postgeheimnisses.« Ebenso wichtig war der erste Satz des Artikels 66 der Verfassung, der lautete: »Das Recht der Religionsgemeinschaften auf Erteilung von Religionsunterricht in den Räumen der Schule ist gewährleistet.« Es hat mich nicht geringe Mühe gekostet, diesen Satz im Entwurf des vorbereitenden Verfassungsdokumentes durchzusetzen.
Ich besitze eine ganze Mappe mit Dokumenten, aus denen hervorgeht, wie oft ich aufgrund der an mich gerichteten Beschwerden aus dem ganzen Gebiet der Mark Brandenburg wegen Verstößen gegen diese Grundrechte beschwerdeführend bei den entsprechenden Landesbehörden vorstellig geworden bin, und nicht selten mit Erfolg. Jedenfalls konnte ich vielen CDU-Mitgliedern hilfreich zur Seite stehen und damit die Berechtigung unserer Weiterarbeit dokumentieren. – Innenminister Bechler und der Minister für Volksbildung, Rücker, haben so manchen übereifrigen SED-Funktionär aufgrund meiner Intervention zurückpfeifen müssen.
Besonders häufig waren Verstöße gegen die Erteilung des Religionsunterrichtes der Anlaß meiner Beschwerden, oft aber auch Sequestrierungen von Betrieben angeblicher Nazi- und Kriegsverbrecher, wie sie durch den Befehl 124 der SMA vom 30. Oktober 1945 angeordnet worden waren. Ich war natürlich sehr damit einverstanden, daß aktiven Nazis und Kriegsverbrechern, die sich zu Unrecht im Dritten Reich bereichert hatten, ihr Raub wieder weggenommen wurde. Aber die SED-Funktionäre waren bei der Auslegung des Begriffes »Nazi- und Kriegsverbrecher« recht großzügig bzw. äußerst willkürlich. Wer etwas besaß, was ein Funktionär haben wollte, wurde einfach als aktiver Nazi eingestuft und enteignet.
Ein Beispiel: Unser Nachbar in Kleinmachnow, der brave Gärtnereibesitzer Oswald Frömberg, versorgte Kleinmachnow weitgehend mit Gemüsepflanzen. Er brauchte dringend einen Lastwagen und hatte einen alten Chevrolet nach 1945 mühsam repariert. Eines Tages erhielt er von der Kreispolizei in Mahlow die Aufforderung, den Wagen zur Besichtigung vorzuführen. Er fuhr mit seiner Tochter hin. Die Tochter ging in das Gebäude, während der alte Herr Frömberg im Wagen sitzen blieb. Der Tochter wurde erklärt, daß

der Wagen beschlagnahmt sei. Der alte Herr wurde unter üblen Drohungen aus dem Wagen gejagt, und als die Tochter wenigstens ihre Tasche, die sie im Wagen gelassen hatte, holen wollte, wurde sie gefragt, ob sie »in den Keller gehen« wolle. Frömbergs kamen mit einem Beschlagnahmeschein in der Hand wieder nach Kleinmachnow zurück. Bereits am nächsten Tag schrieb ich an Minister Bechler. Der erwiderte kurz darauf, daß bei der Polizei in Mahlow kein Vorgang Frömberg zu finden sei. Ich erneuerte meine Beschwerde, und nach einiger Zeit bekamen Frömbergs ihren Wagen wieder. Anders erging es mir mit dem Gut meines Freundes Philipp Möhring, dem »Malvenhof«, in der Nähe von Rheinsberg gelegen. Möhring – weiß Gott kein Nazi, aber im Kriege Kriegsgerichtsrat – hatte mir das Gut übereignet in der Hoffnung, es dadurch vor dem Zugriff der Sequestrierungskommission retten zu können. Aber Minister Bechler lehnte die Rückgabe des Gutes an mich mit der Begründung ab, daß bereits ein »Neubauer« – der bisherige Verwalter! – darauf sitze. Er stellte einen Ersatzhof in Aussicht, lehnte schließlich aber auch diese Lösung unter dem Vorwand ab, daß »Herr Dr. Möhring in Köln als Rechtsanwalt beim Obersten Gericht für die britische Zone« tätig sei. Das war natürlich eine höchst verdächtige Angelegenheit!
Am 21. Mai 1948 wurde durch Befehl 64 der SMA das Sequestrierungsverfahren in der SBZ abgeschlossen und jede weitere Enteignung ausdrücklich verboten. Die goldenen Zeiten für die SED-Bonzen waren vorüber. In einem am 1. Juni 1948 von der Hauptgeschäftsstelle der CDU herausgegebenen »Informationsdienst« werden die CDU-Funktionäre ausdrücklich darauf hingewiesen, daß »alle Betriebe, die ohne genügend Grund enteignet wurden, den früheren Besitzern zurückzugeben seien«[56]. Dieser Vermerk spricht für sich.
In einem umfangreichen Aktenbündel über meine Bemühungen im Falle der Enteignung meines Freundes Rudi Schulz findet sich ein Brief, aus dem ich zitieren möchte, obwohl er mit der Enteignung nichts zu tun hat, weil er die damalige Situation, in der wir leben mußten, deutlich macht. Wir waren zur Einsegnung des Sohnes, dessen Patenonkel ich war, nach Schweina in Thüringen eingeladen worden. Rudi Schulz hatte in Schweina nach der Enteignung seiner Fabriken in Berlin und in Fürstenwalde eine neue Heimat gefunden und eine neue Fabrik aufzubauen begonnen. Ich zitiere aus meinem Brief an Rudi Schulz: »Leider konnte ich heute meine Reise nicht antreten. Wir sind um 4 Uhr aufgestanden und waren rechtzeitig am Bahnhof Zoo. Dort standen Hunderte von Menschen mit vorschriftsmäßigem Zulassungsschein und Ausweis vor dem Eingang und wurden nicht hineingelassen, weil der Zug bereits überfüllt und durch Bahnpolizei gesperrt war. Es gelang uns unter ziemlichen Schwierigkeiten, den Bahnhof zu betreten. Dort gerieten wir in ein Gefecht mit der Bahnpolizei, die mit Knüppeln ausgerüstet war. Ich mußte ziemlich energisch werden, um einen tätlichen Zusammenstoß zu

verhindern. Ein Beamter wies mich darauf hin, daß ich Hausfriedensbruch beginge, ich machte ihn darauf aufmerksam, daß er einen Landtagsabgeordneten vor sich hätte. Schließlich gelang es uns, diese Sperre zu durchbrechen, während sich die Bahnpolizei mit anderen Reisenden prügelte. Wir kletterten über Gleise und kamen zum Zug. Die Menschen hingen auf den Trittbrettern, standen auf den Puffern und saßen auf den Dächern. Wir drängten uns in ein für die Rote Armee reserviertes Abteil, und der Zug fuhr ab. Erfahrene Reisende erzählten unterwegs von den Formen, mit denen die Russen deutsche Reisende aus dem Zug hinauswarfen, gegebenenfalls auch auf freier Strecke. Ein Bahnbeamter versicherte uns, daß wir eins mit dem Kolben an den Hals bekommen würden. – Bereits auf dem Schlesischen Bahnhof ereilte uns unser Schicksal, da so viele Russen einsteigen wollten, daß der Platz nicht einmal für sie reichte. Der Hinauswurf war aber ziemlich menschlich. Wir versuchten mit Hilfe meines Abgeordnetenausweises und amerikanischer Zigaretten in den Packwagen zu kommen, aber auch das war vergeblich. So mußten wir den Zug abfahren lassen und Euch ein Telegramm schicken.«

Im Frühjahr 1948 entfaltete die SED in der SBZ eine gewaltige »Volkskongreßbewegung« zur Vorbereitung des »2. Deutschen Volkskongresses für Einheit und gerechten Frieden«. Ich erinnere daran, daß es bei dem Widerstand der CDU unter Jakob Kaiser im Dezember 1947 gegen den »1. Deutschen Volkskongreß« hauptsächlich darum gegangen war, den Einfluß der im Antifa-Block zusammengeschlossenen Parteien zu erhalten. Sie waren vom Volk gewählt und sollten nun aber durch die Hinzuziehung von »Massenorganisationen« praktisch entmachtet und ihrer verfassungsrechtlichen Aufgaben entkleidet werden[57].

Der Verlauf des »2. Deutschen Volkskongresses« erbrachte den Beweis für die Richtigkeit von Kaisers Widerstand. Der Kongreß fand am 17./18. März 1948 in Berlin statt. Es nahmen neben den Vertretern der drei Parteien Vertreter folgender »Massenorganisationen« daran teil: FDGB – FDJ – Demokratischer Frauenbund – Kulturbund – Konsumgenossenschaften – Vereinigung der gegenseitigen Bauernhilfe – VVN. Da die Vertreter der Massenorganisationen beinah ausschließlich Mitglieder der SED waren, waren wir Vertreter der beiden »bürgerlichen« Parteien in hoffnungsloser Minderheit und Isolation. Daß Otto Nuschke die offizielle Eröffnungsrede hielt, zeigte nur die gekonnte Regie durch die SED.

Ich war als stellvertretender Vorsitzender des LV Brandenburg der CDU Delegierter des »2. Deutschen Volkskongresses« und habe das Spektakel, das dort aufgeführt wurde, miterlebt. Der wichtigste Entschluß, der auf dem »2. Deutschen Volkskongreß« gefaßt wurde, war die Wahl des »1. Deutschen Volksrates«, zu dessen Präsident Wilhelm Pieck und zu dessen Mitpräsidenten (u. a.) Otto Nuschke ernannt wurden.

Der »1. Deutsche Volksrat«, der 400 Mitglieder hatte, bezeichnete sich bescheiden als »nationale Repräsentation für ganz Deutschland«. Eine Ironie der Geschichte, daß die 1947 von Jakob Kaiser so leidenschaftlich geforderte »nationale Repräsentanz« für das ganze Deutschland auf diese Weise schamlos von der SED für die SBZ oktroyiert wurde.
Auch ich hatte die Ehre, in den »1. Deutschen Volksrat« entsandt zu werden, dessen besondere Aufgabe es war, eine Verfassung für einen zu gründenden Staat zu entwerfen. Es wurde ein »Verfassungsausschuß« gewählt, dem ich ebenfalls angehörte und in dem ich den besonderen Auftrag erfüllte, mich um den Abschnitt »Kultur« zu kümmern.
Die SMA mußte wohl gemerkt haben, daß die Farce, die sie mit der Teilnahme der vielen Massenorganisationen am »2. Deutschen Volkskongreß« aufgeführt hatte, zu durchsichtig gewesen war. Sie dachte sich daher etwas Neues aus. Zwei neue »Parteien« wurden aus der Taufe gehoben: am 29. April 1948 die »Demokratische Bauernpartei Deutschlands« (DBD) und am 25. Mai 1948 die »Nationaldemokratische Partei Deutschlands« (NDPD).
Die Entstehung der NDPD ist besonders bemerkenswert. Die SMA gab einen Erlaß heraus, durch den der CDU und der LDP verboten wurde, ehemalige Pg.s als Mitglieder aufzunehmen. Für die NDPD galt dieses Verbot nicht. So rekrutierte sie ihre Mitglieder aus den zwei Millionen ehemaliger Nazis, von denen natürlich viele froh waren, sich auf diese Weise als »demokratischer Staatsbürger« legitimieren zu können. Vorsitzender der NDPD wurde Lothar Bolz, ebenfalls ein Mitglied des »Nationalkomitees Freies Deutschland«! Welche taktische Hilfe die NDPD von der SMA erhielt, mag z. B. beweisen, daß ihr erlaubt wurde, auf einem Gründungsplakat zu verkünden: »Gegen den Marxismus – für die Demokratie!« Das hätten wir uns mal erlauben sollen! – Die Absicht der SMA, durch die NDPD die nationalen Kräfte in der SBZ, soweit sie sich nicht bereits in der CDU gesammelt hatten, organisatorisch zu erfassen, ging deutlich aus »Zehn Forderungen der NDPD« hervor, die sie am 19. Juni 1948 in ihrer »National-Zeitung« veröffentlichen durfte. Die erste Forderung lautete: »Wir Nationaldemokraten sind eine nationale Partei, deshalb ist unsere erste Forderung: Die Einheit Deutschlands als unteilbare Republik.« – Und in »Forderung 6« hieß es: »Wir treten ein für die völlige Gleichberechtigung aller wahlberechtigten Deutschen. Wir fordern daher, daß ehemalige Nationalsozialisten, die sich keiner Verbrechen schuldig gemacht haben, im öffentlichen Leben nicht mehr als ›ehemalige Pg.s‹ abgestempelt werden.« – Deutlicher konnte man nicht auf Bauernfang ausgehen!
Der »2. Deutsche Volkskongreß« faßte noch einen weiteren Beschluß: Es sollte entsprechend einem Vorschlag des SED-Parteivorstandes vom 15. Januar 1948 in ganz Deutschland ein »Volksbegehren für die Einheit Deutschlands« durchgeführt werden. Man bezog sich dabei auf den § 73 der Weima-

rer Verfassung, der besagte, daß ein »Volksentscheid« erst dann stattfinden könne, wenn in einem »Volksbegehren« 10 Prozent der stimmberechtigten Wähler ihn forderten. Die Überschrift »Einheit Deutschlands« war natürlich sehr geschickt gewählt und sollte eine »Aktionsgemeinschaft« zwischen KPD und SPD in Westdeutschland erreichen. Die Bemühungen der SED, auch in Westdeutschland anerkannt zu werden, waren nämlich gescheitert. Nun wollte sie durch die Hintertür hinein.

Die westdeutschen Parteien lehnten eine Beteiligung am Volksbegehren ab. In der französischen und amerikanischen Zone wurde das Volksbegehren verboten, die Briten bezeichneten es zwar als »nutzlos, unnötig und unerwünscht«, erlaubten es aber.

Die kommunistischen Werber für das Volksbegehren im Westen arbeiteten wie üblich mit allen Mitteln: Sie redeten den Leuten ein, daß sie durch ihre Unterschrift die Beseitigung der Zonengrenzen und den Abzug aller Besatzungstruppen forderten. – Wer das gleiche in der SBZ gefordert hätte, hätte hohe Gefängnisstrafen zu erwarten gehabt.

Um es vorauszuschicken: Das Volksbegehren kam natürlich nicht durch. Etwa 750 000 Unterschriften kamen zusammen, und wenn man bedenkt, daß allein die KPD 300 000 Mitglieder hatte und deren Familienangehörige wahrscheinlich auch unterschrieben hatten, war das Ergebnis nicht gerade beglückend.

Ich berichte so ausführlich darüber, weil ich öffentlich in der SBZ gegen das Volksbegehren Stellung genommen habe und mir damit wieder einmal Ärger eingehandelt hatte. Ich hatte in Versammlungen die Entwicklung in der SBZ seit Gründung des »2. Deutschen Volkskongresses« mit einem in rasendem Tempo dahinjagenden Wagen mit wilden Pferden verglichen, der einige auf der Straße spielende Kinder zu überfahren droht. Ich hatte einige Zuhörer dann aufgefordert zu überlegen, was man zweckmäßigerweise in einer solchen Situation tun könnte. Es gebe drei Möglichkeiten: sich vor die Pferde zu werfen und zertrampeln zu lassen – sich in einen Hausflur zu retten und zuzusehen – oder aber den Pferden von der Seite her in die Zügel zu fallen, um sie in den Griff zu bekommen.

Das war überaus deutlich und wurde von der SED auch richtig verstanden. Ich wurde als »Doppelzüngler« und »westlicher Agent« in der Presse angegriffen, weil ich »allen Reaktionären die Linie angäbe, auf welche Weise sie am besten unsere demokratische Entwicklung aufhalten und sabotieren könnten«.

Weitere Folgen hatte mein Auftreten für mich nicht.

Vom 7. bis 9. Mai 1948 fand in Potsdam ein Landesparteitag der CDU des Landes Brandenburg statt, der letzte unter Leitung des 1. Vorsitzenden Dr. Wilhelm Wolf. Es wurde eine umfangreiche »Politische Entschließung« gefaßt, die neben einigen unvermeidlichen Zugeständnissen an die SMA eine

eigenständige Haltung erkennen ließ. Die Zugeständnisse bezogen sich natürlich auf eine Rechtfertigung der Beteiligung der CDU am »2. Deutschen Volkskongreß«, am »1. Deutschen Volksrat«, an der Sequestrierung und an der Bodenreform.
Aber es fanden sich in der Entschließung auch Sätze wie: »Dem christlichen Gedankengut als der weltanschaulichen Gemeinschaftsidee der weitaus überwiegenden Mehrheit unseres Volkes ist überall Geltung zu verschaffen.« – »Das Recht der persönlichen Freiheit und die Wahrung der Menschenwürde sind überall zu verteidigen.« – Ja, sogar der mit Jakob Kaisers Entmachtung scheinbar verfemte »Sozialismus aus christlicher Verantwortung« feierte fröhliche Urständ[58]. – Die Entschließung endete mit einem eindrucksvollen Bekenntnis zur deutschen Einheit.
Am 14. Mai 1948 verunglückte Dr. Wilhelm Wolf tödlich. Sein Wagen raste in einer sternklaren Nacht aus nie geklärten Umständen auf der Avus gegen einen Betonpfeiler. Dr. Wolf wurde unter starker Beteiligung der Bevölkerung in Potsdam zu Grabe getragen.
Der LV Brandenburg mußte nun einen neuen 1. Vorsitzenden wählen, und es lag nur allzu nahe, daß ich als bisheriger Stellvertreter, der sich stets öffentlich zum Kaiser-Flügel bekannt hatte, für diese Position in Frage kam. Ich war der einzige Kandidat. Aber ich war – und das kann ich nur zu gut verstehen – der SMA in Potsdam nicht genehm. Sie kannte meine politische Einstellung ebenfalls genau. So wurde ich also kurz vor dem für Ende Juni 1948 einberufenen Parteitag zur SMA bestellt, die mir mit nüchternen Worten verbot, eine etwaige Wahl zum 1. Vorsitzenden anzunehmen. Ich würde von ihr nicht bestätigt werden und hätte die Folgen einer Zuwiderhandlung zu tragen. – Der Wunschkandidat der SMA war der bisherige Landesgeschäftsführer Zborowski, ein eitler, unaufrichtiger und infolge einer besonderen Veranlagung der SMA ausgelieferter Mensch. Er war mir gegenüber zwar sehr servil, benahm sich aber sonst recht anmaßend.
Die Wahlversammlung begann. Wie immer waren sowjetische Offiziere anwesend. Am Vorstandstisch saß einsam der Landesgeschäftsführer, da alle Vorstandsmitglieder als wahlberechtigt im Saal saßen. Er konnte mir in seiner peinlichen Situation beinah leid tun. Zborowski eröffnete die Sitzung und teilte mit, daß er als Kandidat für den Posten des 1. Landesverbandsvorsitzenden vorgeschlagen worden sei. Er sagte nicht, von wem, aber alle im Saal wußten es. Dann fragte er die Versammlung, ob noch weitere Vorschläge gemacht würden. Da ertönten Rufe: »Wir schlagen Dr. Bloch vor!« Stürmischer Beifall im Saal. Ich stand langsam auf und sagte, ohne eine Miene zu verziehen: »Ich – kandidiere – nicht!« – Laute Protestrufe. Ich setzte mich schweigend wieder hin. Zborowski – das muß ich anerkennend sagen – bewahrte Haltung und stellte sachlich fest, daß nach meinem Verzicht auf die Kandidatur nur er kandidiere.

Es wurde geheime Abstimmung beantragt, mit Zetteln abgestimmt und die Stimmzettel ausgezählt: Ich hatte die meisten Stimmen erhalten, Zborowski nicht allzu viele. Es gab auch Enthaltungen. Tosender Beifall im Saal. – Ich erhob mich wieder und sagte mit unbewegter Stimme: »Da ich nicht kandidiert habe, sind die Zettel, die für mich abgegeben worden sind, ungültig. Ich stelle fest, daß Herr Zborowski gewählt worden ist.« Keine Hand rührte sich. Zborowski saß mit eisernem Gesicht oben am Vorstandstisch und sagte, obwohl ihn niemand fragte: »Ich nehme die Wahl an.« – Für die SMA war es eine moralische Niederlage.

Zborowski konnte sich nur kurze Zeit auf seinem Posten als Landesvorsitzender halten, dann verschwand er[59]. Ihm folgte Karl Grobbel – ebenfalls ein Kandidat der SMA –, von dem noch zu berichten sein wird. – Zborowski erschien übrigens 15 Jahre später in meinem Bürgermeisterbüro und pumpte mich unter Berufung auf unsere früheren »engen Beziehungen« an. Ich wurde ihn mit 50 DM los.

In der Folgezeit versuchte ich zu beweisen, daß mich die SMA nicht mundtot gemacht hatte. Durch meine vielen politischen Ämter hatte ich oft Gelegenheit, meine Meinung offen zu sagen. Die schon einmal erwähnte »Zeitschrift für Geschichtswissenschaft«, die im Ost-Berliner Verlag Rütten und Loening erscheint, veröffentlichte im VII. Jahrgang, Heft 7, 1959, zum »10. Jahrestag der Gründung der DDR« einen Artikel »Zur Entwicklung der Christlich-Demokratischen Union von 1945–1950«. In diesem Artikel heißt es auf Seite 1592: »Die Aktivität der reaktionären Kräfte in der CDU verlagerte sich auf die Landesvorstände, auf die Fraktionen der Landtage sowie auf die ständigen Ausschüsse beim Zonenvorstand.«

Drei Seiten weiter habe ich die Ehre, in dieser Zeitschrift sogar persönlich mit einem Zeitungsartikel zitiert zu werden. Unter Hinweis auf einen Beitrag des CDU-Bürgermeisters von Aue, Magnus Dedek, in der Dresdner »UNION« heißt es, daß die fortschrittlichen Kräfte in der CDU nicht länger bereit seien, Doppelzüngigkeit und Zweideutigkeit in der CDU zu dulden – »Doppelzüngigkeit und Zweideutigkeit, wie sie Dr. Peter Bloch in klassischer Weise in seinem Leitartikel ›Eigenständigkeit‹ in der ›Märkischen Union‹ vom 23. Juni 1948 beschrieben hat«. – Nun wurde mein Artikel zitiert: »Die Kritiker in Westdeutschland sollten weniger auf die großen Worte in der uns nur dürftig zur Verfügung stehenden Presse lauschen und mehr auf den kaum sichtbaren, aber desto intensiver geführten politischen Tageskampf sehen. Sie würden Achtung bekommen. Und das wäre der Anfang des Verstehens.«

Ich zitiere so ausführlich, weil mein Artikel damals überall – auch bei der SMA – beträchtliches Aufsehen erregte und weil er typisch ist für den »double talk«, zu dem wir damals gezwungen waren.

Jetzt muß ich wieder einmal auf die weltpolitischen Ereignisse zu sprechen

kommen, die in diesen Monaten das Bild Berlins, der SBZ und der drei westlichen Zonen veränderten.
Die Sowjets benutzten die Einführung der DM in den westlichen Sektoren zu einem letzten Versuch, die Westalliierten aus Berlin zu vertreiben. Sie verkündeten am 24. Juni 1948 die »Berlin-Blockade«[60] und sperrten den gesamten Interzonenverkehr auf den Straßen, auf den Schienen und auf dem Wasser. Außerdem stellten sie die Stromversorgung der westlichen Sektoren, die durch die SBZ erfolgte, ein. Die drei Westsektoren mit ihren 2,4 Mio. Einwohnern waren von jeder Zufuhr abgeschnitten.
Zwei Tage später – am 26. Juni 1948 – erhielt General Lucius D. Clay von der amerikanischen Regierung die Genehmigung, die Versorgung West-Berlins durch die Luft vorzubereiten, und am 8. Juli begann die »Luftbrücke«, durch die der Plan Moskaus, eine Millionenstadt auszuhungern, durchkreuzt und die Freiheit West-Berlins erhalten wurde.
Bei der »Luftbrücke« verloren 39 Briten, 32 Amerikaner und neun Deutsche ihr Leben. Die Kosten des gigantischen Unternehmens betrugen anderthalb Milliarden RM. – Die junge Generation weiß nichts mehr – oder will nichts mehr wissen – von dieser tapferen und aufopfernden Hilfsaktion und schreit bedenkenlos und borniert ihr »Ami go home!« – Wir Älteren aber wenigstens sollten diese Zeit und unsere Pflicht zur Dankbarkeit nicht vergessen und unsere Verbundenheit mit unseren westlichen Alliierten ebenso lautstark bekennen, wie die Vergeßlichen und Unbelehrbaren ihre Angriffe gegen die Amerikaner hinausschreien.
Ich jedenfalls fahre nicht die Clayallee entlang, ohne jenes aufrechten Mannes zu gedenken, dem wir West-Berliner unsere Freiheit verdanken.
Zurück zu meiner eigenen politischen Tätigkeit. Sie war recht umfangreich. Mir liegt der Durchschlag eines Schreibens vor, das ich am 9. Oktober 1948 an den Ministerpräsidenten von Brandenburg, Dr. Steinhoff, gerichtet habe und in dem ich um Zuteilung eines Autos bat. Ich zählte zur Begründung meiner Bitte alle meine politischen Ämter auf: 1. in Brandenburg: Landtagsabgeordneter – Mitglied des Präsidiums des Landtages – Vorstandsmitglied der Landtagsfraktion der CDU – Vorsitzender des Wiederaufbauausschusses des Landtages – stellvertretender Vorsitzender des Kulturpolitischen Ausschusses des Landtages – Mitglied des geschäftsführenden Ausschusses des Landtages – stellvertretender Vorsitzender des LV der CDU – Mitglied des geschäftsführenden Vorstandes des LV der CDU – Vorsitzender des Kulturpolitischen Ausschusses des LV der CDU – Mitglied des Landesvorstands der Volksbühne. 2. im Landkreis Teltow: Kreistagsabgeordneter – stellvertretender Vorsitzender des KV der CDU – Vorstandsmitglied der Kreistagsfraktion der CDU. 3. in Berlin: Mitglied des »1. Deutschen Volksrates« – Mitglied des Kulturpolitischen Ausschusses des »1. Deutschen Volksrates« – Mitglied des Erweiterten Zonenvorstandes der CDU – Vorsitzender des Kul-

turpolitischen Ausschusses der Zonenleitung der CDU. – Aber ein Auto habe ich dennoch nicht bekommen.
Vom 18. bis 20. September 1948 fand in Erfurt der Jahresparteitag der CDU statt, der erste ohne Kaiser und Lemmer und ohne den Berliner LV, der erste unter Vorsitz von Otto Nuschke. Die Listen der für den Parteitag vorgesehenen Delegierten hatten der SMA vorgelegt werden müssen. Ein Drittel der vorgeschlagenen Delegierten war abgelehnt worden und mußte durch »genehme« ersetzt werden. Der Mecklenburger Landesvorsitzende Reinhold Lobedanz, der sich schon bei der Kaiser-Krise unerfreulich hervorgetan hatte, eröffnete den Parteitag. Georg Dertinger gab als Generalsekretär den Geschäftsbericht, Otto Nuschke hielt das politische Referat. In diesem Referat sagte er die berüchtigt gewordenen Sätze, daß es für die Deutschen in der SBZ nur drei Möglichkeiten gebe: Entweder sie verübten Selbstmord, oder sie flüchteten in den Westen, oder aber sie arrangierten sich mit der SMA. – Meine Freunde und ich versuchten eine vierte Möglichkeit durchzuhalten: den passiven Widerstand.
Die Sensation des Parteitages war das Auftreten von Oberst Tulpanow. Er hielt eine große Rede, in der er die Voraussetzungen für ein »Arrangement« mit der SMA – wie es Nuschke empfohlen hatte – definierte: Abfinden mit der neuen ökonomischen Struktur der SBZ – Abfinden mit den bestehenden Grenzen – Abfinden mit dem Zweijahrplan – Abfinden mit der Vormachtstellung der SED als der Vertretung der »Arbeiterklasse«. – Im Jahre 1948 hatte die SED in der SBZ etwa zwei Millionen Mitglieder, die CDU nur etwa 200 000.
Widerspruch gegen die Thesen des Oberst Tulpanow wurde stellenweise lebhaft und laut geäußert. Nicht nur der erklärte Führungsanspruch der SED wurde kritisiert, auch die Oder-Neiße-Linie und die »Volkskontrollen« wurden angegriffen. Ein Redner sagte, daß hinter jedem Bürger ein Polizist und hinter jedem Polizisten ein Aufpasser stehe. – Solche Äußerungen erforderten großen Mut und fanden lebhaften Beifall[61]. Natürlich waren nicht nur sowjetische Offiziere im Saal, sondern auch Spitzel, die jede Äußerung und jede Beifalls- oder Mißfallenskundgebung registrierten.
Auch die Wahl Otto Nuschkes zum ersten Vorsitzenden verlief nicht so problemlos, wie die SMA es erwartet hatte. Nuschke erhielt in offener Abstimmung[62] nur 186 Ja- und 61 Neinstimmen.
Die wichtigste Entscheidung des Erfurter Parteitages aber war zweifellos der Beschluß, ein neues Parteiprogramm auszuarbeiten und für diese Arbeit einen Programmausschuß zu wählen. Ich wurde vom LV Brandenburg für den Ausschuß nominiert und vom Parteitag gewählt. Das neue Programm sollte den Mitgliedern im Lande die Haltung der CDU erläutern und konkrete Richtlinien für den politischen Tageskampf an die Hand geben, damit sie in Diskussionen des Antifa-Blocks den wohlgeschulten SED-Mitgliedern ge-

genüber bestehen konnten. – Der Ausschuß nahm im Jahre 1949 seine Arbeit auf, und es wird im nächsten Kapitel von ihm zu erzählen sein.
Inzwischen ging in der SBZ die Entwicklung zur »realen« Demokratie weiter. – Am 22. Oktober 1948 wurde auf einer Sitzung des »1. Deutschen Volksrates« der am 3. August vom »Verfassungsausschuß« vorgelegte Verfassungsentwurf gebilligt. In ihm war die »reale Demokratie« verankert.
Der Unterschied der »realen Demokratie« gegenüber allen demokratischen Verfassungen der Vergangenheit und den heute geltenden demokratischen Verfassungen des Westens liegt in der Abschaffung der »Gewaltenteilung«[63]. Seit Montesqieus »Esprit des lois«, erschienen 1748, ist sie wesentlicher Bestandteil jeder »formalen Demokratie«.
In der »realen Demokratie« gilt angeblich das Losungswort der Französischen Revolution: »Alle Macht dem Parlament!« Otto Grotewohl betonte in der Sitzung des »1. Deutschen Volksrates« diese »sozialistische Errungenschaft« mit allem Nachdruck.
Die politische Wirklichkeit jedoch sah – und sieht – in jeder Diktatur völlig anders aus. Die Abschaffung der Gewaltenteilung, d. h. das Prinzip »Alle Macht dem direkt vom Volk gewählten Parlament«, ist zwar das typische Aushängeschild jeder Diktatur. Dahinter verbirgt sich aber in der politischen Praxis die Tatsache, daß das angeblich allmächtige Parlament zu einer von der Regierung völlig abhängigen Abstimmungsmaschine degradiert ist und daß die Regierung ihrerseits mit dem »Politbüro« der in Wahrheit allmächtigen Staatspartei auf das engste verfilzt oder gar identisch ist. – In Wirklichkeit herrscht also allein die Partei!
Daß es in einer »realen Demokratie« keine freien Wahlen und keinen Pluralismus gibt, brauche ich nicht besonders zu erwähnen. Heute heißt die »reale Demokratie« »Volksdemokratie«, was besonders widersinnig ist, da es »Volks-Volks-Herrschaft« bedeutet.
So haben es die Nazis gehalten, wo allein der Führer und in seinem Namen die Parteihierarchie bis hinab zum Ortsgruppenleiter regieren. So sehen wir es heute in Moskau und in allen kommunistisch regierten Ländern.
Die »Realität« kam besonders deutlich durch die häufige Anwendung des berüchtigten Artikels 6, Absatz 2, zum Ausdruck. Durch ihn war »Boykotthetze gegen demokratische Einrichtungen und Organisationen« unter Strafe gestellt und war der Willkür Tür und Tor geöffnet. Im Extremfall konnte eine scharfe Kritik an der SED – einer demokratischen Organisation – als Boykotthetze ausgelegt werden. Viele »Systemkritiker« haben durch diese Praxis hohe Zuchthausstrafen erhalten. Meine Freunde und ich, die bewußt passiven Widerstand betrieben, mußten mit ihrer Kritik schlafwandlerisch an der Grenze der versuchten Boykotthetze entlangtappen. – Es war ein Seiltanz ohne Netz!
Das Organ der SED in Brandenburg, die »Märkische Volksstimme«, brachte

in ihrer Ausgabe vom 13. November 1948 einen dreispaltigen Artikel unter der Überschrift »Die politische Position des Herrn Dr. Bloch«. Darin wurden zahlreiche Vorwürfe gegen mich erhoben: Ich verträte die rückschrittliche Richtung innerhalb der CDU – ich würfe der SED vor, einen totalitären Staat und einen Einheitsstaat anzustreben, wobei ich mich des Sprachgebrauchs der westlichen Kriegshetzerpresse bediente – ich beschuldigte die SED, die Bauern in Groß- und Kleinbauern aufzuspalten – ich träte für Textilschieber und asoziale Schmarotzer ein – ich sabotierte das Studium von Arbeiter- und Bauernkindern, hätte deren Förderung in einer öffentlichen Versammlung als »Prinzip der Minderwertigkeit« bezeichnet, mich dadurch als arroganter Akademiker selbst entlarvt – ich wäre wegen meiner Haltung zur Ostgrenze ein chauvinistischer Revanchepolitiker und Kriegshetzer und trotz meines naiven Augenaufschlages auf dem rechten Auge blind. – Der Artikel schloß: »Es ist eine zwingende politische Notwendigkeit zu wissen, wo der einzelne steht. Dr. Bloch jedenfalls steht auf der Gegenseite!«
Nun – in diesem Katalog von Vorwürfen fehlte ja kaum einer und rückte mich in bedrohliche Nähe für die Anwendung des Artikels 6: Boykotthetze. Das Seil unter mir begann am Ende des Jahres 1948 zu schwanken.
Zum Schluß dieses Kapitels möchte ich noch ein sehr ernsthaftes und zwei lustige persönliche Erlebnisse erzählen. – Zunächst das ernsthafte: Ich habe bereits erwähnt, daß ich als Schriftführer in das Präsidium des Brandenburger Landtages gewählt worden war. Als solcher nahm ich an allen Sitzungen des Präsidiums teil und saß bei den Plenarsitzungen des Landtages nicht auf meinem Platz unter den Abgeordneten, sondern auf der erhöhten Empore.
Ich habe auch schon berichtet, daß seit 1946 Friedrich Ebert, der Sohn des ersten Reichstagspräsidenten der Weimarer Republik, Präsident des Landtages war. Er verließ uns am 30. November 1948 und wurde Oberbürgermeister von Ost-Berlin. Friedrich Ebert war stets bemüht, ein kollegiales Klima im Präsidium zu schaffen und ausgleichend zu wirken. Das galt besonders für die wichtigste Aufgabe des Präsidiums, das Begnadigungsrecht. Ebert war für Einstimmigkeit bei allen Entscheidungen. Natürlich war Ebert Mitglied der SED. Er hatte sich bei dem erzwungenen Zusammenschluß von SPD und KPD aktiv beteiligt. Davor aber lag eine lange politische Tätigkeit in der SPD, beginnend mit der Gründung der Jungsozialisten, über Redaktionstätigkeiten bei sozialdemokratischen Blättern, z. B. bei der »Brandenburgischen Zeitung«. Schließlich wurde er zum Stadtverordnetenvorsteher in der Stadt Brandenburg und zum SPD-Reichstagsabgeordneten für den Wahlkreis Potsdam I gewählt.
Eines Tages lag dem Präsidium ein Gnadengesuch eines jugendlichen Sexualmörders vor, der zum Tode verurteilt worden war. Ich hatte vor der Sitzung einen Blick in die umfangreiche Akte geworfen und scheußliche Fotografien gesehen. Ebert schlug Zustimmung zu der Umwandlung des Todesurteils in

lebenslange Zuchthausstrafe vor und fragte – eigentlich mehr pro forma –, ob alle einverstanden seien. Er war höchst erstaunt, als ich widersprach. Er wußte zunächst nicht, wie er sich verhalten sollte, da er in einem so einmaligen Fall keine Mehrheitsentscheidung herbeiführen wollte. Ich machte den Kompromißvorschlag, die Entscheidung auf die nächste Sitzung zu vertagen, damit ich die Akte gründlich studieren könnte. Vielleicht würde ich mich dann der Mehrheit anschließen. Es wurde so beschlossen.
Ich sah die Akte aufmerksam durch und stellte fest, daß der kaum zwanzigjährige junge Mann ein ungewöhnliches Ausmaß an Brutalität und Gefühlslosigkeit bei dem Sexualmord bewiesen hatte. Ich war überzeugt davon, daß es sich um einen Triebtäter – also um einen potentiellen Wiederholungstäter – handelte. Er hatte eine Frau, Mutter mehrerer Kinder, auf einem einsamen Feldweg überfallen, vergewaltigt und auf das gräßlichste verstümmelt. Dann hatte er die Frau mit einigen Zweigen notdürftig zugedeckt und war nach Hause gegangen. Dort hatte er ohne erkennbare Gemütsbewegung in aller Ruhe mit seinen Eltern Abendbrot gegessen, einen Spaten genommen und war wieder losgegangen, um die Frau einzugraben. Der Mord wurde kurze Zeit später entdeckt und der Täter festgenommen. – Die Fotografien der verstümmelten Frau haben mich noch lange in meinen Träumen verfolgt.
Auf der nächsten Präsidiumssitzung erklärte ich, daß ich nach dem Studium der Akte um so mehr einer Begnadigung widersprechen müsse. Aber ich wollte einen weiteren Kompromißvorschlag machen. Ich sei bereit, zum Zuchthaus Cottbus, in dem der Verurteilte einsaß, zu fahren, um mir ein persönliches Bild von dem Menschen zu machen. Vielleicht würde ich dann zu einer anderen Auffassung kommen. Mein Vorschlag fand Beifall. Ein Beisitzer namens Franz Moericke, ein Alt-Kommunist, schloß sich meinem Vorschlag an und erklärte, mitfahren zu wollen.
So fuhren wir beide in einem vom Landtag zur Verfügung gestellten Auto zum Zuchthaus Cottbus, dessen Direktor uns bereits am Eingang feierlich erwartete. Wir wurden in das Besuchszimmer geleitet, und der Verurteilte wurde vorgeführt. Ungefragt rief er uns zu: »Ich bin eines der ersten SED-Mitglieder des Dorfes!« Die Verlegenheit des Herrn Moericke war rührend. Dann erzählte der Mörder ungerührt den Vorfall und zeigte nicht die geringste Spur von Reue. Er schien sogar irgendwie auf seine Tat stolz zu sein. Nachdem der Verurteilte wieder abgeführt worden war, fragte ich den Direktor, ob er dafür garantieren könne, daß aus seinem Zuchthaus kein Gefangener ausbrechen könne oder, genauer gesagt, ob er dafür garantieren könne, daß dieser Mörder, wenn er lebenslänglich im Zuchthaus Cottbus einsitzen müßte, nicht ausbrechen könnte. Der Direktor erwiderte: »Wissen Sie, ich bin ein erfahrener Gefängnisdirektor und habe mehrere Anstalten geleitet. Ich versichere Ihnen, es gibt auf der ganzen Welt kein Gefängnis, aus dem es nicht möglich ist, auf die eine oder andere Art frei zu kommen –

sei es durch Flucht, durch gewaltsame Befreiung, durch Amnestie oder durch ›humane Berufungsrichter‹.«
Auf der nächsten Präsidiumssitzung berichteten wir von unserem Eindruck, und Herr Moericke erklärte, daß er sich nunmehr meinem Widerspruch anschließe. Ich betonte, daß meine Entscheidung nicht durch den Wunsch nach »Sühne« oder »Rache« bedingt sei, sondern ausschließlich dem Schutz der Gesellschaft vor einer weiteren Mordtat dieses meiner Überzeugung potentiellen Wiederholungstäters dienen solle. – Das Präsidium beschloß einstimmig, das Gnadengesuch abzulehnen.
Zur Beruhigung meiner empfindsamen Leser darf ich versichern, daß die Todesstrafe dennoch nicht vollstreckt worden ist. Sie wurde damals in Brandenburg durch eine Art Fallbeil vorgenommen. Dieses der Guillotine ähnelnde Gerät war von unbekannter Seite nach dem Zusammenbruch 1945 in einem See versenkt worden. So bestand keine Möglichkeit, die Todesstrafe zu vollziehen.
Ich denke oft an unsere damalige Entscheidung zurück und meine noch heute, daß ich nichts zu bereuen habe. Obwohl ich nicht leugne, daß mir bei dem Gedanken, daß der Mörder doch nicht auf meine Initiative hin getötet wurde, wohler ist.
Und nun das erste der beiden lustigen Erlebnisse: Es war eine normale Plenarsitzung des Landtages ohne irgendeine Sensation. Die Sitzungen wurden natürlich immer vorher in der Fraktion durchgesprochen, und es wurde vereinbart, wer zu welchem Thema der Tagesordnung das Wort ergreifen sollte. Auf der Tagesordnung dieser Sitzung stand unter anderem ein Antrag, der irgendeine uninteressante Vorschrift zur »Beschränkung von Wirtschaftsbetrieben« beinhaltete. Die Vorlage war von meinem Parteifreund Fritz Schwob, Minister für Arbeit und Sozialwesen, eingebracht worden, der sie auch begründete. Danach kam routinemäßig von jeder Fraktion ein Redner zu Wort und sprach sich für die Vorlage aus. Das war der normale Ablauf. Unsere Fraktion hatte unseren Wirtschaftsexperten als Redner bestimmt.
Ich saß neben Schwob auf der Empore und langweilte mich. Das Thema interessierte mich überhaupt nicht. Da fiel zufällig mein Blick auf die – natürlich für alle Abgeordneten ausgedruckte – Vorlage, die Schwob vor sich liegen hatte. Mein geschultes Verlegerauge entdeckte plötzlich in der Überschrift einen Druckfehler. Ein »be« war ausgelassen worden. Die Vorlage hieß nicht »Beschränkung von Wirtschaftsbetrieben«, sondern »Beschränkung von Wirtschaftstrieben«. Niemand hatte diesen Fehler entdeckt.
Ich hob also meinen Arm zu einer Wortmeldung, Ebert sagte leicht verärgert: »Was denn: noch einer?«, denn ihm lag natürlich an einem zügigen Ablauf der Sitzung. – Aber ich beharrte auf meiner Wortmeldung.
Unten im Saal entstand Unruhe. Meine Fraktionskollegen sahen sich besorgt an. Diese Wortmeldung war in der Fraktion nicht besprochen worden. Der

Fraktionsvorsitzende sah fragend zu mir auf. Was hat der Kerl wieder vor? – Aber ich verzog keine Miene.
Ebert erteilte mir brummig das Wort, und ich betrat das Rednerpult. Wilhelm Pieck, der mich irgendwie mochte und meine politische Unbekümmertheit schätzte, rutschte auf seinem Stuhl nach vorn und blickte erwartungsvoll zu mir hoch. Was kommt jetzt?
Nach einer wohlberechneten Pause, die die Spannung im Saal erhöhte, begann ich ganz langsam und sehr ernsthaft allgemeine Ausführungen über die Freiheit des Menschen zu machen, die in der Verfassung verankert sei. Die Verwirrung – besonders bei meinen Fraktionskollegen – wuchs. Ich sprach offenbar überhaupt nicht zum Thema. Dann ging ich auf die »Triebe« der Menschen ein, die ebenfalls frei bleiben müßten und nur moralischen Gesetzen unterworfen sein dürften. Schließlich rief ich mit emphatischer Stimme: »Wo kämen wir denn hin, meine Damen und Herren, wenn jetzt durch eine Verordnung der Regierung sogar die menschlichen Triebe beschränkt würden?« – Ich machte wieder eine Pause. Noch immer verstand keiner, was ich meinte. »Sehen Sie sich doch die Vorlage an, meine Damen und Herren: Die Wirtschaftstriebe im Menschen sollen unterdrückt werden! Ich beantrage hiermit, die Überschrift der Vorlage von ›Beschränkung der Wirtschaftstriebe‹ in ›Beschränkung der Wirtschaft*be*triebe‹ zu ändern!« – Dann ging ich wieder auf das Podium hinauf und setzte mich. Alle suchten nun in ihren Unterlagen herum, fanden den Fehler – dann brausendes Gelächter. Mein Antrag wurde ohne Abstimmung angenommen. Pieck klopfte mir nach Schluß der Sitzung auf die Schulter.
Aber die ganze Humorlosigkeit des kommunistischen Systems wurde mir wieder einmal ad oculos demonstriert. Einige Tage später wurde ich vom Sekretariat des Landtages angerufen und gefragt, ob ich einverstanden sei, daß mein Beitrag nicht in dem offiziellen Protokoll der Sitzung abgedruckt werde. Ich war einverstanden!
Und nun zu meiner letzten lustigen Story in diesem Kapitel, die ich erzähle, obwohl sie eine der größten Blamagen meines politischen Lebens beinhaltet. Eines Tages teilte mir Georg Dertinger mit, daß er ein Haus in Kleinmachnow gemietet habe, in den nächsten Tagen umziehen wolle und damit Mitglied der Ortsgruppe Kleinmachnow der CDU würde. Mir sträubten sich alle Haare bei der Vorstellung, daß dieser in »Kaiser-treuen« CDU-Kreisen höchst anrüchige Mann, der – wie schon erwähnt – den Spitznamen »Der unheilige Georg« trug, in unserer konservativen Ortsgruppe mitarbeiten würde. Daß unsere persönlichen Beziehungen sich bald recht freundschaftlich gestalten sollten, konnte ich damals nicht voraussehen.
Dertinger war ein charmanter Gesellschafter, und wir unterhielten nach einiger Zeit von Haus zu Haus einen lockeren gesellschaftlichen Verkehr. Später kam er auch abends nach den sicherlich nervenaufreibenden Anstrengungen

seines Amtes als Außenminister der DDR zur Entspannung zu uns, saß auf unserer Terrasse, trank ein – oder meist mehrere – Gläser Wein und führte besonders gern mit Horst politische Gespräche, der ihn nach Art eines jungen Studenten hart anging. Aber Dertinger liebte solche Debatten. Er hatte zwar eine neue Haut übergestreift, war aber aus seiner alten nicht völlig herausgeschlüpft.
Das mag ein kleines Erlebnis beweisen, das Horst mit Dertinger hatte. Am 1. Mai 1948 – also während der Berlin-Blockade – hielt Dertinger, damals noch Generalsekretär der CDU, die offizielle Festansprache in Kleinmachnow. Während seiner Rede flog eines der Luftbrückenflugzeuge direkt über uns. Dertingers Worte waren nicht mehr zu verstehen. Als das Flugzeug vorübergeflogen war, hob Dertinger die Faust zum Himmel, schimpfte auf die Amerikaner und ihre Luftbrücke und versicherte, daß sie keinen Erfolg haben würde. Damit beendete er seine Rede und wandte sich zum Gehen. Horst, der neben dem Podium gestanden hatte, ging mit ihm. Dertinger wandte sich zu ihm und sagte halblaut: »Und solche Sch.... muß man reden!«
Ich bereitete die Mitglieder meiner Ortsgruppe also schonend auf das große Ereignis vor und hatte viel Mühe, die Ablehnung und unverhüllte Aggression gegen diesen Mann in Grenzen zu halten. Ich versuchte meinen politischen Freunden klarzumachen, daß uns gar nichts anderes übrigbleibe, als einen in Kleinmachnow wohnenden CDU-Mann als Mitglied in die Ortsgruppe aufzunehmen, und daß es zum anderen für Kleinmachnow vielleicht auch von Vorteil sein könnte, einen so Prominenten wie den Generalsekretär in unseren Reihen zu haben. Er könnte uns bei Übergriffen der SED oder sogar des sowjetischen Kreiskommandanten behilflich sein.
Dertinger nahm sich Zeit. Er richtete sich erst einmal in seiner neuen Wohnung ein. Dann eines Tages ließ er mich wissen, daß er zur nächsten Ortsgruppenversammlung mit seiner Frau kommen werde. An diesem Abend war ein Vortrag des verdienstvollen Geheimrats Johst vorgesehen, eines alten Mitgliedes, der auch Abgeordneter im Kreis Teltow war. Ich vergatterte die natürlich aus Neugier besonders zahlreich erschienenen Mitglieder bei der Eröffnung der Versammlung noch einmal sehr eindringlich und bat sie, im eigenen Interesse Dertinger mit Beifall zu empfangen und freundlich aufzunehmen. – Sie versprachen es mir. Wir warteten. – Aber Dertinger kam nicht. – Ich erteilte also Geheimrat Johst zu seinem Vortrag das Wort.
Etwa eine halbe Stunde später öffnete sich die Tür, und Dertinger kam freundlich lächelnd mit seiner Frau herein.
Ich stand auf, bat den Redner, seinen Vortrag zu unterbrechen, und ging an der Außenseite des langen U-förmigen Tisches entlang dem Ehepaar Dertinger entgegen. Ich begrüßte die beiden herzlich und geleitete sie feierlich zum Vorstandstisch, wo ich vorsorglich zwei Plätze freigemacht hatte. Dertinger winkte freundlich nach allen Seiten, und meine gutgeschulten Mitglieder

klatschten in die Hände. Dann sagte ich: »Liebe Freunde! Wir haben die große Freude, heute in unserer Mitte zwei neue Ortsgruppenmitglieder zu begrüßen, Frau Dertinger und Herrn Dertinger, Generalsekretär der SED!« Wahr und wahrhaftig! – Ich sagte: »Der SED!« – In diesem Augenblick wünschte ich, die Erde hätte sich unter mir aufgetan und mich verschlungen, damit ich das nicht enden wollende Gelächter der schadenfrohen Ortsgruppenmitglieder nicht mehr zu hören brauchte.
Dertinger bewahrte Haltung, lächelte fein, klopfte mir auf die Schulter und sagte: »Wes das Herz voll ist, des geht der Mund über!« – Meine Blamage war vollendet!

8. Kapitel

1949: Der Kampf erweist sich als aussichtslos

In diesem Kapitel kann ich nicht – wie bisher – die politischen Ereignisse des Jahres 1949 in ihrer zeitlichen Reihenfolge erzählen, sondern ich muß einzelne politische Entwicklungen in sich geschlossen nacheinander durch das Jahr hindurch verfolgen: die Entwicklung der SBZ zur »Deutschen Demokratischen Republik« (DDR) – die politischen Kämpfe innerhalb der Ost-CDU – die Versuche der SED, die CDU in Kleinmachnow zu zerschlagen. – Den Abschluß des Kapitels wird die Feier des 70. Geburtstages von Stalin bilden.

Vom 25. bis 28. Januar 1949 fand in Berlin die 1. Parteikonferenz der SED statt, auf der eine Entschließung verabschiedet wurde mit dem Titel: »Die nächsten Aufgaben der Sozialistischen Einheitspartei Deutschlands.« In dieser Entschließung wurde gefordert, daß die SED zu einer »Partei neuen Typs« umgestaltet werden müsse. Als marxistisch-leninistische Partei wäre sie die Vorhut der Arbeiterklasse, müßte die besten Elemente der Arbeiterschaft in ihren Reihen vereinen, deren Klassenbewußtsein ständig erhöhen, sie dauernd politisch-ideologisch schulen und zu höchster Klassenwachsamkeit erziehen. Als kollektive operative Führungsspitze solle das »Politbüro« die tägliche Parteiarbeit koordinieren, Spione und Agenten müßten ausgemerzt werden, und die Partei gelobte, im Geiste des Internationalismus fest an der Seite der Sowjetunion zu stehen.

Auf Verlangen der SED trat am 19. März 1949 der im März 1948 gegründete »1. Deutsche Volksrat« zu einer Sitzung zusammen. Ich nahm als Delegierter der CDU teil. Auf ihr wurde der Verfassungsentwurf, der bereits am 22. Oktober 1948 »gebilligt« worden war, offiziell »beschlossen«. Über die theoretischen Vorzüge des Verfassungsentwurfes habe ich im vorigen Kapitel berichtet.

Wichtiger als die Verfassung war aber der Beschluß, für den 15./16. Mai 1949 »allgemeine Wahlen« in der SBZ auszuschreiben, um einen »3. Deutschen Volkskongreß« durch das Volk wählen zu lassen. Aufgabe des »3. Deutschen Volkskongresses« sollte später die Gründung eines neuen Staates, der »Deutschen Demokratischen Republik«, sein.

Die Wahlen aber waren nur ein großangelegtes Täuschungsmanöver, zu durchsichtig, um nicht mit einer Blamage für die SED zu enden. – Der große

Bluff dieser »Wahlen« bestand darin, daß überhaupt keine Wahlen stattfanden, sondern nur eine Abstimmung, aber – das war das Teuflische – die eine Abstimmung betraf zwei völlig voneinander unabhängige Fragen. Der »Wähler« stimmte durch *ein* Kreuz auf *einem* Schein gleichzeitig ab über die Frage: »Bist du für die Einheit Deutschlands und einen gerechten Frieden?« und über eine Einheitsliste, durch die die Mitglieder des »3. Deutschen Volkskongresses« en bloc bestätigt wurden. Er konnte nur entweder »ja« zu der gestellten Frage *und* zu der Einheitsliste oder »nein« zu *beiden* sagen. Er konnte auch nicht aus der Einheitsliste *seinen* Kandidaten »auswählen«. – Es war eine absurde Situation für den Wähler: Sagte er »ja« zu der Frage, ob er Deutschlands Einheit und einen gerechten Frieden wollte, dann bejahte er gleichzeitig die Einheitsliste, sagte er aber »nein« zu der Einheitsliste, dann war er gegen Deutschlands Einheit und gerechten Frieden – und wer war das schon?
Für die CDU kam es jetzt darauf an, diesen schamlosen Mißbrauch des Begriffes »Wahl« in aller Deutlichkeit aufzudecken. Das tat die Landtagsfraktion der CDU in Brandenburg bereits am 18. April 1949 in einem Schreiben an den Hauptvorstand, das ich formuliert habe. Es wurde darin klargestellt, daß eine »Abstimmung« immer nur ein Ja oder Nein zu einer Frage sei, daß eine »Wahl« aber immer eine Auswahl von verschiedenen Möglichkeiten beinhalten müsse. Das wurde anhand von Beispielen aus der Weimarer Republik erläutert. Es wurde weiterhin auf die offenkundige Unsicherheit der Veranstalter der »Wahl« hingewiesen, die für die Wahlen eine »Abstimmungsordnung« herausgegeben hätten, in der das Wort »Abstimmung« 20mal und das Wort »Wahl« neunmal vorkämen.
Außerdem wurde Otto Nuschke persönlich scharf angegriffen und ihm vorgeworfen, daß er vor nicht allzu langer Zeit öffentlich erklärt habe, daß die Union niemals bei der Aufstellung einer Einheitsliste mitmachen würde, daß eine solche Forderung einen Wendepunkt darstellen würde und daß die Union ein klares »Nein« zu sprechen hätte. Er wurde daher aufgerufen, zu seinem Wort zu stehen. Als Schluß des Schreibens waren vier Forderungen formuliert: 1. baldige Wahlen zu den parlamentarischen Körperschaften – 2. Aufstellung von eigenen Kandidatenlisten bei Wahlen – 3. Sicherung, daß der Volksrat oder Volkskongreß nicht plötzlich ohne Wahl zum Parlament der SBZ erklärt würde – 4. Verpflichtung der Massenorganisationen, Unionsmitglieder in angemessener Anzahl als Kandidaten aufzustellen.
Dieses Schreiben erregte erhebliches Aufsehen. Die »Tägliche Rundschau«, das Blatt der SMA, griff uns in einem scharfen Artikel an und tadelte unsere »reaktionäre Haltung«. Uns wurde vorgeworfen, die Autorität der SED untergraben und die Idee des Volkskongresses kompromittiert zu haben. Die SED rief in ihren Organen die örtlichen Antifa-Blocks auf, die CDU-Politiker zur Rechenschaft zu ziehen.

Die »Wahlen« fanden natürlich trotz unserer Proteste am 15./16. Mai in der vorgesehenen Form statt. Das war zu erwarten gewesen! Aber die »Wahlen« verliefen durchaus nicht wunschgemäß im Sinne der Veranstalter.

Auf Anordnung des Innenministers des Landes Brandenburg mußten in allen Orten sogenannte »Wahlkontrollkommissionen« aufgestellt werden, die den ordnungsgemäßen Verlauf des »Wahlganges« überwachen sollten. In Kleinmachnow hatte man mich von Amts wegen in eine solche Kommission berufen, und ich wurde von der Kommission zum Vorsitzenden bestimmt. Mir liegt noch der Berufungsbescheid vor, auf dem ebenfalls die Begriffe »Wahl« und »Abstimmung« durcheinandergehen: »Sie gehören für die am 15./16. Mai stattfindende Abstimmung zum ›3. Deutschen Volkskongreß‹ einer Wahlkommission an.«

Von meiner mir durch dieses Amt zustehenden Vollmacht machte ich eifrig Gebrauch, und ich hatte reichlich Gelegenheit einzugreifen. Mit Rosmarie zusammen ging ich durch die Wahllokale und verwarnte die »Wahlhelfer« lautstark, wenn sie irgendwie versuchten, alte oder unbeholfene Wähler zu beeinflussen. Ich sehe heute noch Ernst Lemmer in der Eigenherdschule stehen und kopfschüttelnd die resolute Art von Rosmarie bewundern – mit unverhohlener Sorge bewundern –, wenn wir unsere Stimmen wieder einmal zum Protest erhoben.

Unsere Hauptsorge galt der Durchbrechung des »Wahlgeheimnisses«, wie ich es nur zu gut aus der Nazizeit kannte. Das Merkmal einer geheimen Wahl ist es ja nicht, daß man in die Wahlkabine gehen *kann* und dort – von niemandem beobachtet – sein Kreuz an die Stelle setzt, an die man es setzen will. Das Merkmal jeder wirklich geheimen Wahl ist, daß man in die Wahlkabine gehen *muß*. Jeder, der eine Wahl im freien Teil Deutschlands mitgemacht hat, weiß das und weiß, daß nicht einmal Ehepaare zusammen eine Wahlkabine betreten dürfen.

Nun – bei der »Wahl« am 15./16. Mai 1948 war das so: Am Eingang zum Wahllokal stand ein Wahlhelfer und übergab dem eintretenden Wähler einen Wahlschein. – Ich wiederhole nochmals: Es war kein Wahlschein, sondern ein Abstimmungsschein, denn er enthielt nur je ein Kästchen für »ja« oder »nein«. – Wenn der Wahlhelfer ein geschulter SED-Mann war, sagte er dem »Abstimmer«, daß er in die Wahlkabine gehen und dort sein Kreuz machen könne. Wenn er aber ein aufrechter Freund der Einheit Deutschlands sei, brauche er das nicht zu tun. Er könne einfach seinen Wahlschein mit dem »Ja«-Kreuz offen abgeben, ohne ihn in den Umschlag zu stecken. – Wenn Rosmarie und ich das sahen, protestierten wir. Ebenso verhinderten wir, daß der Wahlleiter an der Wahlurne solche offenen »Bekenntnisse« überhaupt entgegennahm.

Da die Stimmung in der Bevölkerung nicht gerade freundlich für die SED war, wurde nicht nur von der Möglichkeit, in das »Nein-Feld« ein Kreuz zu

machen, eifrig Gebrauch gemacht, sondern die Wahlzettel wurden auf jede nur mögliche Art ungültig gemacht. Manchmal wurden auch sehr unflätige Parolen auf die Zettel geschrieben. Ich konnte die – zumindest unter den Kleinmachnower Wählern – herrschende Stimmung nur allzugut an dem verschwörerischen Augenblinzeln ablesen, mit dem ich bedacht wurde.
Auch dem Innenminister Bechler konnte die allgemeine Stimmung nicht verborgen bleiben, da die am ersten Wahltage abgegebenen Stimmen bereits am Abend des 15. Mai ausgezählt worden waren. – So klingelte es nach Mitternacht an meiner Tür, und ein Polizist forderte mich im Auftrage des Innenministers auf, zu einer Besprechung aufs Rathaus zu kommen. Dort wurde den Mitgliedern der »Wahlkontrollkommission«, die sich verschlafen versammelt hatten, mitgeteilt, daß der Innenminister neue Anweisungen über die Bewertung der Stimmzettel »befohlen« habe. Die bisher geltende »Abstimmungsordnung« forderte, daß nur solche Stimmzettel als Ja-Stimme gelten dürften, auf denen das Ja-Kästchen einwandfrei angekreuzt worden war. Alle anders gekennzeichneten Stimmzettel – besonders solche mit handschriftlichen Zusätzen – seien als Nein-Stimmen zu werten, leere Stimmzettel als ungültig zu rechnen.
Nach dem neuen Befehl des Innenministers mußten alle Stimmzettel, auf denen nicht eindeutig das »Nein«-Kästchen angekreuzt war, als »Ja«-Stimme gezählt werden. Leere Stimmzettel sollten weiterhin als ungültig gelten. – Die Prozedur der Auszählung war also weitgehend umgedreht worden. Jetzt mußten z. B. Stimmzettel, auf denen stand: »Scheiß-Staat«, als »Ja«-Stimme gezählt werden. – Armer Staat!
Das war zwar ein glatter Rechtsbruch. Aber was war zu machen? Der Innenminister war die oberste Instanz für die Wahl. Ich ging betroffen nach Hause, dann kam mir ein Einfall. – Am nächsten Morgen trommelte ich die Wahlkommission zusammen und erklärte, daß wir verpflichtet seien, entsprechend der neuen Anordnung des Innenministers die Auszählung des gestrigen Abends in allen Kleinmachnower Wahllokalen zu überprüfen. – Gesagt, getan!
Wir besuchten also ein Wahllokal nach dem anderen. Ich unterbrach die Wahlhandlung des zweiten Tages, ohne mich um die Proteste der wartenden Wähler zu kümmern, und verlangte von den Wahlhelfern, daß sie uns die am Vorabend gezählten Wahlzettel vorlegten. Sie taten das natürlich nur unwillig, aber ich berief mich energisch und deutlich auf den nächtlichen Befehl des Innenministers. Dann sah ich die Wahlzettel, die als »Nein-Stimmen« oder als »ungültige Stimmen« gerechnet worden waren, unter den Augen aller Anwesenden durch. Ich sagte bei jedem Zettel, der nach den neuen Bestimmungen des Innenministers nunmehr als »Ja-Stimme« gerechnet werden sollte – aber offenbar keine war –, möglichst laut: »Das ist auf Befehl des Innenministers eine Ja-Stimme!« Ich kümmerte mich weder um die heftigen

Proteste der im Wahllokal Anwesenden noch um die völlig verständnislosen Blicke meiner Parteifreunde, die an meiner politischen Zuverlässigkeit zu zweifeln begannen.
Der Erfolg gab mir recht. – Schon kurze Zeit später wurde im freien Teil Berlins vom »RIAS« laufend durchgesagt, daß in der SBZ die Wahl zum »3. Deutschen Volkskongreß« verfälscht wurde. Wahlkommissionen gingen durch die Wahllokale und bezeichneten auf Anweisung des Innenministers alle zweifelhaften Stimmzettel als »Ja«-Stimmen. – Genau das hatte ich erreichen wollen. Der Wahlbetrug wurde offenbar.
Am Abend des 16. Mai stand fest, daß das Ergebnis der »Wahl« trotz aller gewaltsamen Eingriffe eine große Enttäuschung für die SMA und die SED war. 12,9 Mio. Stimmzettel waren gezählt worden. Das bedeutete, daß 95 Prozent der Wahlberechtigten ihre Stimme abgegeben hatten. Das war zu erwarten gewesen, denn es gehörte Mut dazu, nicht zur »Wahl« zu gehen! – Aber 850 000 Wähler – d. h. über 6 Prozent – hatten leere Stimmzettel abgegeben, die als »ungültig« gerechnet werden mußten. Eine beachtliche Zahl! – Für die Einheitsliste waren nur 66,1 Prozent der abgegebenen Stimmen gezählt worden. – Wie hätte das Ergebnis wohl ausgesehen ohne Wahlmanipulation? – 27,9 Prozent der Wähler hatten eine so eindeutige »Nein«-Stimme abgegeben, daß der Stimmzettel nicht verfälscht werden konnte. Insgesamt also ein kläglicher Erfolg in einer Diktatur, die gewöhnlich mit einer fast hundertprozentigen Zustimmung rechnet! – Die Nazis hatten das besser gekonnt.
In Kleinmachnow lag die Zahl der »Nein«-Stimmen sogar bei 46 Prozent und die der ungültigen bei 9 Prozent, so daß die Zahl der »Ja«-Stimmen mit 46 Prozent keine Mehrheit für die Einheitsliste ergab.
Das Wahlergebnis war in allen Ländern der SBZ ähnlich ausgefallen[64], da in den anderen Ländern die Wahlkommissionen die gleichen nächtlichen Befehle von den Innenministern erhalten hatten. Diese hatten also auf »höheren Befehl« gehandelt. Am 30. Mai 1949 – an meinem 49. Geburtstag – konstituierte sich der »3. Deutsche Volkskongreß« mit 1523 »gewählten« Delegierten. Ich war einer von ihnen. – Der »3. Deutsche Volkskongreß« hatte nur zwei Aufgaben. Die erste war, die vom »1. Deutschen Volksrat« bereits 1948 gebilligte und 1949 beschlossene Verfassung offiziell »in Kraft zu setzen«, um nach außen den Eindruck zu erwecken, daß die Verfassung des neu zu gründenden Staates ihre Legalität durch ein vom Volk »gewähltes« Gremium erhalten hätte. – Es machte sich besser!
Die zweite Aufgabe war, den »2. Deutschen Volksrat« zu wählen – besser: zu bestimmen –, der aus 330 Abgeordneten bestehen sollte. Die Zusammensetzung des »2. Deutschen Volksrates« war folgendermaßen festgelegt worden: 90 SED-Abgeordnete, je 45 CDU- und LDP-Abgeordnete, je 15 NDPD- und DBD-Abgeordnete und 120 Abgeordnete der Massenorganisationen,

die natürlich – wie gewohnt – zumeist der SED angehörten. Die Mehrheitsverhältnisse waren also klar, und die Vormachtstellung der SED war zementiert.
Für mich war jetzt der Zeitpunkt gekommen, meine Haltung noch einmal zu überprüfen. Nach der Kaiser-Krise Ende 1947 war ich ernsthaft mit mir ins Gericht gegangen und hatte mir die Entscheidung nicht leicht gemacht: Weitermachen im Interesse der Menschen im Lande und in der Hoffnung, doch noch etwas bessern zu können, oder Niederlegen aller Ämter. – Nach der manipulierten Wahl und der erzwungenen SED-Mehrheit im »2. Deutschen Volksrat« konnte ich nicht mehr schweigend mitmachen, ohne meine Selbstachtung zu verlieren. Ich mußte mich entscheiden.
Ein Teil der Entscheidung wurde mir abgenommen: Die 45 CDU-Mitglieder im »2. Deutschen Volksrat« wurden vom Hauptvorstand der CDU benannt, und ich war – verständlicherweise – nicht darunter. Meine weitere Mitarbeit bei der bevorstehenden Gründung der DDR war also nicht ohne mein Zutun beendet worden. Auch in die später gegründete »Provisorische Länderkammer«, in die die CDU-Fraktion des Landtages Brandenburg Vertreter zu entsenden hatte, kam ich nicht, obwohl die Fraktion mich vorschlug. Die SMA legte ihr Veto ein.
Dennoch blieb die Frage: Sollte ich nun ganz mit der Politik aufhören, d. h. meine Ämter im Landtag, im Kreistag und in der Gemeindevertretung niederlegen oder dort doch noch weitermachen? – Ich beschloß, bis zum voraussehbaren bitteren Ende durchzuhalten, aber nicht mehr zu schweigen, sondern – um es mal pathetisch auszudrücken – in offener Feldschlacht unterzugehen. Ich werde im einzelnen noch davon erzählen.
Jetzt nur soviel: Ich habe in über zwanzig öffentlichen Kundgebungen die Gründung der DDR als einen »Staatsstreich« gekennzeichnet, ich habe auf dem Parteitag der CDU 1949 so offen gesprochen, daß die SMA meinen Diskussionsbeitrag als »Kriegserklärung« bezeichnet hat, ich bin auf einer Umsiedlerversammlung gegen die Anerkennung der Oder-Neiße-Grenze aufgetreten. Ich konnte in den Spiegel sehen, ohne rot zu werden.
Nun will ich versuchen, in möglichster Kürze die fünf Monate später erfolgende Gründung der »Deutschen Demokratischen Republik« (DDR) zu schildern, die in sechs Tagen völlig undemokratisch ohne Beteiligung des Volkes von oben dekretiert wurde.
Zum 7./8. Oktober 1949 wurde der »2. Deutsche Volksrat« einberufen, der sich selbstherrlich als »Provisorische Volkskammer« – also als Parlament – konstituierte und das linientreue LDP-Mitglied Johannes Dieckmann zum Präsidenten wählte. Die erste Tat der »Provisorischen Volkskammer« war eine ungeheuerliche Spiegelfechterei. Der § 51 der vor fünf Monaten feierlich in Kraft gesetzten neuen Verfassung schrieb zwingend Wahlen zur »Volkskammer« vor. Da die SED aber Wahlen – nach den Erfahrungen vom

15./16. Mai 1949 – fürchtete, beschloß die »Provisorische Volkskammer« einfach, die Wahlen zur »Volkskammer« zu verschieben und bis auf weiteres »provisorisch« zu bleiben. Die Wahlen fanden erst am 15. Oktober 1950 statt, nachdem die Opposition in der DDR völlig zerschlagen, eingesperrt oder zur Flucht gezwungen worden war.
Als zweite Tat beschloß die »Provisorische Volkskammer« ein Manifest zur Gründung der »Nationalen Front«. Diese sollte als Massenbewegung die gesamte Bevölkerung erfassen. Es gab keine Einzelmitgliedschaft, sondern jeder gehörte automatisch einer »Hausgemeinschaft« an, die zu »Wohngebietsausschüssen« zusammengefaßt worden waren. – Am 3. Februar 1950 wurde ein »Nationalrat« als oberstes Gremium der »Nationalen Front« ernannt, in dem nun der »Volkswille« zentral formuliert wurde.
Am 10. Oktober 1949 benannten die fünf Landtage aus ihrer Mitte 34 Abgeordnete, die die »Provisorische Länderkammer« bilden sollten. Präsident wurde das linientreue CDU-Mitglied Reinhold Lobedanz. Wie schon berichtet, löste sich die »Länderkammer« am 8. Oktober 1958, sechs Jahre nach der Umwandlung der DDR in einen aus 15 Bezirken bestehenden Zentralstaat, selbst auf bzw. widersprach ihrer Auflösung durch Gesetz nicht.
Am 11. Oktober 1949 wählten Volkskammer und Länderkammer gemeinsam Wilhelm Pieck zum »Präsidenten der Republik«. Er bekleidete das Amt bis zu seinem Tode am 7. Oktober 1960. Danach wurde das Amt des Präsidenten durch Gesetz abgeschafft und nach sowjetischem Vorbild durch einen »Staatsrat der DDR« ersetzt.
Am 12. Oktober 1949 schließlich wurde als letzter Akt der Staatsgründung eine »Provisorische Regierung der DDR« gewählt, die aus einem Ministerpräsidenten, zwei Stellvertretern und 14 Fachministern bestand. Ministerpräsident wurde Otto Grotewohl. – Man sieht: Die Rollen waren gut verteilt. Als Präsidenten der beiden Kammern, die in einem diktatorisch gelenkten Staat sowieso reine Abstimmungsmaschinen sind, hatte man je einen CDU- und LDP-Mann genommen. Regierungschef aber und Staatspräsident wurden die beiden führenden Männer der SED.
In der »Provisorischen Regierung« befanden sich auch vier CDU-Mitglieder: Otto Nuschke als stellvertretender Ministerpräsident, Georg Dertinger als Außen-, Luitpold Steidle als Arbeits- und Fritz Burmeister als Postminister. Aus der Landesregierung Brandenburg waren die SED-Mitglieder Ministerpräsident Dr. Steinhoff als Innenminister und der Minister für Wirtschaftsplanung, Heinrich Rau, als Planungsminister in die neue Regierung übergewechselt.
Otto Grotewohl hatte die Stirn, in seiner Regierungserklärung zu verkünden: »Die Handlungen der Regierung werden durch nichts anderes bestimmt als durch die vom Deutschen Volksrat beschlossene, vom 3. Volkskongreß bestätigte und durch die Volkskammer in Kraft gesetzte Verfassung der

DDR.« – Schön wär's gewesen! Am 12. Oktober 1949 war die Gründung der DDR vollzogen und perfekt. In ihrem äußerlichen Aufbau entsprach sie weitgehend der Bundesrepublik Deutschland: Präsident, Regierung, Parlament, Ländervertretung, Bundesversammlung. Sie war ja auch als ihr politisches Gegenstück geplant.
Natürlich erkannte die Sowjetunion als erste Regierung die DDR an und errichtete bereits am 15. Oktober 1949 in Ost-Berlin eine »Diplomatische Mission«, deren Chef C. M. Puschkin wurde. – Am 11. November 1949 wurde die SMA aufgelöst und ihre Aufgaben formell den Behörden der DDR übertragen. In Wirklichkeit aber gingen die bisherigen Befugnisse der SMA auf die neugegründete »Sowjetische Kontrollkommission« (SKK) in Karlshorst über, deren Leitung in den Händen des Oberbefehlshabers der sowjetischen Truppen in Deutschland, General Tschuikow, lag. Ich sollte noch oft mit der SKK zu tun bekommen. – Erst am 28. Mai 1953 wurde sie in eine »Hohe Kommission« unter Leitung des Diplomaten W. S. Semjonow als »Hoher Kommissar« umgewandelt, und bis heute geschieht in dem »souveränen« Staat DDR nichts ohne Genehmigung durch den »Hohen Kommissar«[65]. Die Mitglieder der CDU in den Ortsgruppen, Kreis- und Landesverbänden machten aus ihrer Enttäuschung und Empörung keinen Hehl. Eine Welle der Auflehnung ging durch die ganze DDR. – Am 9. Oktober 1949 bereits war die allgemeine Mißstimmung auf einer Sitzung der Kreisvorsitzenden und Kreisgeschäftsführer aller fünf Länder deutlich zum Ausdruck gekommen. Nuschke versuchte vergeblich, die »Zwangslage der Zonenleitung« zu entschuldigen und den aufgestauten Unmut zu besänftigen. Aber die Kritiker waren trotz der Anwesenheit des sowjetischen Majors Siora[66] nicht zu bremsen. Etwa 20 Debattenredner sprachen mit größter Offenheit. Nuschke wurde zugerufen, daß er für einen Ministersessel die CDU verraten hätte, und er wurde gefragt, ob er seine Handlungsweise vor seinem Gewissen verantworten könne. Dertinger, der die Verschiebung der Wahl zu bagatellisieren versuchte und erklärte, daß die neue Regierung ein Jahr Zeit brauche, rief man entgegen: »Warum so bescheiden, Herr Dertinger? Hitler hat vier Jahre gebraucht!« – Die Stimmung an der Basis schwankte zwischen Depression und Wut. Ganze Ortsgruppen traten aus der Partei aus. – Der Minister für Handel und Versorgung in Thüringen, Georg Grosse, forderte sogar alle nichtkommunistischen Abgeordneten in der DDR öffentlich auf, ihre Mandate aus Protest niederzulegen. – Kurze Zeit später mußte er flüchten.
Und nun zum zweiten Teil dieses Kapitels: den politischen Kämpfen innerhalb der CDU. Ich habe im vorigen Kapitel bei der ausführlichen Darstellung des Erfurter Parteitages im September 1948 berichtet, daß die beiden wichtigsten Ergebnisse dieses Parteitages das »Arrangement« mit der SMA und der Auftrag zur Formulierung eines neuen Programms der CDU waren. Beides hing natürlich eng miteinander zusammen. Das zeigte sich deutlich bei

den harten Auseinandersetzungen, die sich im »Programmausschuß«, der das neue Parteiprogramm vorbereiten sollte, ergaben. Harte Auseinandersetzungen darüber, ob die alten Ideale der CDU, für die sie 1945 angetreten war, im neuen Programm noch Geltung behalten sollten oder ob das »Arrangement« auch einen ideologischen Kurswechsel erforderlich machte.
Ich war für das Land Brandenburg in den »Programmausschuß« gewählt worden und gehörte mit einigen Freunden auch einem »Unterausschuß für Kultur« an. Da ich außerdem dem »Kulturausschuß der CDU« angehörte, war im ersten Halbjahr 1949 die kulturpolitische Arbeit mein Hauptaufgabengebiet.
Außerdem aber mußte ich zahlreiche Sitzungen des »Landesvorstandes des LV Brandenburg der CDU« und des »Geschäftsführenden Landesvorstandes« wahrnehmen. Auf diesen Sitzungen wurden meist Anträge auf Parteiausschluß von solchen Mitgliedern behandelt, die sich durch ihre aufrechte Haltung innerhalb ihrer Ortsgruppe oder ihres Kreisverbandes beim zuständigen Antifa-Ausschuß – d. h. bei der SED – mißliebig gemacht hatten. Die Beschuldigten waren als verkappte Faschisten, als Kriegshetzer oder Wirtschaftsverbrecher verdächtigt worden. Viele von ihnen hatten nichts weiter getan, als sich für die von Jakob Kaiser vertretene Politik einzusetzen. Natürlich gab es auch schwarze Schafe darunter, die ihre Parteiposten zur Erreichung eigener Vorteile mißbraucht hatten. Aber über die meisten Anträge auf Parteiausschluß gab es harte Kämpfe zwischen meinen Freunden und mir auf der einen Seite und denen, die bereit waren, jeder Verdächtigung eines aufrechten Mannes oder einer tapferen Frau seitens der SED im Sinne des »Arrangements mit der SMA« sofort Glauben zu schenken. Die Kämpfe endeten mit unterschiedlichem Erfolg, kosteten aber viel Kraft und Zeit und hielten uns von unserer eigentlichen Aufgabe ab.
Meine Stellung innerhalb des LV Brandenburg wurde immer exponierter und immer betonter politisch. Darum fiel mir auf der Sitzung des »Erweiterten Vorstandes« am 9. Februar 1949 in Potsdam auch die heikle Aufgabe zu, das Hauptreferat »Zur politischen Lage« zu halten. Das SED-Blatt »Märkische Volksstimme« berichtete über eine »dramatische Sitzung«.
Am 28. März 1949 fand in Berlin eine Sitzung des »Kulturpolitischen Ausschusses der CDU« statt, auf der Prof. Erich Fascher vom LV Sachsen-Anhalt einen ersten, von ihm erarbeiteten Entwurf für den Abschnitt »Kultur« des neuen CDU-Programms vorlegte. Es wurde beschlossen, den Entwurf den LVs zur Beratung zuzuleiten. Danach sollte er dem »Unterausschuß für Kultur des Programmausschusses« vorgelegt werden, der für den 7./8. Mai 1949 nach Halle zu einer Sitzung einberufen war.
Das wichtigste Ereignis auf der Sitzung des »Kulturpolitischen Ausschusses« war aber ein Bericht des Professors Hickmann aus Dresden über einen Besuch bei Paul Wandel, damals »Präsident der Zentralverwaltung für Volks-

bildung der SBZ«, später »Minister für Volksbildung der DDR«. Prof. Hickmann hatte auf dem Erfurter Parteitag den Auftrag erhalten, bei Wandel Beschwerde zu führen über die Benachteiligung der CDU bei der Stellenbesetzung in der Zentralverwaltung und in den Volksbildungsministerien der Länder. Wandel wies die Beschwerde kaltschnäuzig zurück und erklärte, daß von einer Parität der Parteien keine Rede sein könne. Er habe seinen festen Auftrag und müsse die Stellen so besetzen, daß der Auftrag zielbewußt erfüllt werde. Seine Mitarbeiter müßten nicht nur loyal arbeiten, sondern sich mit Begeisterung für die neuen Ideen einsetzen. – Die Antwort war natürlich eine bewußte Provokation. Aber da die Zentralverwaltungen nur der SMA unterstanden und es kein demokratisch gewähltes Kontrollorgan in der SBZ gab, war nichts zu machen – außer darauf zu hoffen, daß eines Tages eine solche demokratisch gewählte Volksvertretung Wirklichkeit werden würde. Ein halbes Jahr später wußten wir, daß das eine Illusion war. In anderen Punkten – Zulassung zur Immatrikulation und einseitige Ausrichtung der Schulbücher nach marxistischen Grundsätzen – zeigte sich Wandel übrigens toleranter und machte Zugeständnisse.
Der »Kulturpolitische Ausschuß« beschloß außerdem, Ende Juni 1949 eine weitere Sitzung in Eisenach in Verbindung mit einer kulturpolitischen Kundgebung auf der Wartburg abzuhalten. Dort sollte die – vorher vom Hauptvorstand gebilligte – endgültige Fassung des kulturpolitischen Programms in feierlicher Form der Öffentlichkeit vorgelegt werden.
Unsere Arbeit wurde natürlich von der SED mit Argwohn betrachtet. Die schon mehrfach erwähnte »Zeitschrift für Geschichtswissenschaft«, die in Ost-Berlin erscheint, berichtete im Jahre 1959 in einem Artikel über die Tätigkeit der CDU im Jahre 1949 von einer »emsigen Arbeit gewisser Kulturpolitiker der CDU« und von »aggressiven Vorstößen dieser reaktionären Kulturpolitiker, wie Professor Hickmann, Dresden, und Dr. Peter Bloch, Potsdam bzw. Kleinmachnow. Höhepunkt der Aktivität der kulturpolitischen Reaktion war die Kulturtagung der CDU vom 24. bis 26. Juni 1949 in Eisenach.« Weiter heißt es in dem Artikel, daß zwar Otto Nuschke in seiner Begrüßungsansprache eine fortschrittliche Konzeption der Kulturpolitik der CDU entwickelt und die Unterstützung der CDU für die Kulturverordnungen der Deutschen Wirtschaftskommission zugesagt habe. Gleichzeitig aber sei auf der Tagung ein »Geschichtsbild der Union« entwickelt worden, das im wesentlichen der »Abendland-Ideologie der klerikalen Reaktion« entspreche. – Als besonders verwerflich wurde ein Vortrag von Dr. Buchheim, damals Dozent an der Philosophischen Fakultät Leipzig, gebrandmarkt, der die »Einheit der europäischen Weltgeschichte« analysiert und bejaht hatte. Buchheim zitierte zum Schluß seiner Rede Grillparzer, der angesichts der nationalen Entwicklung des 19. Jahrhunderts mit Bitterkeit prophezeit hatte, daß der Fortschritt von der Humanität über die Nationalität zur Bestialität

hinausführen würde. – Ich entnehme dem Bericht dieser Zeitschrift mit Genugtuung, daß wir uns in Eisenach wacker geschlagen haben.
Eine persönliche Erinnerung an Eisenach darf ich anfügen. Wir waren in Zweibettzimmern in verschiedenen Hotels untergebracht worden. Ich schlief mit Prof. Fascher in einem Zimmer. Er war ein kluger, beredter, gern und lang philosophierender Mann. Wir hatten am Abend im kleinen Kreise bei einem Glas Wein zusammengesessen und hatten über Gott und die Welt diskutiert. Gegen Mitternacht gingen wir schlafen. Fascher redete im Zimmer unentwegt weiter. Wir legten uns zu Bett und machten das Licht aus. Fascher redete. Ich schlief ein und wachte gegen halb drei Uhr auf. Fascher lag auf dem Rücken, war mitten in einem Satz und hatte seine Rede offenbar noch gar nicht unterbrochen. – Ich habe gottlob einen gesunden Schlaf und weiß nicht, wie lange das noch so weitergegangen ist. Am nächsten Morgen jedenfalls war Fascher frisch und munter und zu weiteren Debatten aufgelegt. Soviel über Kulturpolitik!
Nun zu den Sitzungen des »Programmausschusses«, der nicht nur über Kulturpolitik beriet, sondern alle Gebiete der Gesellschaft behandelte. Als Vertreter des LV Sachsen-Anhalt nahm an den Sitzungen auch Dr. Leo Herwegen teil, dessen Hinneigung zu sowjetischen Vorstellungen sich bereits 1946 gezeigt hatte und von dessen Auftreten gegen Jakob Kaiser ich erzählt habe. Herwegen wurde trotz aller seiner »Verdienste« am 29. Oktober 1949 verhaftet, weil er angeblich als Minister für Arbeit und Soziales in Sachsen-Anhalt Sabotage an der Sozialisierung und am Volksvermögen verübt haben sollte. Er wurde in einem Schauprozeß von der berüchtigten Hilde Benjamin zu 15 Jahren Zuchthaus verurteilt, jedoch am 27. September 1956 entlassen.
Die erste Sitzung des »Programmausschusses« fand am 9. Mai 1949 in der Jägerstraße statt. Das Mitglied der Hauptgeschäftsstelle Dr. Gerhard Desczyk legte Thesen zu den sieben Abschnitten vor, in die sich das Programm gliedern sollte: 1. Frieden und Völkerversöhnung – 2. Verfassung und Recht – 3. Sozialordnung – 4. Kultur – 5. Wirtschaft – 6. Land- und Forstwirtschaft – 7. Kommunalpolitik.
Auf einer weiteren Sitzung am 13. Juni 1949 wurde aus den Thesen ein erster Gesamtentwurf (A) entwickelt. – Dieser wurde dann aufgrund zahlreicher Abänderungsvorschläge aus den LVs auf einer dritten Tagung am 7. Juli 1949 neu formuliert (B). Mir gelang es, die anderen Mitglieder davon zu überzeugen, daß der Abschnitt »Kultur« an die erste Stelle des Programms rücken müsse, weil man gerade von der CDU erwarte, daß sie ihre kulturellen Forderungen besonders herausstelle.
Auf einer Sitzung am 11. Juli 1949 schließlich wurde ein dritter Entwurf (C) fertiggestellt, der mit einer grundsätzlichen Präambel begann und in drei große Abschnitte gegliedert war: Kultur – Sozialismus – Demokratie. In der Präambel bekannte sich die CDU zu den Werten des Christentums und der

Würde des Menschen als Geschöpf Gottes, zum Frieden, zum Sozialismus aus christlicher Verantwortung, zur parlamentarischen Demokratie und zur Einheit Deutschlands. – Dieser Entwurf C wurde anschließend dem Hauptvorstand zur Beschlußfassung vorgelegt.
Am 12. August 1949 platzte eine Bombe: Der Generalsekretär und 2. Vorsitzende der CDU, Georg Dertinger, schrieb an den »Programmausschuß« einen Brief, in dem er schwerste Bedenken gegen den vorgelegten Programmentwurf erhob und eine grundsätzliche Überarbeitung für notwendig hielt. Zur Begründung führte er aus, daß der Entwurf nicht dem Auftrag des Erfurter Parteitages entspreche, Richtlinien für die politische Arbeit vorzulegen. Der Programmentwurf gehe vielmehr an den wichtigsten Tatbeständen unseres politischen Lebens in der Ostzone völlig vorüber. Wichtige Begriffe wie Demokratie, Blockpolitik, deutsch-russisches Verhältnis und ähnliches seien nur schwach angedeutet oder überhaupt nicht erwähnt. Die Ursache für diese Mängel, meinte Dertinger, sei offensichtlich die Absicht der Kommission, in Westdeutschland nicht auf Widerspruch zu stoßen.
Dann entwickelte Dertinger seine Vorstellungen: Ihm genügte nicht ein Bekenntnis zum Sozialismus aus christlicher Verantwortung, er verlangte ein Bekenntnis zur Neuordnung des gesellschaftlichen, wirtschaftlichen und staatlichen Lebens; ihm reichte die Forderung auf Überführung der Großindustrie in Gemeineigentum nicht aus, er forderte, daß das Wort »Großindustrie« durch »alle wirtschaftlichen Schlüsselpositionen« ersetzt werden müßte; ihm reichte auch die Forderung nach planmäßiger Nutzung der Produktionsmittel nicht aus, er verlangte ein klares Bekenntnis zur Planwirtschaft. Weiter bemängelte er das Fehlen der Schuldfrage, der Reparationspflicht, der Entmilitarisierung und der Entnazifizierung. Schließlich verlangte er ein ausdrückliches Bekenntnis zur Volksratsverfassung, zu den Massenorganisationen als den neuesten Erscheinungen demokratischer Struktur, und er vermißte das Bekenntnis zur Sicherung und Erhaltung des volkseigenen Sektors der Wirtschaft.
Das war ein schweres Geschütz! Alle Forderungen Dertingers hätten eine Änderung unserer Grundhaltung bedeutet und waren für uns natürlich unannehmbar. Es gab keine Kompromißmöglichkeit. Das Programm hatte eigentlich – nach Billigung durch den Hauptvorstand – dem alljährlichen Parteitag im Herbst 1949 zur Beschlußfassung vorgelegt werden sollen. Das wurde durch Dertingers Einspruch verhindert – vielleicht mit Absicht verhindert, weil der Hauptvorstand die Einstellung der Delegierten des Parteitages kannte.
Jedenfalls fanden weitere Sitzungen des Programmausschusses nicht statt. Dem Parteitag 1949 wurde kein Programm zur Beschlußfassung vorgelegt. Der Auftrag des Parteitages aus dem Jahre 1948 ist erst viele Jahre später ausgeführt worden[67].

Und nun komme ich zum Parteitag der CDU 1949 in Leipzig vom 12. bis 14. November 1949, meinem Schwanengesang! – Die Fronten waren klar: Auf der einen Seite stand die CDU-Prominenz: Otto Nuschke, Georg Dertinger, Gerald Götting, Luitpold Steidle, Hans-Paul Ganter-Gilmans und andere »fortschrittliche« Mitglieder der Landes- und Kreisvorstände. Ich muß mit Beschämung zugeben, daß dazu auch aus dem Kreise Teltow der von mir vormals protegierte Landrat Carl Siebenpfeiffer und der 1. KV-Vorstand Dr. Dr. August Kayser gehörten. Auf der anderen Seite stand die Masse der Mitglieder. Schätzungen meinen, es seien 90 Prozent gewesen.
Zunächst versuchte Nuschke, den Parteitag überhaupt nicht stattfinden zu lassen[68]. Er mußte sich jedoch dem massiven Druck der Mitglieder beugen. Es wurden aber alle Vorkehrungen getroffen, daß die Opposition möglichst in Grenzen gehalten würde. Natürlich mußten die Listen der von den KVs und LVs vorgeschlagenen Delegierten der SKK vorgelegt werden, die ihrerseits mehrere Beobachter zum Parteitag entsandte. Die westliche Presse war ausgeschlossen worden. Der Programmentwurf wurde nicht vorgelegt. Auch die Wahl eines neuen Hauptvorstandes wurde nicht auf die Tagesordnung gesetzt mit der fadenscheinigen Begründung, daß die neuen Satzungen – die noch nicht in Kraft getreten waren![69] – eine zweijährige Amtszeit des Hauptvorstandes vorsähen. Jede Diskussion nach dem Referat Dertingers war verboten[70]. Eine Abschlußresolution wurde dem Parteitag erst vorgelegt, als bereits ein großer Teil der Delegierten abgereist war.
Es half alles nichts: Der angestaute Unmut brach sich Bahn. Otto Nuschke, der mit dem Abzeichen der Gesellschaft für »Deutsch-Sowjetische Freundschaft« am Revers erschien, eröffnete die Sitzung. Sein Referat: »Union in der Entscheidung« wurde mehrfach durch lautes Gelächter unterbrochen und zum Schluß mit eisigem Schweigen aufgenommen. Nicht anders erging es Dertinger und Steidle[71].
Gerald Götting, der nach Dertingers Ernennung zum Außenminister im Oktober 1949 neuer Generalsekretär der CDU geworden war, hielt eine überaus progressive Rede. Ich zitiere einige Sätze: »Ein neues Zeitalter wirft seine Schatten voraus, in dem nicht mehr das Ich in seiner ichbezogenen Isolierung, sondern das Wir als eine ethische Großmacht bestimmend sein wird.« – Ähnliche Töne hatte ich schon einmal – zwanzig Jahre früher – von meinen nationalrevolutionären Freunden um den »Tatkreis« und die »Standarte« gehört. Der alte Ben Akiba hat eben recht, wenn er sagt, daß es nichts Neues auf der Welt gibt! Die Wegbereiter des »totalen Staates« benutzen überall und zu allen Zeiten die gleichen Worte. Götting sagte schließlich voraus: »Unsere Jugend wird sich mit aller Leidenschaft für eine solche Politik einsetzen!«
Ich hatte mir während der Referate lange überlegt, ob es überhaupt Zweck hätte, sich zu Wort zu melden. Natürlich war ich vorher auf die Kreis-

kommandantur in Mahlow bestellt und ernsthaft zum Wohlverhalten auf dem Parteitag ermahnt worden. Aber das war nicht der Grund für mein Zögern. Der ganze Parteitag erschien mir wegen der progressiven Reden der maßgebenden Männer so sinnlos. Schließlich aber entschloß ich mich, doch nicht zu schweigen. Zu viel Empörung und Wut hatten sich in mir angesammelt.

Ich meldete mich zu Wort, nahm ein Exemplar der neuen Verfassung der DDR in die Hand und ging zum Rednerpult. Mein Auftreten wurde mit sichtlicher Spannung von Freund und Gegner erwartet. Ich begann ohne jede Emotion, hielt die Verfassung hoch und sagte: »Meine Freunde, unser Staat hat sich eine gute Verfassung gegeben!« – Erstaunen auf der einen Seite, Erleichterung auf der anderen. – Dann verlas ich die Artikel des 2. Abschnittes, die sich mit den Grundrechten der Menschen beschäftigten: »Achtung und Schutz der Würde und Freiheit der Persönlichkeit sind Gebote für alle staatlichen Organe.« – »Frei von Ausbeutung, Unterdrückung und wirtschaftlicher Abhängigkeit, hat jeder Bürger gleiche Rechte.« – »Alle Bürger sind vor dem Gesetz gleich.« – »Jeder Bürger der DDR hat das gleiche Recht auf Bildung.« – »Jeder Bürger der DDR hat das Recht, seine Meinung frei und öffentlich zu äußern.« – »Die Persönlichkeit und Freiheit jedes Bürgers der DDR sind unantastbar.« – Langsam steigerte ich meine Stimme. Ich zählte alle in der Verfassung verankerten Grundrechte auf, und alle im Saal wußten, daß jedes einzelne dieser Grundrechte täglich von den Vertretern eben des Staates, der diese Verfassung die seine nannte, mit Füßen getreten wurde. – Ich schloß mit der Verlesung des Grundrechtes: »Jeder Bürger der DDR hat das Recht, sich zu seinem religiösen Glauben zu bekennen und religiöse Handlungen auszuüben.« – Nach einer Pause hob ich die Verfassung noch einmal hoch und sagte mit leiser Stimme: »Dies ist eine gute Verfassung!«

Und dann schrie ich in den Saal: »Und nun, gute Freunde, laßt uns durch's Land gehen, die Verfassung in der linken Hand und die rechte Hand zur Faust geballt, um sie gegen ihre Feinde zu verteidigen!«

Der Beifall war unbeschreiblich. Die Wände des Saales bogen sich förmlich nach außen, und als ich auf meinen Platz zurückging, war des Händeschüttelns und des Auf-die-Schulter-Klopfens kein Ende.

Bevor ich von dem Abend dieses Tages erzähle, will ich erst über das dicke Ende berichten, das am nächsten Tage – einem Sonntag – kam. Wir waren zum Gottesdienst versammelt, als Nuschke aus der Kirche gerufen wurde. Nach dem Gottesdienst trat er blaß und aufgeregt auf mich zu und sagte: »Wissen Sie, warum ich aus dem Gottesdienst fort mußte? Die SKK hat aus Karlshorst angerufen und mich gefragt, was ich nach der Kriegserklärung des Herrn Dr. Bloch gegen die SKK zu unternehmen gedächte. – Das haben Sie nun davon!« – Ich erwiderte nichts. Ich muß bekennen: Mir war nicht sehr wohl zumute. Aber geschehen war geschehen. – Und was hatte ich denn schließlich anderes getan als die Verfassung gelobt und dazu aufgerufen, sie gegen ihre Feinde zu verteidigen – gegen ihre Feinde! Und wen ich mit diesen Feinden gemeint hatte, mußte man mir schließlich erst einmal beweisen. Doch nicht etwa die liebe SED oder gar die SKK?

Ich erinnerte mich an eine Anekdote aus der Kaiserzeit: Ein übereifriger Staatsanwalt hatte gegen einen Karikaturisten, der einen geschwätzigen buntschillernden Papagei gezeichnet hatte, Anklage »wegen Majestätsbeleidigung« erhoben. Nun fiel es ihm vor Gericht schwer zu erklären, wie er auf den Gedanken gekommen war, daß der Karikaturist mit dem buntschillernden Papagei Majestät gemeint haben könnte. – Vielleicht ging es der SKK in meinem Fall ebenso. Jedenfalls blieb mein Diskussionsbeitrag ohne direkte Folgen.

Nun zurück zum Abend des ersten Tages des Parteitages, zum Sonnabend, dem 13. November 1949. Gewöhnlich trafen sich nach den Sitzungen die Landsmannschaften zu einem gemütlichen Beisammensein. Während des Parteitages fanden sich alte Freunde wieder, wurden neue Bekanntschaften geschlossen, und am Abend wurde gemeinsam gegessen und anschließend bis in den frühen Morgen hinein gefeiert, und alte Erinnerungen wurden aufgefrischt. Daß es dabei locker und ungezwungen zuging, versteht sich von selbst, und es wurde bei steigender Stimmung manches gesagt, was man bei vorsichtiger Überlegung und Abwägung nicht sagen würde. Man wußte ja nie ganz genau, wer zuhörte.

Ich war natürlich nach dem Erfolg meines Auftritts in Hochstimmung. Als ich aus dem Versammlungsraum trat, drängte sich einer meiner besten und zuverlässigsten Freunde, die ich in der Landtagsfraktion Brandenburgs hatte, Germanus Theiss, an mich heran und fragte mich, ob wir zusammen zu Abend essen wollten. Ich erwiderte, daß die Brandenburger sich doch in dem Lokal »sowieso« träfen, und schlug vor, dorthin zu gehen. Theiss meinte, daß der Tag so anstrengend gewesen sei, daß er zunächst ganz gern mal in Ruhe – nur mit mir allein – essen möchte. Ich dachte mir nichts Böses und ging mit.

Germanus Theiss war zwei Jahre älter als ich, hatte »nur« die Volksschule besucht und war bis 1933 Kreistagsabgeordneter der Zentrumspartei im Kreise Niederbarnim gewesen. Er lebte in Erkner, wo er eine Glaswaren-Großhandelsfirma aufgebaut hatte. Er gehörte dem Erweiterten Landesvorstand an, war Landtagsabgeordneter, Kreistagsabgeordneter in Niederbarnim und Gemeindevertreter in Erkner. Außerdem war er Vorstandsmitglied der Industrie- und Handelskammer der DDR. Er war ein bescheidener Mensch, kannte seine Grenzen und wollte nie mehr sein, als er war. Aber er war ein ganzer Kerl mit gesundem Menschenverstand, politischem Instinkt und viel Humor.

Wir gingen also zu zweit davon, und Theiss steuerte zunächst zielbewußt auf ein kleines Lokal zu, von dem er sagte, daß er dort bereits mehrfach gegessen habe. Ich bemerkte nicht, daß uns sofort ein etwas abseits gelegener Tisch zugewiesen wurde und daß das Vorgericht, das Germanus Theiss mit der Bemerkung, ich sei sein Gast, bestellte, unerwartet schnell serviert wurde. Es waren sehr salzige Fischhappen. 1949 aß man alles, was einem vorgesetzt wurde, so schluckte ich denn meine Portion ziemlich schnell herunter. Germanus Theiss ließ eine Flasche Wein kommen, und wir sprachen eifrig über den aufregenden Nachmittag. Ich bekam entsetzlichen Durst von dem scharfen Vorgericht und trank schneller und mehr, als ich es sonst zu tun pflegte. Dabei redete Theiss unentwegt auf mich ein, so daß ich gar nicht mitbekam, wie die Zeit verging. Als ich schließlich – zugegebenermaßen durch Hochstimmung und Wein etwas übersteigert – nach der Uhr sah und meinte, daß es nun aber höchste Zeit sei, zu den anderen Freunden zu gehen, sagte Germanus Theiss: »Ach, die sind jetzt schon lange im Hotel!«, faßte mich unter und brachte mich zu Bett.

Am nächsten Tage fragten die anderen verwundert, wo wir denn gestern abend gewesen seien, sie hätten uns vermißt, und wir erzählten von unserem zweisamen Beisammensein – ganz harmlos, ich jedenfalls! – Jahre später – sowohl Theiss als auch ich befanden uns bereits als Flüchtlinge in West-Berlin – erzählte er mir die Wahrheit: Einige Tage vor dem Leipziger Parteitag war er mitten in der Nacht in einer großen schwarzen Limousine abgeholt worden, deren Fenster mit Vorhängen verdeckt waren. Er sei in einen Wald gefahren worden, wo man ihm im Auftrage des Generals Tschuikow den Befehl erteilte, während des ganzen Parteitages an meiner Seite zu bleiben und aufzupassen, was ich sagte. Er habe nach dem Parteitag genauen Bericht zu erstatten. – So war das damals! – Da Germanus Theiss – wahrscheinlich zu Recht! – befürchtete, daß ich an dem Abend meinen Mund nicht halten würde, und da er zudem nicht wissen konnte, ob zwischen den Brandenburgern nicht doch ein Spitzel saß, hatte er mich einfach verschleppt und betrunken gemacht. Das war noch wahre Freundschaft! Was er später der SKK erzählt hat, weiß ich nicht. Es konnte ja auch nicht nachgeprüft werden. Jedenfalls hatte er seinen Befehl wörtlich ausgeführt und war nicht von meiner Seite gewichen.

Mit diesem Bericht über den Leipziger Parteitag und Germanus Theiss habe ich den direkten Anschluß zu dem dritten Teil dieses Kapitels – zu Kleinmachnow – gefunden. Denn das, was Germanus Theiss passiert war, war keineswegs ein Einzelfall. Ich jedenfalls war in Kleinmachnow schon öfter mitten in der Nacht abgeholt und erst in den Morgenstunden zurückgebracht worden.

Solche Unternehmungen liefen immer nach der gleichen Methode ab: Kurz vor Mitternacht klingelte es. Wenn ich aufgestanden war und aus einem geöffneten Fenster in der oberen Etage zum 70 Meter entfernten Gartentor hinausgerufen hatte: »Wer ist da?«, antwortete eine guttural-fremdartige Stimme: »Dr. Bloch – mitkommen!« – Dann zog ich mich an, tröstete mein zitterndes Weib und ging hinaus in die Nacht. Vor unserem Haus stand die berüchtigte Limousine mit verhängten Fenstern, ein uniformierter Chauffeur öffnete die Tür, ich nahm auf dem hinteren Sitz Platz, und ab ging es in die Dunkelheit.

Nach längerer Zeit hielt der Wagen vor einer hübschen Villa. Sie lag wohl in Karlshorst, dem Sitz des SKK. Aber genau erfahren habe ich das nie. Ich wurde in ein gutmöbliertes Zimmer geführt, in dem hinter einem großen Schreibtisch ein sowjetischer Offizier saß, meist ein Oberleutnant oder ein Hauptmann. Er erhob sich, begrüßte mich überaus höflich und bat mich, auf dem Sessel gegenüber von ihm Platz zu nehmen. Dann bot er mir Kaffee an, meist auch Wodka, und die Unterhaltung begann.

Nun muß man wissen – und ich wußte es mit der Zeit! – , daß es russische Lebensart ist, in der Nacht tiefsinnige Gespräche zu führen. Für meinen Gesprächspartner war es also gar nichts Außergewöhnliches, einen harmlosen Deutschen um Mitternacht zu einem Gespräch abholen zu lassen, und er hätte sich sehr gewundert, wenn ich mich darüber beschwert hätte. Dabei wurden meist gar keine politischen Fragen erörtert. Die Themen ergaben sich aus dem Interessengebiet des jeweiligen Offiziers: deutsche Literatur, deutsche Geschichte, deutsche Philosophie – je nachdem. Aber sie wußten gut Bescheid, die Herren Politoffiziere, und man mußte sich bei der ungewöhnlichen Stunde scharf konzentrieren, um ihnen gewachsen zu sein.

Nun, das ging so an die zwei Stunden. Kultivierte Gespräche! Aber ich hätte lieber in meinem Bett gelegen und dachte an mein armes Weib, das ja nicht wußte, daß ich mit Kaffee und Wodka bewirtet und mit ausgezeichneter Höflichkeit behandelt wurde. Schließlich erhob sich der Offizier, bedankte sich für das interessante Gespräch, rief den Chauffeur, und gegen drei Uhr morgens konnte ich versuchen, wieder einzuschlafen.

Andere Länder, andere Sitten! – Nur daß in diesem Fall die »anderen Sitten« in unserem Lande praktiziert wurden und daß uns nichts anderes übrig blieb, als sie zu akzeptieren. Wenn man nun noch bedenkt, daß ich meist wenigstens einmal in der Woche – manchmal auch öfter – in irgendeiner Stadt der DDR einen Vortrag zu halten hatte, daß ich am Nachmittag mit einem Wagen – diesmal mit deutschem Fahrer – abgeholt wurde, daß ich meist erst nach Mitternacht zurückkam, kann man verstehen, daß Lotte – die immer das Schlimmste erwartete – aus dem Zittern um mich nicht herauskam und daß ihre Nerven manchmal dem Zerreißen nahe waren.

Im Gegensatz zu diesen aufregenden Ereignissen verlief das erste Halbjahr 1949 in Kleinmachnow verhältnismäßig friedlich. Natürlich versuchte die SED, wo sie konnte, uns Schwierigkeiten zu machen, und ich mußte immerzu

irgendwelche Streitfälle, Verdächtigungen, Angriffe in Ordnung bringen. Aber das war schon mein tägliches Brot und reine Routine geworden.
Besonderen Ärger hatten wir eigentlich nur mit der Kleinmachnower Ortsgruppe der FDJ, die keine Gelegenheit ausließ, sich an der CDU und besonders an mir zu reiben. Als ich z. B. einmal gegen das Absingen des berüchtigten Thälmannliedes in der Eigenherdschule protestiert hatte und diesen Protest an unserem Schwarzen Brett öffentlich aushängen ließ, gingen die Wogen sehr hoch. – Unserm lieben CDU-Landrat Siebenpfeiffer hingegen wurde die »Ehrenmitgliedschaft« in der FDJ-Ortsgruppe Kleinmachnow angeboten, und er nahm sie sogar an.
Unsere Ortsgruppe selbst entwickelte sich prächtig. Wir veranstalteten regelmäßig gutbesuchte Mitgliederversammlungen. Wir besaßen in unserer Geschäftsstelle eine politische Bücherstube. Wir machten Schulungsabende, denn wir hatten ja schließlich die »Karl-Marx-Hochschule« in der Hakeburg und mußten uns in allen Versammlungen mit gutgeschulten Studenten und Professoren dieser Hochschule herumschlagen. Wir machten auch jeden Monat ein Tanzfest, auf dem nicht nur die Jugend eifrig das Tanzbein schwang, sondern auf dem auch die »Alten« – und für mich Endvierziger war damals ein Sechzigjähriger schon altes Eisen! – in modernen Tänzen »geschult« wurden. Es war rührend mit anzusehen, mit welchem Eifer sie sich mühten, die modernen Tanzschritte zu lernen.
Unsere Jugendgruppe aber war die Hauptattraktion des Ortsvereins, und ich möchte beinah behaupten: Kleinmachnows. Wir hatten etwa 30 Jugendliche im Alter um 20, die nicht nur fröhlich feierten, nicht nur zu jeder Arbeit für die Ortsgruppe bereit waren, nicht nur Musicals aufführten, tanzten und musizierten, sondern auch zu jedem Unfug aufgelegt waren. – So wurde ich in der Walpurgisnacht 1949 – der Nacht vom 30. April zum 1. Mai – kurz nach Mitternacht aus dem Schlaf aufgeschreckt, weil unter meinem Fenster ein dreißigköpfiger Chor lauthals »Der Mai ist gekommen« sang und stürmisch verlangte, mit Alkohol traktiert zu werden, was auch geschah.
Am Morgen eines anderen Tages wollte unser Bürgermeister sein Haus verlassen, konnte es aber leider nicht. In der Nacht hatten Gespenster eine große Zinkbadewanne vor die Eingangstür seines Hauses gestellt und mit Wasser gefüllt. Die Entleerung war gar nicht so einfach.
Eines Morgens wunderte sich Frau Vulpius – von der ich schon erzählt habe – darüber, daß ihr Kirschbaum, der am Abend zuvor noch voller Kirschen gewesen, in der Nacht ratzekahl geplündert worden war. Ihr Sohn Axel gehörte – ebenso wie Horst und Rosmarie – zu unserer Jugendgruppe, die natürlich der Übeltäter gewesen war.
Die Ortsgruppe war auch nach außen sehr tätig. Alle Ausschüsse der Gemeindeverwaltung waren mit zuverlässigen Mitgliedern besetzt, und wir waren im Antifa-Block, im Demokratischen Frauenbund, im Kulturbund usw.

vertreten. Ich erfuhr alles, was sich irgendwo in Kleinmachnow ereignete, unverzüglich. Ich war sogar das Jahr 1949 über der Vorsitzende des Orts-Antifa-Ausschusses[72] Kleinmachnows.

Besonderer Beliebtheit unter den Kleinmachnower Bürgern erfreuten sich unsere abendlichen Kammermusikabende, die wir im »Birkenwäldchen« an der Eigenherdschule veranstalteten. Das erste fand bei schönstem Wetter im Juni 1949 statt. Eine Kammermusikvereinigung und ein Laienchor musizierten bei einbrechender Abenddämmerung unter freiem Himmel, ringsum lagerten im Grase Hunderte von Kleinmachnowern, die sich nur zu gern einmal für eine Stunde aus dem harten, illusionslosen Alltag der SBZ in die Träume von Mozarts »Kleiner Nachtmusik« entführen ließen. Man muß sich die damalige Zeit in Erinnerung rufen, um ermessen zu können, was eine solche Veranstaltung für die Menschen bedeutete. – Schweigend und mit feuchten Augen gingen sie auseinander.

Auf allgemeines Bitten mußten wir im August ein weiteres Konzert veranstalten. Natürlich war jedesmal vorher ein Antrag auf Genehmigung an den Rat des Kreises Teltow, Abt. VII Volksbildung, zu stellen. Aber unser Antrag konnte nicht gut abgelehnt werden, und unter den Zuhörern waren auch zahlreiche SED-Mitglieder. – Unser zweites Konzert fand sogar ganz offiziell am Vorabend der Goethefeier und der Friedenswoche, am 27. August 1949, statt. Der Vorsitzende der SED-Ortsgruppe Kleinmachnows verlangte von mir, daß ich bei meiner Begrüßung doch einige Worte über den Frieden sagen müsse. Ich tat es, fand aber erstaunlicherweise nicht seinen Beifall – dafür aber den der Kleinmachnower.

Im September 1949 aber kam es dann beinah zu einer Saalschlacht in Kleinmachnow. Für die 36. Sitzung der Gemeindevertretung hatte die SED einen Antrag auf Änderung von Straßennamen in Kleinmachnow eingebracht. Es handelte sich um die Umbenennung der größeren Straßen, die seit der Besiedelung Kleinmachnows diesseits des Teltowkanals poesievolle Namen trugen wie: Hakenheide, Ginsterheide, Hohe Kiefer, Uhlenhorst, Elsternstieg, Meiereifeld, Im Kamp, Wolfswerder usw. – Nun sollten sie in Ernst-Thälmann-Straße, Karl-Liebknecht-Straße, Rosa-Luxemburg-Straße usw. umbenannt werden. Das war ein offener Affront für einen Ort, der zu 76 Prozent CDU gewählt hatte.

Natürlich war der Hintergedanke dabei, die CDU in die unangenehme Lage zu bringen, die Ablehnung der »Ehrung für verdiente Kommunisten« in öffentlicher Sitzung zu begründen. Da konnten wir leicht in Konflikt mit der SMA kommen.

Wir hatten – wie vor jeder Sitzung der Gemeindevertretung – in einer Fraktionssitzung die Tagesordnung vorbesprochen und waren uns einig, daß der Antrag der SED mit unserer absoluten Mehrheit – 23 zu 7 – abgelehnt werden müßte. Ich sollte für die Fraktion die Ablehnung begründen.

Als ich den Versammlungsraum betrat, fiel mir sofort auf, daß die ersten Reihen der Zuhörerbänke mit mir unbekannten, ortsfremden, muskelstarken Männern besetzt waren. Mein Eintreffen wurde mit Gemurmel begrüßt, sozusagen: »Det isser!« – Ich beachtete die fremden Männer nicht, ging zu Alfred Ansorge, dem Gemeindeverordnetenvorsteher, und besprach mit ihm die offensichtlich bedrohliche Lage. Wir vereinbarten einen zügigen Ablauf der Tagesordnung, um die auf Klamauk eingestellte Hilfstruppe der SED gar nicht erst zum Zuge kommen zu lassen.

Unser braver Geschäftsführer Kurt Banse eilte aus dem Saal, schwang sich aufs Rad, fuhr nach Hause und kam mit einer Hundepeitsche – im Jackenärmel versteckt – wieder. Er sollte sie nicht brauchen.

Der Tagesordnungspunkt 1 »Umbenennung von Straßen« wurde aufgerufen und von dem ehemaligen Bürgermeister Casagranda im Namen der SED-Fraktion begründet. Er sprach voller Pathos über die dringend notwendige Ehrung verdienter Vorkämpfer des Kommunismus gerade in Kleinmachnow, das einen so schlechten Ruf habe. Er forderte die CDU-Fraktion auf, einstimmig für den SED-Antrag zu stimmen. – Erwartungsvolle Stille im Saal. Man hörte die Spannung förmlich knistern.

Ich meldete mich zu Wort. In diesem Augenblick begann der Tumult. Die fremden Männer sprangen von ihren Sitzen auf, schrien, gestikulierten und gebärdeten sich wie Wilde. – Lotte saß mit ihrem Bruder Hermann zwischen den Zuschauern und sagte mir hinterher, man habe von meiner Rede kein Wort hören können. Man habe nur gesehen, wie ich die Lippen bewegte.

Ich ließ mich nicht beirren, begründete unsere Ablehnung damit, daß wir natürlich nichts gegen verdiente Kommunisten hätten, daß uns aber an der Erhaltung der alten Straßennamen gelegen sei, die in Kleinmachnow eine gute Tradition hätten. Kein Kleinmachnower Bürger würde eine solche Umbenennung verstehen. Die CDU habe nichts dagegen, wenn Straßen, die noch keinen Namen hätten, oder neu entstehenden Straßen später solche Namen gegeben würden. – Dann gab ich dem Vorsteher das verabredete Zeichen und setzte mich wieder.

Das Gebrüll der wilden Männer steigerte sich zum Orkan. Der CDU-Gemeindevertreter Hadamik erhob sich vereinbarungsgemäß und beantragte: »Schluß der Debatte!« – Ansorge schaltete sofort, ließ über den Antrag abstimmen, der mit unserer Mehrheit angenommen wurde. Dann wurde ohne Pause über den Tagesordnungspunkt 1 abgestimmt. Die SED war natürlich dafür – die CDU dagegen. Ansorge stellte fest: »Der Antrag ist abgelehnt!« – Bevor die Männer im Saal überhaupt begriffen hatten, was sich ereignet hatte, war der Fall gelaufen.

Die Männer brüllten weiter, weil sie dachten: »Jetzt kommt's!«. – Ansorge bat um Ruhe. Keiner hörte ihn. – Ansorge sagte: »Die Sitzung ist unterbrochen!« und setzte sich. Ich holte eine Zeitung vor und las. – Keiner im Saal

wußte recht, was los war. Wie ich später von früheren SPD-Mitgliedern hörte, hatte man bei der SED damit gerechnet, daß wir die Polizei holen würden, um den Saal räumen zu lassen. Dann sollte die »Saalschlacht« losgehen. Nun ereignete sich aber gar nichts. Das Gebrüll flaute langsam ab. Dann setzten sich die aufgeregten Männer etwas verlegen und unsicher wieder. Ruhe trat ein. Ansorge stand auf und sagte gleichmütig: »Die Sitzung ist wieder eröffnet! Ich rufe Punkt 2 der Tagesordnung auf!« – Die Sitzung ging ungestört zu Ende.
Am nächsten Morgen aber mußten die Kleinmachnower feststellen, daß alle Schilder derjenigen Straßen, deren Umbenennung von der SED beantragt worden war, in der Nacht dick mit Teer überstrichen worden waren. – Die FDJ hatte ihre Auffassung von Demokratie dokumentiert.
Diese Gemeindevertretersitzung hatte noch ein recht amüsantes Nachspiel. – Etwa eine Woche später erhielt ich einen Brief, der unterschrieben war vom Vorsitzenden der Betriebsgewerkschaftsleitung eines kleineren Industriewerkes in Teltow. In dem Brief wurde mir mitgeteilt, daß die Belegschaft des Werkes in einer Betriebsversammlung mit Empörung von meinem Verhalten auf der Gemeindevertretersitzung Kenntnis genommen und einstimmig beschlossen habe, daß ich mich vor der Belegschaft für mein »kriegshetzerisches Verhalten« verantworten solle.
Der Brief war auf der Geschäftsstelle eingegangen, und unser Geschäftsführer brachte ihn mir. Ich sagte zu ihm: »Keine Zeit verlieren! Holen Sie Ihr Fahrrad, wir fahren sofort zu der Fabrik und verlangen, uns vor der Belegschaft verantworten zu dürfen.« – Gesagt, getan! – Wir kamen kurz vor Betriebsschluß in der Fabrik an, und ich verlangte, den Vorsitzenden der Betriebsgewerkschaftsleitung zu sprechen. Der war nach Berlin gefahren. Aber ein anderes Mitglied empfing uns. Ich verlangte unter Vorlage des Briefes, den er gar nicht kannte, die sofortige Einberufung einer Betriebsversammlung. Er ließ sich düpieren, und die etwa 50 Arbeiter und Arbeiterinnen der Fabrik wurden, kurz bevor sie nach Hause gehen wollten, zu einer Betriebsversammlung zusammengetrommelt.
Sie kamen mit mürrischen Gesichtern höchst unwillig angeschlichen, weil sie verständlicherweise vermuteten, daß wieder einmal irgendein Gewerkschaftsbonze gekommen sei, um sie zu schulen. Ich stand also in der Mitte eines Maschinensaales, ringsum saßen die Arbeiter auf den Maschinen oder standen herum und sahen mich feindselig an. Ich sprach erst etwa fünf Minuten über »echte« Demokratie, nicht über die ihnen sonst gebotene »reale«, und es gelang mir, ihre Aufmerksamkeit zu erwecken. Dann holte ich den Brief hervor, verlas ihn und erklärte, daß ich gekommen sei, um mich als CDU-Vorsitzender von Kleinmachnow vor ihnen zu verantworten.
Die Arbeiterinnen und Arbeiter guckten sich an, schüttelten die Köpfe, wußten nicht, wovon ich sprach, bis einer aufstand und zu mir sagte: »Hier hat

keine Betriebsversammlung stattgefunden. Worum geht es eigentlich?« – Na, nun hatte ich natürlich Oberwasser und legte los. Ich erzählte ihnen von dem Antrag der SED in Kleinmachnow und von unserer Ablehnung und fand ihre volle Zustimmung. Schließlich wandte ich mich an den eine höchst klägliche Figur machenden Vertreter der Betriebsgewerkschaftsleitung und bat ihn sehr höflich, diesen merkwürdigen Fall aufzuklären. Der erklärte stotternd, daß er den Brief des Vorsitzenden nicht kenne und – und – das Weitere ging im Gelächter der Arbeiter unter. Ich verlangte eine schriftliche Erklärung, und unter lebhaftem Beifall für mich ging die Versammlung zu Ende.
Ich wollte gerade auf mein Fahrrad steigen, um mit Banse wieder nach Kleinmachnow zurückzufahren, als ein baumlanger Arbeiter auf mich zutrat, mir liebevoll die Faust gegen die Brust stieß, daß ich beinah umkippte, und sagte: »Du bist doch ein doller Kerl!« – Ich bekenne, daß ich niemals vorher oder nachher ein schöneres Lob gehört habe! – Natürlich schwieg sich die Betriebsgewerkschaftsleitung aus, und damit war dieses Erlebnis beendet.
Und nun zum Schluß dieses Kapitels ein historisches Ereignis: Josef Wissarionowitsch Dschugaschwili, genannt Stalin, wurde am 21. Dezember 1949 70 Jahre alt, und die DDR schickte sich an, den »großen Führer der Arbeiterklasse« gemeinsam mit der SKK zu feiern.
In Potsdam war alles eingeladen, was Rang und Namen hatte. Die offizielle Feierstunde sollte im Saal des Landtages stattfinden. Das Präsidium des Landtages saß – wie gewohnt – auf der Empore. In der ersten Reihe, wo sonst die Fraktionsvorstände der Parteien saßen, prunkte die sowjetische Generalität mit goldverzierten Uniformen, mit sechs bis acht Reihen Orden und mit Seidenhemden. Aus den Ärmeln der Uniformjacken ragten Spitzenmanschetten hervor. Für einen deutschen Soldaten ein ungewohnter Anblick. Dahinter saßen die Mitglieder der Landesregierung, die Landräte, die Vorstände der Verbände und Parteien und was sich noch so an Massenorganisationen im Lande Brandenburg wichtig machte. Die letzten Stuhlreihen waren ausgeräumt worden, um für eine sowjetische Militärkapelle Platz zu gewinnen. – Reden wurden geschwungen, die Deutschen übertrafen die Sowjets weitaus in ihren Lobhudeleien. Zum Schluß erklang die sowjetische Nationalhymne. Dann war die Feier vorbei, und für mich begann ein höchst amüsantes Abenteuer.
Bevor ich erzähle, muß ich zum besseren Verständnis von einem Erlebnis einer Vorstandssitzung des CDU-KV Teltow berichten.
Eine goldene Repetieruhr, Eigentum meines Urgroßvaters, des Generalarztes Dr. Benjamin Müller, die er an einer langen goldenen Kette – auch während der Freiheitskriege – trug, ist samt Kette auf mich überkommen. Seit 1945, nachdem meine eigenen Uhren von den Russen gestohlen worden waren, pflegte ich Uhr und Kette meines Urgroßvaters zu tragen.

Auf dieser Vorstandssitzung brach unser Geschäftsführer Karl Schmelz in heftige Vorwürfe gegen uns andere Vorstandsmitglieder aus – besonders gegen die »Akademiker« –, weil sie ihn, einen »einfachen Arbeiter«, mißachteten. Die Vorwürfe waren unberechtigt, da Schmelz als zuverlässiger Mitarbeiter von allen hochgeschätzt wurde. Sie entsprangen nur einem gewissen Minderwertigkeitsgefühl. – Aber die Reaktion der Vorstandsmitglieder war überraschend. Sie – an der Spitze Dr. Dr. August Kayser – enthüllten plötzlich alle ihre proletarischen Vorfahren und überschlugen sich in der Verleugnung ihrer bürgerlichen Existenz. Alle wollten »Arbeiterkinder« sein.
Ich habe bestimmt nichts gegen Arbeiter – ich habe sie in meiner Soldatenzeit als beste Kumpel kennen- und schätzengelernt. – Aber ich bin nun mal ein Bürger und kann keine Arbeiter in meinem Stammbaum ausfindig machen.
Ich beteiligte mich also nicht an diesem proletarischen Striptease, sondern stand unbemerkt auf, setzte mich allein an einen anderen Tisch, zog meine Uhr hervor und ließ sie – wie selbstvergessen – repetieren. Allmählich ebbte das Gespräch ab, Herr Schmelz war versöhnt, und man sah sich nach mir um. Dann kamen die anderen nacheinander an meinen Tisch und bewunderten das zarte Klingeln. Auf die Frage, woher ich diese Uhr habe, erwiderte ich »harmlos«: »So was hat man, wenn man keine proletarischen Vorfahren hat!« – Ich weiß, die Bemerkung war bösartig, aber ich war gereizt.
Es wird gleich klarwerden, warum ich diese Geschichte erzählt habe. – Als die Feierstunde im Plenarsaal des Landtages vorüber war und alles auseinanderströmte, ging ich zunächst ins Fraktionszimmer der CDU zurück. Dort war niemand. Mir fiel ein, daß im Zimmer des Landtagspräsidenten vielleicht Briefe liegen könnten, die ich als Schriftführer mitunterzeichnen mußte. Ich schlenderte also ins Zimmer des Präsidenten hinüber. Ebert war nicht da. Tatsächlich aber lagen einige Unterschriftsmappen bereit. Ich setzte mich also an den Präsidentenschreibtisch und unterschrieb Briefe.
Neben dem Arbeitszimmer des Präsidenten lag noch ein kleiner Sitzungsraum, zu dem eine Tür führte. Hinter der geschlossenen Tür hörte ich lautes Stimmengewirr. Neugierig machte ich die Tür auf und sah mich einer Gesellschaft von etwa 20 Personen gegenüber: mir bekannte deutsche Kommunisten und sowjetische Offiziere, die ich nicht kannte. Es handelte sich offenbar um eine interne Nachfeier, bei der heftig getrunken wurde und bei der ich höchst unerwünscht war. – Aber was half's! Ich war nun mal da!
Unter den Offizieren war ein General, neben dem sein Adjutant, ein Oberleutnant, saß. Der General erhob sich bei meinem Eintreten, wandte sich an den Adjutanten und fragte offensichtlich, wer ich sei. Dann trat er auf mich zu und begrüßte mich auf das höflichste. Den Herren Kommunisten war die Situation denkbar unangenehm, sie waren alle verstummt und starrten mich an. Der General ließ durch den Adjutanten dolmetschen: »Herr Dr. Bloch, ich freue mich, Sie kennenzulernen. Ich habe schon viel von Ihnen gehört:

Gutes, aber auch Schlechtes.« – Ich erwiderte ebenso höflich: »Herr General, auch ich freue mich, Sie kennenzulernen. Besonders aber freut mich, daß Sie nicht nur Gutes über mich gehört haben, sondern auch Schlechtes. Denn diejenigen, von denen Sie nur Gutes hören, pflegen nicht die Aufrichtigsten zu sein.« – Der Adjutant übersetzte, der General sah mich sehr prüfend an, dann begann er zu lächeln, gab mir die Hand und bat mich in gebrochenem Deutsch, neben ihm am Tisch Platz zu nehmen.
Während der General sich um das obere Ende des Tisches herumzwängte, um zu seinem Stuhl zu kommen – der Tisch stand so, daß die eine Stuhlreihe direkt an der Wand stand –, befand ich mich noch in einiger Entfernung, mit dem Gesicht zum General, der mir zuwinkte, ihm zu folgen. Da fiel sein Auge auf die lange goldene Kette, die ich um den Hals trug und die hinunter bis zur Uhrentasche in die Hose reichte. Er fragte mich, was ich da habe. Ich dachte bei mir: Jetzt ärgere ich die Genossen! und antwortete, indem ich die Uhr hervorholte und repetieren ließ: »Dies ist ein Souvenir, Herr General!« – »Oh, Souvenir!« sagte der General bewundernd. – »Ja«, fügte ich hinzu, »diese Uhr und diese Kette trug mein Urgroßvater in dem großen Kriege, in dem die tapferen preußischen und russischen Soldaten verbündet waren und gemeinsam Napoleon besiegten.«
Jetzt war der Teufel los! Der General wußte sich vor Begeisterung nicht zu fassen, zog mich an seine Seite, nahm ein Stück Brot, brach etwas davon ab und legte es auf meinen Teller. – Das ist das höchste Zeichen von Freundschaft, das ein Russe zeigen kann.
Dann unterhielt sich der General eifrig mit mir, fragte nach meiner Familie und sagte, daß er auch verheiratet sei. Er holte das Bild seiner »Mamuschka« aus der Brieftasche und begann – nach guter russischer Art – rührselig zu werden. Auch der Wodka war daran schuld! – Ich holte meinerseits eine Fotografie von Lotte hervor und zeigte sie dem General. »Oh, hübsche Frau!« schrie er begeistert, stand auf und sagte: »Wir trinken auf das Wohl von Frau von Dr. Bloch!« – Meine lieben kommunistischen Freunde mußten wohl oder übel mit anstoßen!
Dann aber wollten sie mich reinlegen. Sie begannen vom 1. Mai 1945 zu erzählen und was jeder von ihnen an diesem Tage Großartiges erlebt habe. Es waren alles natürlich rührende Geschichten von Verbrüderungen mit den sowjetischen Soldaten. – Und dann fragten sie hämisch: »Und wie haben Sie diesen Tag verlebt, Herr Dr. Bloch?« – Ich grinste in mich hinein und dachte bei mir: als erzwungener sowjetischer Agent und Freund der Roten Armee! Aber das laut zu sagen, war wohl nicht ratsam. Vielmehr erinnerte ich mich des Erlebnisses mit den beiden russischen Soldaten vor Gewehr, die mir den Eingang in die Villa, in der ich Klavier spielen sollte, verweigerten. Ich erzählte also, wie diese beiden einfachen russischen Soldaten auf meine Bemerkung, ich sei Artist, sofort gesagt hätten: »Oh, Artist – Tannhäuser – Wal-

küre!« und fügte hinzu: »Wie schön wäre es, wenn auch deutsche Soldaten sofort die Titel von zwei russischen Opern nennen könnten. Die gegenseitige Kenntnis der Kultur unserer beiden Länder könnte eine Brücke der Freundschaft . . . usw., usw.«
Nun war der Höhepunkt der Begeisterung erreicht. Der General ließ alle auf mein Wohl trinken und fragte mich dann, ob ich Rußland kenne. Ich verneinte wahrheitsgemäß, fügte aber hinzu, daß ich es gern kennenlernen würde. – Der General schrie: »Sie müssen mich besuchen! Sind Sie Jäger?« Ich verneinte. Er sagte: »Tut nichts. Ich lade Sie nach Rußland ein!« – Da ritt mich der Teufel. Ich erwiderte: »Vielen Dank, Herr General! Ich nehme die Einladung gerne an. Aber ich bin kein Freund der großen Städte. Ich liebe die Weite, die Stille und die Wälder. Ich möchte nicht Moskau oder Leningrad sehen. Ich möchte Sibirien kennenlernen.« – »Ich lade Sie nach Sibirien ein«, schrie der General, »und Sie werden jagen lernen – mit mir!«
Der Nachmittag ging äußerst feucht-fröhlich und turbulent zu Ende. Es war schon ein großartiges Erlebnis, das sich bald in Potsdam herumsprach.
Aber Sibirien habe ich nicht kennengelernt! – Auch Generäle haben zuweilen ein schlechtes Gedächtnis. Was ja wohl letzten Endes gut ist!

9. Kapitel

Das bittere Ende 1950

Die vorigen Kapitel habe ich mit Berichten über die ernsthaften politischen Geschehnisse in der SBZ und der DDR begonnen und mit meinen persönlichen lustigen Erlebnissen beendet. – Dieses Kapitel beginne ich mit einem Possenspiel, dafür klingt es dramatisch aus.
Das Possenspiel war der »Staatsbesuch« des Präsidenten der DDR, Wilhelm Pieck, in Potsdam. Pieck hatte die übrigen vier Länder der DDR schon zuvor mit seinem Besuch beehrt, hatte überall die gleiche Rede gehalten, und dem Manuskript, das er bei uns aus der Tasche zog, konnte man ansehen, daß es schon etwas abgenutzt war. Im großen Saal des Regierungsgebäudes war eine lange U-förmige Tafel gedeckt. Wieder – wie bei Stalins 70. Geburtstag – war alles geladen, was in Brandenburg Rang und Namen hatte.
An der Stirnseite der Tafel saßen drei Präsidenten: in der Mitte der still vor sich hinlächelnde Pieck, gütig, wie es einem Landesvater zukommt. Rechts von Pieck saß der neue Ministerpräsident Rudi Jahn. (Dr. Steinhoff war Mitglied der DDR-Regierung geworden.) Links von Pieck saß der neue Landtagspräsident Otto Meier. (Ebert war Oberbürgermeister von Berlin-Ost geworden.) – Drei etwas verlegen wirkende, gutartige ältere Herren. Es war ein lustiger Anblick! – An den Längsseiten saß das »Volk«, ich übrigens gegenüber von Karl Eduard von Schnitzler, dem berüchtigten Fernsehreporter der DDR.
Die Veranstaltung fand am Nachmittag statt. Es gab also kein großes Essen, sondern Kaffee und Kuchen. Wir warteten auf die Rede des Herrn Präsidenten der Republik. Aber wir mußten uns gedulden. Vor dem Palais sollte nämlich die FDJ der Stadt Potsdam und Umgebung aufmarschieren, um ihrem geliebten Landesvater zuzujubeln. Die drei freundlichen älteren Herren erhoben sich daher, nachdem sie ihren Kaffee ausgetrunken hatten, wie auf Kommando von ihren Stühlen, gingen einer hinter dem andern – in der Mitte der Staatspräsident – kopfnickend und uns liebenswürdig zulächelnd an der Längsseite des Tisches entlang zur Tür und entschwanden nach draußen, um sich feiern zu lassen.
Wenige Minuten später kamen sie in der gleichen Reihenfolge zurück. Wie-

derum nickten sie mit den Köpfen und lächelten freundlich nach allen Seiten, während sie den gleichen Weg hin zu ihren Plätzen schritten und sich setzten. Nur Ministerpräsident Jahn blieb stehen und erklärte uns, daß die FDJ leider noch nicht versammelt sei und daß der Staatspräsident daher jetzt zunächst einmal seine Ansprache halten werde. Der Ministerpräsident setzte sich, der Staatspräsident erhob sich, zog sein zerknittertes Manuskript aus der Brusttasche und verlas seine Standardrede.
Mitten während der Rede kam ein Mann eilig in den Saal gelaufen, ging zum Ministerpräsidenten und flüsterte ihm etwas ins Ohr – wir konnten es alle verstehen: die FDJ sei nun versammelt! Jahn schüttelte heftig den Kopf, wies auf Pieck und legte den Finger an die Lippen. – Der Mann verschwand wieder, und Pieck beendete seine ziemlich lange Ansprache. Dann wiederholte sich das Schauspiel: Die drei freundlichen älteren Herren erhoben sich erneut von ihren Plätzen, schritten wiederum liebenswürdig lächelnd und kopfnickend im Gänsemarsch an der Längsseite der Tafel entlang und entschwanden unseren Augen. – Es war ein Anblick zum Bemitleiden.
Dieses Mal aber blieben wir Gäste nicht auf unseren Plätzen sitzen. Das Kaffeetrinken und die Rede von Pieck machten Bewegung erforderlich. Wir gingen also hinter den drei Präsidenten her, die zu einer Galerie gegangen und auf einen langen Balkon hinausgetreten waren. Es war Januar. Das Wetter war schlecht. Es dunkelte schon, und ein leichter Nieselregen verschleierte den Platz vor dem Regierungsgebäude.
Der FDJ war die Zeit zu lang und das Wetter zu unfreundlich geworden – der größte Teil war bereits wieder nach Hause gegangen. Ich stand zufällig neben Pieck, der sichtlich fror und sich ungemütlich fühlte. Da begann das kleine Häuflein dort unten auf dem Platz das FDJ-Lied zu singen – mehr schlecht als recht. Pieck sagte zu mir: »Singen können sie auch nicht!«, drehte sich brüsk um und verschwand. Der Staatsbesuch war beendet. Es war eine erhebende Versammlung gewesen!
Nun zu ernsteren Dingen. – Ich habe im vorigen Kapitel bereits angedeutet, daß ich nach der Gründung der DDR entschlossen war, nicht länger schweigend mitzumachen, sondern auf Biegen und Brechen offen zu rebellieren. Ich hatte das bereits Ende 1949 auf dem Leipziger Parteitag begonnen. Zu Beginn des Jahres 1950 wurde ich auf dreierlei Weise aktiv: Ich legte in der Sitzung der CDU-Fraktion des Brandenburger Landtages ein »21-Punkte-Programm« vor, ich sprach mich auf einer Umsiedlerversammlung in Kleinmachnow öffentlich gegen die freiwillige Anerkennung der Oder-Neiße-Grenze aus, ich bezeichnete in etwa 20 öffentlichen Versammlungen die Gründung der DDR als einen »Staatsstreich«. Mit allen drei Äußerungen handelte ich mir viel Ärger ein und wurde in der Presse heftig angegriffen.
Das »21-Punkte-Programm« ist offenbar im Wortlaut nicht mehr vorhanden. Ich nehme an, daß wohlwollende Freunde es rechtzeitig aus den Akten der

Fraktion entfernt haben. Jedenfalls war es so scharf gehalten, daß selbst meine Freunde nicht bereit waren, es anzunehmen, sondern eine Abmilderung der Formulierungen vorschlugen.
Dieser Programmvorschlag war im Grunde nur eine parteiinterne Angelegenheit. Dennoch griff die »Märkische Volksstimme« ihn am 8. März 1950 in einem Artikel auf, der die Überschrift trug: »Bloch-Politik mit ihren Hintergründen«, und zerpflückte ihn gründlich. Aus dieser übelwollenden Kritik ist wenigstens einiges über den Inhalt meines 21-Punkte-Programmes indirekt zu entnehmen: Ich habe die Abschaffung der Wirtschaftsstrafverordnung verlangt – ich habe gegen Unrecht und Willkür auf allen Gebieten, besonders aber im Bereich des sozialistischen Erziehungswesens, polemisiert – ich habe erklärt, daß die Regierung der DDR weder auf wirtschaftlichem noch auf kulturellem oder politischem Gebiet berechtigt sei, gesetzgeberische Veränderungen zu beschließen, bevor sie nicht durch die für den 15. Oktober 1950 in Aussicht gestellten Wahlen legalisiert worden sei. – Das war natürlich starker Tobak, und mein Parteiausschluß wurde den verantwortlichen CDU-Vorständen in der DDR und in Brandenburg von der »Märkischen Volksstimme« dringend ans Herz gelegt.
Beinah noch größeren Wirbel aber verursachte die Umsiedlerversammlung in Kleinmachnow. Natürlich sprach ich auf dieser Versammlung nicht nur über die Unterbringung und Eingliederung der Umsiedler, sondern schnitt auch die allen am Herzen liegende Frage an: »Was wird aus unserer Heimat?« Ich konnte selbstverständlich die Oder-Neiße-Grenze nicht offiziell angreifen, da sie von der Sowjetunion bereits als »unverrückbar« und von der SED als »endgültig« bezeichnet worden war. Die offizielle Anerkennung erfolgte erst später: Am 6. Juni 1950 unterzeichnete Ulbricht in Warschau ein Abkommen, in dem die »Friedens- und Freundschaftsgrenze an der Oder und Neiße« als unantastbare Grenze bezeichnet wurde, und Dertinger unterzeichnete als Außenminister der DDR im August 1950 in Görlitz einen offiziellen Grenzvertrag zwischen Polen und der DDR.
Ich habe in der Umsiedlerversammlung den etwa 100 Flüchtlingen und Vertriebenen aus den deutschen Ostgebieten – »Umsiedler« war die offizielle Sprachregelung! – mein volles Verständnis für ihren Kummer und ihre Sehnsucht ausgedrückt. Ich habe sie aber ermahnt, Politik nicht nur mit dem Herzen zu treiben, sondern den Verstand sprechen zu lassen und die Realität zu sehen. Ein Krieg wegen der deutschen Ostgebiete würde das Ende des deutschen Volkes bedeuten. Eine freiwillige Anerkennung der Oder-Neiße-Linie habe ich aber strikt abgelehnt und ausdrücklich erklärt, daß wir niemals auf dieses Land freiwillig verzichten könnten.
In der Vorstellungswelt der SED-Presse waren solche Worte ausgesprochene Kriegshetze, und sie wurden in zahlreichen Artikeln als solche gebrandmarkt.

Die Versammlungen, in denen ich die Gründung der DDR als einen Staatsstreich bezeichnete, brachten das Faß schließlich zum Überlaufen. Natürlich war ich nicht so töricht, offen gegen die Gründung der DDR zu polemisieren, sondern ich verwendete wiederum den »double-talk«. Ich begann meine Reden mit allgemeinen Ausführungen über die weltpolitische Lage, erwähnte den latenten Gegensatz zwischen Ost und West, wies auf die inzwischen erfolgte Gründung der Bundesrepublik Deutschland hin und lobte die Ermächtigung der Sowjetunion, das ihr unterstellte Gebiet aus dem Status einer Besatzungszone in den eines Staates zu entlassen. Ich erinnerte daran, daß ich es gewesen war, der auf dem Leipziger Parteitag der CDU zur Verteidigung der Verfassung der DDR aufgerufen hatte. Aber – nun kam das große »Aber«: eine verfassungsrechtliche Grundlage sei am Tage der Gründung der DDR – am 7. Oktober 1949 – nicht vorhanden gewesen, denn die gerade von mir so gelobte Verfassung des neuen Staates schreibe Wahlen zum Parlament zwingend vor. Und diese Wahlen hätten nicht stattgefunden. Daher sei zweifelsohne die Staatsgründung nicht legal gewesen.
Ich gab zu, daß die Gründung eines Staates durch einen autonomen Willensakt des Volkes nichts Erstmaliges in der Geschichte der Völker wäre. Aber ein solcher autonomer Willensakt des Volkes bleibe – auch wenn er vielleicht seine Eigengesetzlichkeit in sich selbst trage und neues politisches Recht schaffe – eben immer ein Staatsstreich.
Die SED-Presse brauchte erstaunlich lange, bis sie aufheulte. Erst im Februar 1950 begann das Kesseltreiben. Die Überschriften der gegen mich gerichteten Artikel lauteten: »Der Staatsstreich des Dr. Bloch« – »Dr. Bloch ist entlarvt« – »Empörung gegen Dr. Bloch« – »Wie lange noch?« – »Klare Entscheidung über Dr. Bloch gefordert!« – Es wurden Resolutionen veröffentlicht, die angeblich von entrüsteten Arbeitern in den Betrieben gefaßt worden waren, z. B. von dem VEM Keilberg in Finsterwalde, von der VVB LOWA in Wildau, von den Elektromechanischen Werkstätten in Dabendorf, von den Mitarbeitern der Post in Zossen usw., usw.
Auch in Kleinmachnow trat die Empörung der »Bevölkerung« sichtbar zutage. Eines Morgens mußte ich feststellen, daß auf dem Fahrdamm vor meinem Hause mit metergroßen Buchstaben in weißer Farbe geschrieben stand: »Agent Bloch raus aus Kleinmachnow!« Ich besitze eine Fotografie dieser »spontanen Äußerung des Volkszornes«. – Allerdings hatte ich in den nächsten Tagen Mühe zu verhindern, daß Kleinmachnower Hausfrauen mit Schrubbern und heißem Wasser versuchten, die Schmähschrift zu entfernen. Ich wollte, daß diese Kulturschande erhalten blieb, weil sie ja nicht mich blamierte, sondern die, die sie hingeschmiert hatten.
Ende Januar 1950 hatte die Führung der CDU zu überlegen begonnen, welche Konsequenzen sie aus den Erfahrungen des Leipziger Parteitages und aus den anhaltenden Schwierigkeiten mit der SED und der SKK zu ziehen

hätte. Die Moskauhörigen in der CDU formierten sich und gingen in breiter Front zum Angriff über.

Am 28. Januar 1950 tagte der »Politische Ausschuß der CDU der DDR« und faßte eine Entschließung, der sich ausdrücklich auch die CDU-Minister und CDU-Staatssekretäre in der DDR und in den Ländern anschlossen. Die erklärte Aufgabe dieser Entschließung war: in der eigenen Parteimitgliedschaft und in der Öffentlichkeit alle Zweifel über Ziele und Haltung der CDU zu beseitigen. Sie schloß mit einer Verpflichtung der verantwortungsbewußten demokratischen Kräfte, sich von allen feindseligen oder auch nur passiven Elementen freizuhalten, ihren Weg entschlossen und ehrlich zu gehen, Freundschaft mit der Sowjetunion zu pflegen und alle spalterischen, ausbeuterischen und aggressiven Kräfte und Mächte des Westens abzulehnen. Der letzte Satz lautete: »Der christliche Demokrat kann sich gegenüber diesen Kräften nicht neutral verhalten, er muß ihr Feind sein!«

Die CDU-Minister gingen noch einen Schritt weiter. Sie gaben in einem Regierungsbeschluß ausdrücklich ihre Zustimmung zur Gründung eines »Ministeriums für Staatssicherheit«. Über dessen Aufgabe konnte kein Zweifel bestehen: Es sollte »durchgreifen«. Die Losung hieß: Mithilfe bei Anschlägen gegen die »Demokratie« beginnt nicht erst mit der aktiven Mittäterschaft, sondern schon mit jeder stillen Ablehnung der Republik.

Am 5. Februar 1950 tagte auch der Erweiterte Hauptvorstand der CDU der DDR und bekannte sich aus »vollster Überzeugung« zu der Entschließung des Politischen Ausschusses – da sie ja nur eine Bestätigung der Beschlüsse von Erfurt und Leipzig sei. Der Hauptvorstand billigte auch ausdrücklich die »personellen Veränderungen« in den verschiedenen Landesverbänden als Ausdruck der Überwindung aller Zweideutigkeiten und Unklarheiten. – Es war die letzte Hauptvorstandssitzung, an der ich teilgenommen habe.

Was der Hauptvorstand unter »personellen Veränderungen« verstand, war in Wirklichkeit eine Hexenjagd gegen alle CDU-Funktionäre im Lande, die nicht auf die Linie Nuschke/Dertinger eingeschwenkt waren. Im Februar 1950 flohen 128 führende Mitglieder der CDU nach Berlin-West – darunter allein drei Minister[74]. Andere wurden verhaftet, verurteilt oder verschleppt. Ich war erstaunlicherweise noch nicht dabei. Dennoch schwankte der Boden unter meinen Füßen. Ein kleines Schlaglicht auf die Ungewißheit meiner Lage: Eines Tages war Georg Dertinger wieder einmal zu einer kleinen Kaffeevisite bei uns. Es war ein frostiger Februartag. Lotte ging mit dem Gedanken um, vor die Tür zwischen unserem Eßzimmer und dem Wohnzimmer einen Vorhang zu hängen, um die Zugluft besser abzuhalten. Dazu mußte sie neuen Vorhangstoff kaufen und fragte Dertinger, ob er ihr raten würde, das jetzt zu tun. Diese Frage hatte natürlich einen wohlberechneten Doppelsinn, und Dertinger verstand ihn. Sein Rat war: »Ich würde damit lieber noch etwas warten, Frau Bloch!« – Wir verstanden.

Ende Februar 1950 trat die SED auch in Kleinmachnow zum Großangriff an. Er richtete sich nicht direkt gegen mich – das traute man sich vielleicht noch nicht zu –, sondern gegen den CDU-Bürgermeister. Aber letztlich gemeint war ich.
Mein Sohn Horst hatte, bevor er mit dem Studium an der Humboldt-Universität in Berlin-Ost beginnen konnte, eine Zeitlang Artikel für die CDU-Zeitung »Märkische Union« in Brandenburg geschrieben. Am 9. Juli 1948 hatte die Zeitung unter der Überschrift »Blockpolitik zum Nutzen der Bevölkerung« einen solchen Artikel veröffentlicht. Darin heißt es in bezug auf die schwierige Versorgung Kleinmachnows mit Heizmaterial: »Die Gemeinde Kleinmachnow ist nun diesem Problem auf bemerkenswerte Weise zu Leibe gegangen. Man stellt hier hochwertiges Heizmaterial auf eigenem Grund und Boden her. Rohbraunkohle wird in Staubform bezogen und durch die neugegründete ›Kleinmachnower Wirtschafts- und Betriebs-GmbH‹ verarbeitet. Die fertige Kohle, die etwa die Form von Ziegelsteinen hat, steht den üblichen Braunkohlenbriketts an Heizwert kaum nach.« – Weiter heißt es: »Die ›Kleinmachnower Wirtschafts- und Betriebs-GmbH‹ wurde im April durch die besondere Initiative des CDU-Bürgermeisters ins Leben gerufen.« – Und zum Schluß: »So hat Kleinmachnow erneut einen Beweis seiner Aufbaufreudigkeit geliefert, und es soll ausdrücklich hervorgehoben werden, wie fruchtbar die Zusammenarbeit der Parteien im Aufsichtsrat verläuft.«
Also Zustimmung von allen Seiten für den neugewählten CDU-Bürgermeister Friedrich Gellert und gewaltige Vorschußlorbeeren im Jahre 1948. – Anderthalb Jahre später – im Februar 1950 – sah die Angelegenheit völlig anders aus. Die »Kleinmachnower Wirtschafts- und Betriebs-GmbH« hatte erhebliche Verluste erlitten, und nun wollte keiner schuld sein. Für die SED war das natürlich ein gefundenes Fressen, und sie stempelte den Bürgermeister zum Sündenbock. In einer Sitzung des »Antifaschistisch-Demokratischen Blocks« am 27. Februar 1950 erhob die SED gegen die CDU den Vorwurf der »wirtschaftlichen Sabotage«.
Die CDU-Mitglieder in der GmbH – an der Spitze der Bürgermeister –, die so übel verleumdet wurden, wandten sich um Hilfe an Dertinger, das neue Ortsgruppenmitglied! Dertinger empfahl, die Angelegenheit aus dem Parteienstreit in Kleinmachnow herauszulösen und weder im Ortsblockausschuß noch in der Gemeindevertretung behandeln zu lassen. Es sollte sofort ein Antrag an die »Zentrale Kommission für staatliche Kontrolle« gerichtet werden, um den Vorwurf der »wirtschaftlichen Sabotage« durch die verfassungsrechtlich dafür vorgesehene höchste Instanz der DDR prüfen zu lassen. – Der Antrag wurde gestellt.
Bevor aber die »Zentrale Kommission« zum Zuge kommen konnte, hatte die SED bereits durch die Kleinmachnower Gemeindevertretung eine lokale Prüfungskommission einsetzen lassen, die sofort ihre Arbeit aufnahm. Ihr

gehörten auch zwei CDU-Mitglieder an, die leider keinerlei politisches Gespür besaßen. – So konnte die Kommission ungehindert zu dem Ergebnis kommen, daß der Aufsichtsrat – an der Spitze der Bürgermeister – seiner Aufsichtspflicht nicht nachgekommen sei. Die Gesellschaft sei daher von privaten Geschäftsleuten, die Gesellschafter der GmbH waren, übers Ohr gehauen und um über 100 000 Mark geschädigt worden. An sich hatte ich mit der ganzen Angelegenheit nichts zu tun. Ich war weder an der Gründung der GmbH beteiligt gewesen noch im Aufsichtsrat vertreten. Aber ich war der Vorsitzende der CDU-Ortsgruppe, Mitglied der Gemeindevertretung und trug insoweit die Verantwortung für alles, was CDU-Mitglieder in Kleinmachnow taten. Außerdem fühlte ich mich natürlich moralisch verpflichtet, den in Bedrängnis geratenen Freunden zu helfen und mich schützend vor sie zu stellen. Damit aber geriet ich selber direkt in die Schußlinie.
Ich nahm an der schon erwähnten Sitzung des »Antifaschistisch-Demokratischen Blocks« teil und ergriff sehr energisch für meine Freunde Partei. Es entspannen sich heftige und lange Wortgefechte, in denen ich immer wieder auf die so unterschiedliche Beurteilung der Vorgänge in den Jahren 1948 und 1950 hinwies. Insbesondere versuchte ich klarzustellen, daß unter keinen Umständen von Böswilligkeit oder von schuldhaftem Versagen gesprochen werden könne, sondern daß höchstens Männer, die besten Willens waren, betrogen worden seien.
Es half alles nichts. Die SED ließ sich nicht davon abbringen, die Angelegenheit politisch aufzuzäumen. Ich zitiere aus dem Protokoll der Sitzung: »Wir wünschen endlich einmal klare politische Luft in Kleinmachnow und möchten, daß die CDU politisch eindeutig Stellung nimmt. – Jeder, der eine politische Funktion in unserer demokratischen Republik ausübt, trägt eine politische Verantwortung.« Das war klar auf mich gezielt. Und dann wurde der massive Vorwurf der »politischen Sabotage« ausgesprochen, der sich einen Monat später verhängnisvoll auswirken sollte.
Besonders kennzeichnend für die vergiftete Atmosphäre und die skrupellose Verleumdungskampagne gegen die CDU war z. B. ein Vorwurf, der in der Sitzung gegen den Vorsteher der Gemeindevertretung, Alfred Ansorge, erhoben wurde. Er wurde als westlicher Agent verdächtigt, weil er in der letzten Gemeindevertretersitzung freundliche Worte für das frühere Mitglied der Gemeindevertretung, Ernst Lemmer, gefunden hatte, der inzwischen nach Berlin-West übergesiedelt war. Ansorge mußte sich fragen lassen, ob er denn nicht die Tagespresse lese! (Gemeint war natürlich die SED-Presse!) Aus ihr ginge klar hervor, daß Lemmer ein Renegat und Spion sei.
Auch in Potsdam wurde es jetzt ernst, und hier richteten sich die Angriffe gezielt gegen mich. – Eines Tages, Ende Februar 1950, fuhr ich nach Potsdam, um in der »Alten Wache«, dem Sitz des LV Brandenburg der CDU, meinen Obliegenheiten als stellvertretender LV-Vorsitzender nachzukom-

men. Ich tat das mehrmals in der Woche. Bereits an der Eingangstür kam mir der Pförtner zitternd vor Erregung entgegengelaufen und beschwor mich, doch ja umzukehren und das Haus nicht zu betreten. Es sei von Arbeiterdelegationen besetzt, die Resolutionen gegen den »Kriegshetzer Dr. Bloch« bei sich trügen.
Ich beruhigte den aufgeregten Mann und fragte ihn, wo sich denn zur Zeit die Delegationen aufhielten. Er erwiderte, daß man ihnen gesagt hätte, ich sei nicht im Hause, und auch der LV-Vorsitzende und der LV-Geschäftsführer seien nicht anwesend. Nun säßen sie alle in einem Zimmer und warteten darauf, ihre Resolutionen irgend jemandem übergeben zu können.
Ich ging nicht in mein Zimmer, sondern in das Zimmer des abwesenden LV-Geschäftsführers, setzte mich hinter dessen Schreibtisch und rief seine Sekretärin, die auch sehr aufgeregt war. Ich beauftragte sie, den wartenden Delegationen zu sagen, daß der Landesgeschäftsführer jetzt gekommen sei und bereit sei, sie zu empfangen. Sie sollte eine Delegation nach der anderen hereinschicken.
Und dann kamen sie hereinspaziert, die sieben Delegationen, jeweils drei Mann stark – aber sonst schwach: harmlose BGL-Mitglieder von Potsdamer Betrieben, die morgens auf dem Wege zur Arbeit von SED-Funktionären abgefangen worden waren. Man hatte ihnen eine Resolution gegen den »Kriegshetzer Dr. Bloch« in die Hand gedrückt und sie zur »Alten Wache« geschickt. Da waren sie nun: weder aggressiv noch empört, höchstens etwas verlegen und verständnislos gegenüber dem ihnen zugemuteten Auftrag.
Ich bat die Herren, Platz zu nehmen, ließ mir ihre »Resolution« geben, las sie aufmerksam durch – es war jeweils der gleiche Text –, schüttelte bedenklich den Kopf und sagte dem Sinne nach: »Ich wußte gar nicht, daß unser stellvertretender Landesverbandsvorsitzender so ein böser Mensch ist!« – Und dann fragte ich sie: »Kennen Sie ihn eigentlich persönlich?« – Die Antwort kam zögernd und nicht sehr überzeugend, aber unisono: »Natürlich kennen wir den!«
Ich legte die Resolution vor mich auf den Schreibtisch und versicherte den Männern, daß ich tief beeindruckt sei. Sie würden von mir hören. Dann erhob ich mich, reichte jedem die Hand, und sie gingen sichtlich erleichtert, daß sie ihren Auftrag so reibungslos hatten erledigen können, zu ihren Arbeitsstätten. – Das wiederholte sich siebenmal!
Es war ein typisches Beispiel für »reale Demokratie«. – Aber ich kannte dieses Verfahren ja schon aus meinem Erlebnis mit den Arbeitern in Teltow im Herbst 1949.
Nun unternahmen meine Freunde in der Landtagsfraktion einen letzten Versuch, die Angriffe gegen mich zu stoppen. Sie vermittelten eine Unterredung zwischen dem »Politruk« der SED-Fraktion im Landtag, Willy Sägebrecht, und mir. Sägebrecht war schon mit 21 Jahren in die KPD eingetreten, Mit-

glied des preußischen Landtages gewesen und von 1933 bis 1945 durch Gefängnisse, Zuchthäuser und KZs geschleppt worden. Die Unterhaltung mit ihm war ebenso kurz wie erfolglos. Ich mußte ehrlicherweise sagen, daß ich niemals ein Kommunist werden würde und daß sich mein Verhalten nicht nach den Wünschen der SED, sondern nur nach meiner Überzeugung richten könne. – Damit war mein politisches Todesurteil gesprochen.
Dennoch ging wieder einige Zeit ins Land, ohne daß sich etwas tat.
Dann aber versammelte sich am 12. März 1950 der »Geschäftsführende Vorstand des LV Brandenburg der CDU« zu einer Sitzung, in der über mich zu Gericht gesessen wurde. Mein Ausschluß wurde von dem LV-Vorsitzenden Karl Grobbel beantragt, und ich wurde aufgefordert, den Sitzungsraum während der Abstimmung zu verlassen.
Nach kurzer Zeit wurde ich wieder hineingerufen, und mir wurde mitgeteilt, daß der »Geschäftsführende Vorstand« beschlossen habe, mich aus der CDU auszuschließen und aller Parteiämter zu entheben. – Ich verbeugte mich höflich und verließ das Haus. – Ich bin seitdem nicht wieder in Potsdam gewesen!
Bereits am 14. März 1950 veröffentlichte die »Märkische Volksstimme« einen Artikel unter der großen Schlagzeile: »Volksfeind Bloch ausgestoßen!« In dem Artikel konnte man lesen, daß ich wegen blockfeindlichen Verhaltens und Agententätigkeit aus der CDU ausgeschlossen worden sei und daß ich seit Jahren Wühlarbeit gegen die demokratische Ordnung betrieben hätte. Zum Schluß hieß es: »Dem Schädling Bloch ist das Handwerk gelegt!«
Im Verhältnis dazu ging die CDU-Zeitschrift »Märkische Union« recht sanft mit mir um. Da hieß es unter der Überschrift »Dr. Bloch aus der CDU ausgeschlossen« nur: »Der bisherige 2. Vorsitzende des CDU-Landesverbandes Brandenburg ist am Montag auf Beschluß des Geschäftsführenden Landesvorstandes wegen seines reaktionären Verhaltens ausgeschlossen worden. Bloch wurde aller politischen Ämter enthoben.«
Ich war nunmehr also Privatmann, blieb weiter in meinem Hause in Kleinmachnow wohnen und ging meiner beruflichen Tätigkeit nach, d. h., ich fuhr täglich vom Bahnhof Düppel nach Schöneberg und arbeitete im Verlag. Allerdings nahm ich meistens irgendeinen wertvollen Gegenstand aus meinem Hause mit nach West-Berlin – sicher ist sicher! Einmal fuhr ich mit dem Fahrrad zum Bahnhof Düppel, wobei ich die Vopokontrolle vor den Gleisen passieren mußte. Einmal hatte ich eine gerahmte alte Landkarte der Mark Brandenburg aus dem Jahre 1681, in Packpapier eingepackt, an der Lenkstange hängen. Der Vopo, der sonst nur gelangweilt herumstand, trat neugierig heran und fragte mich, was ich da habe. – Ich hielt gar nicht erst an, sondern sagte über die Schulter: »Eine Riesenschlange!« – Der Mann war so verdutzt, daß er mir nur fassungslos nachsah.
Im übrigen war ich in diesen Tagen eigentlich gar nicht besonders aufgeregt. Die Entscheidung war gefallen. Ich war im Grunde erleichtert. – Desto auf-

geregter waren die Kleinmachnower. Wenn mich einer auf der Straße erwischte, beschwor er mich, doch in Berlin-West zu bleiben und mich nicht der Gefahr auszusetzen, verhaftet zu werden.
Soweit war es aber noch nicht. Und die nächsten zwei Wochen sollten noch höchst spannend werden! – Zwei Tage nach meinem Parteiausschluß klingelte das Telefon: »Hier Dertinger.« – »Ja, Herr Minister?« – »Man hört ja gar nichts von Ihnen.« – »Wollen Sie denn was von mir hören?« – »Ja! Eigentlich erwarten wir was von Ihnen.« – »Soll ich das so verstehen, daß ich beim Hauptvorstand gegen den Ausschluß durch den Landesverband Brandenburg Einspruch erheben soll?« – »So sollen Sie es verstehen!« – »Sie haben morgen meinen Einspruch in Händen!«
Ich setzte mich sofort hin und legte schriftlich in aller Form Einspruch gegen meinen Ausschluß aus der CDU ein. – Schon wenige Tage später erhielt ich im Auftrag des Parteivorsitzenden Nuschke vom Außenminister der DDR, Georg Dertinger, eine Einladung zu einer Sitzung im Außenministerium, um über meinen Einspruch zu verhandeln.
Im kleinen Sitzungssaal des Außenministeriums waren versammelt: Dertinger als Vorsitzender – Karl Grobbel, der Vorsitzende des LV Brandenburg als Ankläger – ich als Angeklagter – Hans-Paul Ganter-Gilmans, Mitglied des Hauptvorstandes, sowie Gerald Götting, Generalsekretär der CDU der DDR, als Beisitzer.
Mit Ganter-Gilmans war ich durch die Zusammenarbeit in der CDU-Fraktion des Landtages Brandenburg seit 1946 freundschaftlich verbunden. Er war leider aus Gründen der Opportunität zum Nuschke-Flügel übergeschwenkt und hatte dadurch Karriere gemacht. Er war Leiter des »Hauptreferates Handel und Versorgung in der Deutschen Wirtschaftskommission« geworden[74].
Zeitlich vorgreifend, will ich von seinem weiteren Schicksal erzählen: Nachdem ich geflüchtet war und der amerikanische Geheimdienst Beziehungen zu mir aufgenommen hatte, war dieser besonders an Ganter-Gilmans interessiert. Ich wurde gebeten, mich mit ihm zu treffen und ihm die Flucht nach Berlin-West nahezulegen.
Unsere Treffen fanden unter etwas abenteuerlichen Umständen statt: Ich fuhr mit Lotte in einem kleinen Motorboot auf dem Wannsee spazieren. Ganter-Gilmans stand ein staatlicher Motorkreuzer von erheblichen Ausmaßen zur dienstlichen Verfügung, mit dem er gelegentlich private Ausflüge von Potsdam aus zum Wannsee machte. Damals konnte man das noch! Seine hübsche Sekretärin begleitete ihn. Ganz zufällig trafen wir uns! Die Sekretärin – in einem knappen Bikini – sprang in die Fluten, Lotte blieb in unserem Boot, und ich stieg zu Ganter-Gilmans in die Staatskarosse hinüber. – Aber es gelang mir nicht, ihn zum Absprung nach Berlin-West zu bewegen. Er zögerte zu lange. Kurze Zeit später war er tot – angeblich ein verschlepptes Ma-

gengeschwür, das in Eiterung übergegangen war. – Auch der Tod von Dr. Wolf ist ja nie aufgeklärt worden!
Soviel über meine freundschaftlichen Beziehungen zu dem Beisitzer Ganter-Gilmans. – Mein Verhältnis zu dem zweiten Beisitzer, Gerald Götting, hingegen war höchst amüsant – um nicht zu sagen pikant. Götting und ich waren von Anfang an politische Gegner gewesen, obwohl wir nie persönliche Differenzen hatten. Aber wir standen auf verschiedenen Flügeln der Partei. Etwa eine Woche vor meinem Parteiausschluß erschien zu meiner maßlosen Überraschung Götting bei mir im Verlag und bat, mich ganz vertraulich sprechen zu dürfen. Wir saßen zu zweit in meinem Büro, und er schüttete mir sein Herz aus. Plötzlich war dieser als besonders linientreu geltende Exponent des Nuschke-Kurses ein von Sorgen zerquälter Wanderer zwischen beiden Welten.
Götting sagte, er komme bloß zu mir, weil ich mit Ernst Lemmer befreundet sei. Er halte es in der DDR nicht mehr aus. Er wolle sich in den Westen absetzen, und Lemmer solle ihm dabei behilflich sein, ob ich ihm nicht eine Unterredung mit Lemmer vermitteln könne. – Aber natürlich: strengste Diskretion! Sonst könne es ihn den Kopf kosten![75]
Das war mal eine Überraschung! – Ich sagte dem Herrn Generalsekretär der CDU der DDR natürlich zu, ihm zu helfen. Bevor ich aber etwas unternehmen konnte, kam mein Parteiausschluß und nun diese Sitzung, in der wir uns wieder gegenüber saßen – diesmal aber im größeren Kreise. Es war nur zu verständlich, daß Götting ängstlich auf seinem Stuhl hin und her rutschte in der Besorgnis, ich könnte etwas von seinem Besuch bei mir erzählen, falls er gegen mich Partei ergreifen würde. Wie gesagt: eine pikante Situation!
Ja, es war schon eine höchst merkwürdig zusammengesetzte Gesellschaft, die sich da zusammengefunden hatte, um über mich Gericht zu sitzen. – Dertinger eröffnete die Sitzung, verlas mein Einspruchsschreiben und forderte Karl Grobbel auf zu begründen, warum ich aus der CDU ausgeschlossen worden sei. Grobbel hielt eine lange Anklagerede, in der alle meine »Verbrechen« aufgewärmt wurden: der Wagen mit den durchgehenden Pferden – das 21-Punkte-Programm – die Verteidigung der Verfassung – der Staatsstreich – und – und – und.
Dann erteilte Dertinger mir das Wort, um mich zu rechtfertigen. Dabei lächelte er mich freundlich an. Ich lächelte zurück und sagte, ich hätte bisher aus dem Munde des Herrn LV-Vorsitzenden der CDU nur Vorwürfe gehört, die die SED gegen mich erhoben habe. Nun sei ich gespannt zu hören, was mir denn die CDU vorwerfe.
Dertinger nahm den ihm zugespielten Ball begeistert auf und sagte lebhaft zu Grobbel: »Ja, Herr Grobbel, nun möchten wir mal hören, was Herr Bloch denn gegen die CDU getan hat!« – Grobbel geriet natürlich ins Stottern. Ganter-Gilmans mischte sich zu meinen Gunsten ein. Götting schwieg. –

Nach einer Weile meinte Dertinger, daß nun wohl alles gesagt worden sei, und bat mich, den Raum für eine Weile zu verlassen.
Als ich wieder hineingerufen wurde, starrte Grobbel böse vor sich hin, und die anderen sahen mich freundlich an. Dertinger erklärte, daß beschlossen worden sei, meinen Parteiausschluß zurückzunehmen. Tableau! – Grobbel verließ wortlos, Ganter-Gilmans mit freundschaftlicher Verabschiedung, Götting erleichtert den Raum. Ich blieb mit Dertinger allein zurück. Er legte seinen Arm um meine Schultern und sagte: »Kommen Sie! Meine Frau hat schon Kaffee für uns vorbereitet!« – Er führte mich in seine Privatzimmer im Ministerium, und wir feierten zu dritt bei Kaffee und Cognac meine Wiederaufnahme in die Partei.
Dann fuhren das Ehepaar Dertinger und ich gemeinsam im Dienstwagen des Herrn Außenministers nach Kleinmachnow. Als der Wagen vor meinem Hause die Buchstaben auf dem Fahrdamm »Agent Bloch raus aus Kleinmachnow!« erreichte, sagte ich: »Halt, Herr Minister! Zerstören Sie die Inschrift nicht. Auf die bin ich stolz!« – Dertinger schmunzelte und sagte zu seiner Frau: »Gab es bei Blochs nicht immer ausgezeichneten Kaffee?« – Und dann folgte noch eine gemütliche Stunde im Hause des Verfemten.
Ich sollte jetzt den Versuch machen, die Seelen- und Gemütsverfassung zu schildern, in der wir uns in jenen Tagen befanden. Aber es fällt mir sehr schwer. Ich selbst lebte in einer Art Trancezustand, ich war ein Traumtänzer. Meine Lage hatte sich anscheinend günstig gestaltet. Ich hatte gute und einflußreiche Freunde, und sie hatten mir geholfen. – Aber ich kannte auch meine Feinde, und mein Unterbewußtsein sagte mir, daß der augenblickliche Zustand nur die Ruhe vor dem Sturm sein konnte. Jedem Gewitter geht eine unnatürliche Windstille voraus. Wann kam der Schlag?
Viel schlimmer war natürlich Lotte dran. Wie immer der, der für den anderen fürchten muß, mehr leidet als der Bedrohte selbst. Sie sah die Situation klarer oder erfaßte sie intuitiver. Es waren schreckliche Tage für sie. – Auch die Kinder waren in höchster Besorgnis und lebten in dauernder Alarmbereitschaft. Es konnte jeden Tag etwas passieren, und man wußte nicht, was und wann. Ein kleines Erlebnis mag die Sache beleuchten: Eines Abends waren wir im nahe gelegenen Kino gewesen, um uns von der knisternden häuslichen Atmosphäre abzulenken, oder anders gesagt: Weil wir es zu Hause einfach nicht aushielten. Als wir uns auf dem Rückwege unserem Hause näherten, bestand Horst darauf, erst allein durch den dunklen Garten zum Haus zu gehen, um zu sehen, ob alles in Ordnung sei, bevor ich mich nähern durfte. – Wir waren dauernd in Erwartung einer Katastrophe.
Auch im Hause hatten wir versucht, für alle Eventualitäten Vorsorge zu treffen. Unser Schlafzimmer lag im ersten Stock nach hinten hinaus. Eine Tür führte zur Treppe, eine andere in ein Ankleidezimmer, eine ausgebaute Mansarde. In die Dachschrägung waren Kleiderschränke eingebaut. In der

Rückwand des einen Schrankes befand sich eine durch ein Brett verschlossene Öffnung, groß genug, einen Menschen durchzulassen. Die Dachschrägung dahinter war hoch und lang genug, einen Menschen aufzunehmen. Wir hatten in dieser Höhlung Bettzeug und etwas Mundvorrat untergebracht. – Sollte sich also nachts etwas ereignen, wollten wir uns folgendermaßen verhalten: Auf dem oberen Treppenabsatz stand ein Kasten, gefüllt mit Nähutensilien, den sollte Lotte, wenn es nachts klingelte, mit dem Fuß die Treppe hinunterstoßen. Durch den dadurch verursachten Lärm gedeckt, sollte ich mein Bettzeug zusammenraffen, in den Ankleideraum stürzen, das Brett entfernen, mit dem Bettzeug in der Höhlung verschwinden und das Brett wieder einsetzen. Lotte sollte den Eindringlingen unter Hinweis auf das leere Bett einzureden versuchen, daß ich die Nacht über in Berlin geblieben sei.
Rückblickend müssen wir gestehen, daß unsere Vorkehrungen höchst primitiv waren und sicherlich die erfahrenen Spürhunde der politischen Polizei nicht getäuscht hätten. – Aber wir klammerten uns an jeden Strohhalm.
Dann rief Dertinger eines Tages wieder an. Seine Stimme klang sehr gepreßt. »Ich habe keine gute Nachricht für Sie!« sagte er. Dann machte er eine Pause. – Ich sagte: »Erwartet der Hauptvorstand jetzt von mir, daß ich meinen Einspruch gegen meinen Ausschluß wieder zurücknehme?« Dertinger erwiderte: »Sie würden uns unsere Situation sehr erleichtern. Wir hatten einen Anruf aus Karlshorst! Die SKK verlangt Ihren Ausschluß. Wenn Sie Ihren Einspruch zurücknehmen, brauchen wir unseren Beschluß nicht zu widerrufen.« Ich sagte: »Sie haben morgen die Rücknahme meines Einspruches in Händen!« – Im Grunde hatte ich nichts anderes erwartet. Der Traum war ausgeträumt.
Am 29. März 1950 rief ein in Kleinmachnow wohnender CDU-Landtagsabgeordneter, der zwar in seiner Haltung recht zweideutig, aber mir zu Dank verpflichtet war, an und empfahl mir, die kommende Nacht nicht in Kleinmachnow zu bleiben. Wenig später kam ein Anruf vom Sekretariat Dertinger mit dem gleichen Rat. Ich war aber stur, blieb in Kleinmachnow und schlief in meinem Bett. – Es ereignete sich nichts.
Am nächsten Morgen fuhr ich unbehelligt in den Verlag. Am Vormittag rief Horst an und berichtete, daß Dertinger ihn in Kleinmachnow angerufen und beauftragt habe, mich vor einer Rückreise nach Kleinmachnow zu warnen. Um die Mittagszeit rief Lotte an und sagte: »Gellert ist verreist!« – Das war das vereinbarte Codewort. Der Bürgermeister Gellert war am Morgen verhaftet worden. Weitere beabsichtigte Verhaftungen konnten nicht durchgeführt werden, weil den »Beschuldigten« rechtzeitig die Flucht gelungen war. Der Vorsitzende der Gemeindevertretung, Alfred Ansorge, konnte im letzten Augenblick aus dem Fenster springen und sich nach Berlin-West absetzen. Bei den Verhafteten handelte es sich durchweg um Aufsichtsratsmitglieder der »Kleinmachnower Wirtschafts- und Betriebs-GmbH«.

Am gleichen Tage wurde in Potsdam Frank Schleusener, eines der aufrechtesten und mutigsten CDU-Mitglieder in verantwortlicher Position, verhaftet. Schleusener war vor 1933 Staatssekretär im preußischen Finanzministerium gewesen. 1945 wurde er Vorsitzender der »Brandenburgischen Provinzialverwaltung« und war ab 1946 mit mir zusammen in der CDU-Fraktion des brandenburgischen Landtages. Er leitete den Rechtsausschuß des Parlaments.
Mit Schleusener zusammen wurden der CDU-Bürgermeister von Potsdam, Erwin Köhler, und seine Frau sowie der Buchhändler Ebert – bei dem Rosmarie ihre Buchhandelslehrzeit absolviert hatte – sowie weitere CDU-Mitglieder verhaftet. Schleusener wurde am 3. April 1950 tot in seiner Zelle aufgefunden mit schweren Verletzungen am Schädel. Das Ehepaar Köhler wurde in die Sowjetunion verschleppt. Man hat nie wieder etwas von ihnen gehört. Die anderen kamen nach Verbüßung langjähriger Freiheitsstrafen wieder frei.
Die Verhaftungen in Potsdam bedeuteten für mich natürlich Großalarm. Die Verhaftungen in Kleinmachnow hingegen konnten, aber mußten mich nicht betreffen. Ich vermute nachträglich, daß Dertinger und der erwähnte Landtagsabgeordnete irgendwie gehört hatten, daß in Kleinmachnow Verhaftungen geplant waren, und verständlicherweise sofort an mich gedacht hatten.
Aber daß ich letztlich auch in die Kleinmachnower Verhaftungswelle mit einbezogen werden sollte, ging aus dem Verlauf der nächsten Sitzung des »Antifa-Blocks« am 6. April 1950 klar hervor. Ich wurde von den SED-Vertretern im Ausschuß scharf angegriffen und der Komplizenschaft mit dem verhafteten Bürgermeister beschuldigt. Man verstieg sich sogar zu der Behauptung, daß ich unmittelbare Beziehungen zu dem amerikanischen Geheimdienst hätte und daß in meinem Verlag die amerikanischen Offiziere ein und aus gingen.
In der gleichen Sitzung wurde der Parteiausschluß von fünf »Wirtschaftsverbrechern und Saboteuren« aus der Kleinmachnower CDU-Ortsgruppe verlangt und die Staatsanwaltschaft aufgefordert, die Vermögenswerte dieser »Schädlinge« sofort sicherzustellen. Die CDU war in der Sitzung nicht mehr offiziell vertreten.
Gellert wurde am 8. Juni 1950 vor der Strafkammer des Landgerichts Potsdam angeklagt und zu drei Monaten Gefängnis verurteilt. Ihm wurde vorgeworfen, sich nach seiner Wahl zum Bürgermeister nicht um seine Aufgabe als Aufsichtsratsvorsitzender der GmbH gekümmert, einen Verlust von 403 341,27 Mark verschuldet und noch nach der erkennbaren Zahlungsunfähigkeit der GmbH ein monatliches Gehalt von 1000 Mark bezogen zu haben. Gegen zwei weitere CDU-Mitglieder konnte nicht verhandelt werden, weil sie »zur Zeit flüchtig« waren.
Ich habe nach Lottes Anruf in meinem Büro in Schöneberg gesessen und

lange nachgedacht. Ich konnte mit mir nicht ins reine kommen. Sollte ich wirklich alles – Haus, Garten, Heimat und alle Freunde und Menschen, die mir vertraut waren – hinter mir lassen? – Aber es war mit an Sicherheit grenzender Wahrscheinlichkeit anzunehmen, daß man auf meine Rückkehr lauerte und daß meine Verhaftung beschlossene Sache war. Es war einfach Selbstmord, nach Hause zu fahren. So habe ich mich schweren Herzens – sehr schweren Herzens! – und auf Drängen von Lotte und von Freunden entschlossen, in Berlin-West zu bleiben. Ich habe seit dem 30. März 1950 nie wieder den Boden der DDR betreten und habe Kleinmachnow mit allen Erinnerungen, die ich dort zurückließ, nie wiedergesehen.
Lotte und die Kinder blieben zunächst in unserem Hause wohnen, da für sie – auch nach Bestätigung durch Dertinger – keine Gefahr bestand. – Ich hingegen war nun das, was man heute einen »Asylanten« nennt. Ich schlief die ersten Nächte bei Freunden auf dem Sofa – mal bei dem einen, mal bei dem anderen. Alle sorgten rührend für mich. – Aber meine Nerven begannen zu versagen, und ich litt unter heftigen Magenbeschwerden. Ich ging zu einem Arzt in Zehlendorf, um mich wegen Verdachtes auf Magengeschwüre untersuchen zu lassen. Der Arzt sah mich an, sagte: »Sie sind aus Kleinmachnow geflohen. Sie haben keine Magengeschwüre, Sie haben einen Russenschock. – Kommen Sie in mein Sanatorium, ich lege Sie für drei Wochen in Tiefschlaf. Sie bekommen dreimal am Tage Luminal, dann sind Sie wieder gesund!«
Ich folgte dem ärztlichen Rat, der vielleicht gar nicht so falsch war. Aber als ich nach drei Wochen wieder aus dem Sanatorium entlassen wurde, ging ich zu einem anderen Arzt, der feststellte, daß ich tatsächlich zwei Magengeschwüre hatte. – Dann suchte ich mir ein möbliertes Zimmer und fand eine sehr gute Unterkunft in der Prinz-Friedrich-Leopold-Straße in Nikolassee. Lotte und die Kinder besuchten mich häufig. – Dennoch: Wir führten eine Ehe auf Distanz. Es war eine recht deprimierende Zeit.
In dem Sanatorium hatte ich ein höchst merkwürdiges Erlebnis gehabt: Eines Vormittags erschien unangemeldet ein junger, blonder, unscheinbarer Mann in meinem Einzelzimmer, zog sich wortlos einen Stuhl an mein Bett, setzte sich und schlug lässig die Beine übereinander. Dann begann er zu plaudern, und ich konnte dem Gespräch entnehmen, daß er vom amerikanischen Geheimdienst kam und Kontakt mit mir aufnehmen sollte. Ich war jedenfalls erstaunt und durch das Luminal wohl auch etwas in der Konzentration gemindert. Jedenfalls müssen meine Antworten ihn enttäuscht oder verärgert haben. – Allmählich wurde er etwas eindringlicher. Er wies darauf hin, daß ich mich in den Schutzbereich der amerikanischen Militärbehörde begeben hätte und daher ja wohl etwas entgegenkommender sein könnte.
Ich richtete mich in meinem Bett auf und sagte zu ihm: »Wenn ich es richtig verstanden habe – ich nehme an, ich habe Sie *nicht* richtig verstanden, weil

ich unter Luminal stehe –, aber wenn ich Sie richtig verstanden habe, dann muten Sie mir zu, daß ich aus Dankbarkeit dafür, daß ich aus der DDR in den amerikanischen Sektor von Berlin flüchten konnte, nun für den amerikanischen Geheimdienst arbeiten muß. Das ist mir nicht mal bei den Russen passiert!«
Er zuckte sofort zurück und versicherte, daß er es nicht so gemeint habe. Ich sagte, daß ich das stark annähme und daß er doch vielleicht wiederkommen solle, wenn ich aus dem Krankenhaus entlassen und im Vollbesitz meiner geistigen Kräfte sei. – Er ging wortlos.
Kurze Zeit nach meiner Entlassung aus dem Sanatorium erschien im Verlag ein äußerst seriös wirkender Herr, der sich als erstes in aller Form als Mitarbeiter des amerikanischen Geheimdienstes auswies. Er betonte, daß seine Dienststelle im Besitz einer dicken Akte über mich sei und alles über meine politische Tätigkeit in der SBZ und DDR seit 1945 wisse. Er sei nur gekommen, um zu fragen, ob er mir irgendwie behilflich sein könne. – Das klang ja wesentlich anders!
Ich erzählte ihm zunächst von dem Besuch an meinem Bett, und er entschuldigte sich für das Fehlverhalten seines jungen Kollegen. Es war ihm sichtlich peinlich. – Dann aber sagte ich ihm, daß er mir sehr wohl behilflich sein könne: Erstens wolle ich – ohne die Formalitäten des Flüchtlingslagers Marienfelde durchlaufen zu müssen – den Zuzug nach Berlin-West erhalten. Das war damals eine schwierige und langwierige Prozedur. Es bestand Zuzugssperre. – Und zum zweiten wolle ich endlich meine Lizenz als vollgültiger Verleger bekommen, die mir von der amerikanischen Militärverwaltung, Abteilung Kultur, immer noch verweigert werde, weil ich in der DDR wohnte. – Er versprach mir sofort, beides zu erledigen. – Tatsächlich wurde der Senat von Berlin angewiesen, mich ohne weiteres als Berliner Bürger anzuerkennen, und auch die Lizenz traf kurze Zeit später ein. Insoweit hatte sich meine politische Arbeit in der DDR persönlich ausgezahlt. Mit Herrn Larsen – so lautete der Deckname des Amerikaners – habe ich lange Jahre freundschaftlich zusammengearbeitet, nachdem er meine Grundhaltung akzeptiert hatte, daß ich bereit sei, ihm mit meinen Kenntnissen aus der DDR zu helfen, soweit und solange die deutschen und die amerikanischen Interessen übereinstimmten. – Er war es übrigens auch, der ein so starkes Interesse an Ganter-Gilmans bekundete.
Da ich meine politischen Ämter in Berlin, Potsdam und Teltow aufgegeben hatte bzw. aus ihnen entfernt worden war, war ich in der DDR eigentlich nur noch als Kleinmachnower Einwohner »existent«. Alle taten so, als ob ich noch in meinem Hause wohnte und nur nicht zu sehen sei. Niemand nahm offiziell von meiner Flucht Kenntnis. Ich spielte wieder einmal »totes Kaninchen«, wie ich das in der Nazizeit schon getan hatte.
Lotte holte regelmäßig meine Lebensmittelkarten zusammen mit denen für

sie und Rosmarie bei der Kartenstelle ab. Horst war nach seiner Entlassung aus der Kriegsgefangenschaft gleich in West-Berlin gemeldet worden. Die Angestellten auf der Kartenstelle in Kleinmachnow übergaben Lotte meine Lebensmittelkarten mit verständnisvollem Augenblinzeln. – Daß man – zumindest in CDU-Kreisen – Bescheid wußte, erwies sich an meinem 50. Geburtstag, den ich unter ziemlich ungewöhnlichen Umständen in meinem möblierten Zimmer in Nikolassee beging. Nicht weniger als 23 Kleinmachnower CDU-Mitglieder kamen am Vormittag zur Gratulation.
Ich hatte die Hoffnung auf eine Rückkehr nach Kleinmachnow endgültig begraben. Aber Lotte hoffte immer noch auf eine Möglichkeit, daß irgendwie ein Wunder geschehen könnte und die Familie doch noch eines Tages in unserem Hause gemeinsam ein normales Leben würde führen können. Sie hing mit ganzem Herzen an unserem Haus und unserem Garten und träumte davon, beides für uns zu bewahren. – Als aber die Monate vergingen, ohne daß sich etwas änderte, und unser getrenntes Leben immer unerträglicher wurde, begann auch sie zu resignieren und sich langsam mit dem Gedanken vertraut zu machen, daß ihr nur die Möglichkeit blieb, ebenfalls nach Berlin zu gehen. Die Leitung der Kartenstelle in Kleinmachnow hatte inzwischen die uns äußerst feindlich gesonnene SED-Frau Erna Liebermann übernommen. Mit ihrem Mann hatte ich 1947 einen Prozeß geführt. Ich habe davon erzählt. Sie stellte natürlich sofort gezielte Fragen an Lotte: Wo ich mich denn aufhalte und warum ich nicht selbst komme? Lotte behauptete, daß ich selbstverständlich noch in Kleinmachnow wohne, und Frau Liebermann gab sich widerwillig damit zufrieden. Sie konnte das Gegenteil schwer beweisen.
Mit der Frage der Übersiedlung nach Berlin wurde natürlich auch die Frage der Auflösung des Haushaltes in Kleinmachnow akut. Für die Beantragung eines »legalen« Umzuges, was damals noch ohne allzu große Schwierigkeiten möglich war, hätte ich als Familienvorstand in Erscheinung treten müssen. Da das ausgeschlossen war, blieb uns nur der »illegale« Umzug, d. h. der Versuch, diejenigen Möbel, die wir nach Berlin mitnehmen wollten, auf irgendeine – natürlich streng verbotene – Art über die Grenze nach Zehlendorf zu schmuggeln. Im September 1950 begann Lotte mit den erforderlichen Maßnahmen, und ihre letzten Wochen in Kleinmachnow sollten noch höchst dramatisch werden.
Lottes Bruder Hermann Streckenbach hatte nach politischen Schwierigkeiten in Sachsen-Anhalt sein Domizil ebenfalls vorübergehend in Kleinmachnow aufgeschlagen. Er beantragte den Umzug nach Berlin-West, erhielt die Genehmigung, und wir konnten einen kleinen Teil unserer Möbel zu ihm transportieren, so daß er diese Möbel als sein Umzugsgut – das er natürlich genau und einzeln angeben mußte – deklarieren konnte. – Das klingt höchst einfach, war aber in der Praxis gefährlich. Nicht nur Lotte machte sich wegen des Versuches, Wertgegenstände ohne Genehmigung aus der DDR zu ent-

fernen, strafbar, der ganze Möbeltransport ihres Bruders geriet in die Gefahr der Beschlagnahme.
Es ereignete sich aber nur ein verhältnismäßig harmloser Zwischenfall: Lotte hatte einen japanischen Nähtisch, den mein Großvater aus Tokio mitgebracht hatte, auf einen Handwagen geladen und fuhr ihn von unserem Hause zur Wohnung ihres Bruders. Ihr Bruder begleitete sie dabei und half, den Wagen zu ziehen. Unterwegs begegneten sie zufällig dem Vorsitzenden der SED-Ortsgruppe Kleinmachnow, einem Professor der Karl-Marx-Hochschule auf der Hakeburg. Der machte natürlich Stielaugen, sagte aber nichts und veranlaßte auch nichts. Aber es hätte schiefgehen können.
Sehr viel dramatischer verlief der zweite und umfangreichere Möbeltransport. Eines unserer treuesten CDU-Mitglieder, eine Frau Haensel, hatte ebenfalls den Umzug nach Berlin beantragt und war bereit, einen Teil unserer Möbel als ihre eigenen zu deklarieren. Der für den Umzug bestellte Möbelwagen fuhr zunächst bei uns vor und wurde dort beladen. Das war zwar ein großes Risiko, aber anders ging es nicht, da es sich dieses Mal um große Möbelstücke handelte. Unsere beiden Kinder halfen eifrig, damit es schnell ging, und fuhren sicherheitshalber auf dem Möbelwagen von unserem Haus zum Hause der Frau Haensel mit.
Der Umzug fand ausgerechnet am 7. Oktober 1950 statt. Die DDR feierte den Jahrestag ihrer Gründung. Die Straßen waren voll von befohlenen Festzügen der SED. – Unser Möbelwagen fiel selbstverständlich auf, wurde aber nicht angehalten, unsere Kinder nicht erkannt, und erstaunlicherweise ging alles glatt. – Lotte hielt sich allein im Haus auf, und ihre Besorgnis steigerte sich immer mehr, als die Dämmerung hereinbrach und die Kinder immer noch nicht zurück waren. – Sie halfen beim Aufladen der Möbel der Frau Haensel mit, was Lotte nicht wußte.
Da kam glücklicherweise der ebenfalls aus der Kriegsgefangenschaft entlassene Sohn von Lottes Freundin Yella Vulpius zu Besuch.
Er tröstete nicht nur die besorgte Mutter, sondern entwickelte eine sehr kluge Initiative. Er erklärte Lotte nämlich, daß die halbausgeräumte Wohnung bei irgendeinem unerwünschten Besuch Verdacht erregen könnte, und begann, die restlichen Möbel so umzuordnen, daß wenigstens das vorderste Zimmer, in dem Besucher empfangen wurden, bewohnt aussah. – Dann kamen die Kinder nach Hause, alles war reibungslos abgelaufen, unsere Möbel befanden sich auf dem Wege nach Berlin, und Lotte beruhigte sich wieder.
Wie wichtig das Umräumen war, zeigte sich wenige Tage später. Lotte war mit Horst allein zu Hause, als es klingelte und zwei SED-Werber von der Karl-Marx-Hochschule sehr höflich Eintritt begehrten, um über die Wahl am 15. Oktober »aufzuklären«. Lotte schickte ihren Sohn ins Eßzimmer, da sie zu Recht befürchten mußte, daß er unvorsichtige Reden führen würde. Und

was hatte das im letzten Augenblick für einen Zweck! – Sie empfing ihre beiden Besucher also gefaßt und äußerlich freundlich in dem wohnlich aussehenden Zimmer und ließ sich gutwillig über ihre Wahlpflicht am 15. Oktober belehren. –
Übrigens hatte der frühere Bürgermeister Otto G., der jetzt als Angestellter bei der Gemeinde arbeitete und für die Ausgabe der Wahlscheine zuständig war, auch für mich einen Wahlschein ausgestellt. Natürlich wußte er, daß ich von ihm keinen Gebrauch machen konnte. Aber es machte uns beiden Spaß. – Ich besitze den Wahlschein noch heute.
Nun mußten auch noch die Lampen abmontiert werden, und Lotte begab sich zum Elektriker, der zwar kein CDU-Mitglied, aber wie beinahe alle Kleinmachnower uns wohlgesonnen war. Als Lotte ihm klarzumachen versuchte, daß diese Arbeit nicht bekannt werden dürfe, lachte er nur verständnisvoll und sagte: »Frau Bloch, für Sie tu ich alles!«
So kam also der 15. Oktober 1950 heran, Lotte und Rosmarie erfüllten noch ihre Wahlpflicht – nicht so, wie es die SED-Werber empfohlen hatten –, und dann mußten auch sie von Haus, Garten und Heimat Abschied nehmen.
Zurück nach Kleinmachnow! – Natürlich waren noch eine Menge Möbel im Haus zurückgeblieben. Ein Teil steht noch heute dort. Durch die Anhänglichkeit und Hilfsbereitschaft der Kleinmachnower konnten wir diejenigen Möbel, die wir gern nach Berlin geschafft haben wollten, aus Kleinmachnow herausbringen. Sechs wackere Kleinmachnower schlossen sich zusammen und transportierten diese Möbel – einschließlich Flügel – auf einem offenen Gemüsewagen in fünf Nächten über die Grenze. Damals konnte man noch ungehindert und, wenn man es richtig anstellte, unkontrolliert von Kleinmachnow nach Zehlendorf gelangen. Aber – wie schon erwähnt – das Herausschaffen von Wertgegenständen aus der DDR war streng verboten. – Dennoch nahmen die Männer die Gefahr für uns in Kauf.
Dabei gab es eines Nachts ein lustiges Erlebnis. Die sechs Männer schoben den schwer beladenen Karren wie jede Nacht bis kurz vor die Grenze. Dann gingen zwei voraus und sicherten nach links und nach rechts, ob auch keine Vopo-Patrouille in der Nähe war. – In dieser einen Nacht paßten sie nicht auf, und gerade als sie den Wagen mit Anstrengung das letzte Stück schieben wollten – die Straße stieg ein wenig an –, kamen zwei Vopos und fragten, was sie da machten. Die Männer sagten – schlagfertig, wie Berliner sind: »Watt soll'n wa schon machen? Fragt nicht so doof, helft lieba schieben!« – Und die beiden wackeren Vopos schoben die Möbel des »Agenten« und »Kriegshetzers« Bloch aus der DDR in den freien Westen.
Auf der Heide standen noch die Bunker der Flak, die einmal Berlin hatte retten sollen. In einem dieser Bunker wurden unsere Möbel Nacht für Nacht abgestellt. Er war unverschlossen, aber nichts wurde gestohlen. – Als alles zusammen war, beauftragten wir eine Berliner Speditionsfirma, die Möbel ab-

zuholen und in ein Heim zu transportieren, in dem uns ein Keller zur Verfügung stand.
Ich beteiligte mich nach meiner Flucht zunächst nicht am politischen Leben in Berlin-West, sondern beschränkte mich auf den Wiederaufbau des Verlages. Infolge der verlorenen 17 Jahre – zwölf Jahre »Tausendjähriges Reich« und fünf Jahre ohne amerikanische Lizenz – war uns die Konkurrenz weit voraus, und der Wiederaufbau erwies sich als überaus mühselig und wenig erfolgreich.
Nach einiger Zeit aber zog mich die Politik doch wieder in ihren Bann. Im Herbst 1949 hatte Jakob Kaiser in der von Konrad Adenauer geführten Regierung der Bundesrepublik Deutschland das »Bundesministerium für Gesamtdeutsche Fragen« übernommen. Unter seiner Ägide schlossen sich die aus der DDR in die Freiheit geflüchteten CDU-Mitglieder in der »Exil-CDU« zusammen.
Der 1. Exil-CDU-Parteitag fand am 24./25. September 1950 in Berlin-West statt. 160 Delegierte des letzten »legalen« Parteitages der CDU in der SBZ im Jahre 1947 nahmen an diesem Exil-Parteitag teil. Unter ihnen befanden sich: zwei ehemalige Minister, 21 ehemalige Mitglieder von Landesvorständen, 37 ehemalige Mitglieder von Kreisvorständen, sechs ehemalige Fraktionsvorsitzende, 19 ehemalige Landtagsabgeordnete, 26 ehemalige Landräte und Bürgermeister, 36 ehemalige Kreistagsabgeordnete. – Als Kuriosum mag erwähnt werden, daß Herbert Wehner als Gast auf dem Exil-Parteitag sprach.
Die Exil-CDU wurde als Landesverband der Gesamt-CDU anerkannt und war auf dem 1. Parteitag der CDU am 20./21. Oktober 1950 in Goslar mit 96 Delegierten vertreten. – Ich schloß mich erst 1951 der Exil-CDU an und wurde zusammen mit Germanus Theiss als Berliner Sprecher der Landsmannschaft Brandenburg in den »Politischen Ausschuß« gewählt.
Nach einiger Zeit begann ich mich auch im LV Berlin der CDU aktiv zu betätigen, nahm an den Versammlungen der für mich zuständigen Zehlendorfer Ortsgruppe teil und wurde als ihr Vertreter in die Kreisversammlung Zehlendorf gewählt. – Kurze Zeit danach wurde ich stellvertretender Vorsitzender des KV Zehlendorf und Mitglied des Kulturausschusses sowie des Evangelischen Arbeitskreises des LV Berlin.
1956 übernahm ich auf Drängen von Ernst Lemmer eine Tätigkeit beim Senat von Berlin als Kulturreferent im »Büro für Gesamtberliner Fragen«. In dieser Stellung gelang es mir, den sogenannten »Berliner Kulturplan« ins Leben zu rufen. Durch eine großzügige Finanzhilfe des Bundes in Höhe von 16 Millionen jährlich wurde es den Bewohnern Ost-Berlins und der DDR ermöglicht, gegen Zahlung von Ostmark an allen Kulturveranstaltungen in West-Berlin teilzunehmen. Sie zahlten in Ostmark im Verhältnis 1:1, obwohl die Ostmark offiziell[76] im Verhältnis 5:1 gehandelt wurde.

Schließlich wählte mich 1958 die Kreisversammlung des KV Steglitz zu ihrem Bürgermeisterkandidaten, und nach für die CDU erfolgreicher Wahl im Oktober 1958 zog ich am 5. Februar 1959 als Bürgermeister in das Rathaus Steglitz ein, in dem ich sechs Jahre amtierte. Gleichzeitig war mir das Amt eines Stadtrates für Volksbildung übertragen worden. – Es war eine schöne, interessante und aufregende Zeit, die allerdings viel Kraft und Nerven gekostet hat. Aber die Erfolge und besonders die menschlichen Bindungen, die ich – nicht zuletzt mit Amerikanern – knüpfen konnte und die z. T. noch heute halten, waren den Einsatz wert. – Von meinem Verlag allerdings mußte ich mich trennen. Ich habe ihn 1961 nach Darmstadt verkauft, wo er noch heute unter dem alten Namen weiterbesteht.

Nach meiner Pensionierung im Februar 1965 wurden mir mehrere Ehrenämter angeboten: Ich wurde Vizepräsident des Roten Kreuzes in Berlin und habe mich dort besonders für die ehrenamtlichen Helfer und Helferinnen eingesetzt. – Ich wurde Generalsekretär der »Gesellschaft für Erdkunde in Berlin«, für die ich aus Mitteln der Volkswagenstiftung ein eigenes Haus in Steglitz erbauen konnte – und ich wurde im Kirchkreis Zehlendorf so eine Art Verwaltungsdirektor und habe in dieser Eigenschaft ein großes Altenwohnheim errichten helfen und trug über 13 Jahre als Vorsitzender des Kuratoriums die Verantwortung für das Haus und seine Insassen.

Alle diese Ämter, die ich inzwischen niedergelegt habe, erforderten vollen Einsatz und haben mein Leben bereichert. – Sicherlich wäre über viele Erlebnisse, Erfahrungen, Erfolge, Enttäuschungen aus der Zeit nach 1950 zu berichten, und sicherlich wäre so manches wert, überliefert zu werden. – Aber ich bin nun 83 Jahre alt, und vielleicht beginnt sogar bei mir so etwas wie Altersweisheit, die den äußeren Ablauf des Lebens nicht mehr so wichtig erscheinen läßt.

Berlin, im Sommer 1983 *Peter Bloch*

Abkürzungen

Antifa	Antifaschistischer Ausschuß/Block-Ausschuß
Avus	Automobil-Verkehrs- und Übungsstraße (Berlin)
BGL	Betriebsgewerkschaftsleitung
CDU(D)	Christlich-Demokratische Union Deutschlands
CSU	Christlich-Soziale Union
DBD	Demokratische Bauernpartei Deutschlands
DDR	Deutsche Demokratische Republik
FDGB	Freier Deutscher Gewerkschaftsbund
FDJ	Freie Deutsche Jugend
Flak	Flugabwehr-Kanone
Gestapo	Geheime Staatspolizei
GmbH	Gesellschaft mit beschränkter Haftung
KPD	Kommunistische Partei Deutschlands
KV	Kreisverband
LDP	Liberal-Demokratische Partei Deutschlands
LOWA	Lokomotiv- und Waggonbau
LPG	Landwirtschaftliche Produktionsgenossenschaft
LV	Landesverband
MG	Maschinengewehr
Mio	Millionen
NDPD	National-Demokratische Partei Deutschlands
NS	Nationalsozialistisch
NSDAP	Nationalsozialistische Deutsche Arbeiterpartei
OT	Organisation Todt
Pg.	Parteigenosse (Mitglied der NSDAP)
RIAS	Radio im amerikanischen Sektor Berlins
RKK	Reichskulturkammer
RM	Reichsmark
SA	Sturmabteilung der NSDAP
SBZ	Sowjetisch besetzte Zone Deutschlands
SED	Sozialistische Einheitspartei Deutschlands
SKK	Sowjetische Kontrollkommission
SMA(D)	Sowjetische Militäradministration (in Deutschland)
SPD	Sozialdemokratische Partei Deutschlands
SS	Schutzstaffel der NSDAP
SSD	Staatssicherheitsdienst
TH	Technische Hochschule

UNRRA	United Nations Relief and Rehabilitation Administration (Hilfs- und Wiedergutmachungs-Kommission der Vereinten Nationen)
VdgB	Vereinigung der gegenseitigen Bauernhilfe
VEM	VVB Elektromaschinenbau
VIP	Very important person
Vopo	Volkspolizei/-polizist
VVB	Vereinigung volkseigener Betriebe
VVN	Vereinigung der Verfolgten des Naziregimes

Anmerkungen

1 »Antifaschistische Ausschüsse«, so die Sammelbezeichnung, wurden unmittelbar nach Kriegsende in vielen Städten und Dörfern aller Besatzungszonen gebildet. Sie versuchten vor allem, die führenden Nationalsozialisten politisch auszuschalten und eine provisorische Kommunalverwaltung zu errichten. Ähnlich wie in Kleinmachnow arbeiteten Vertreter unterschiedlicher politischer Richtungen in diesen Gremien mit. Die Ausschüsse wurden in allen Zonen von den Militärbehörden rasch wieder aufgelöst, um keine (schwer kontrollierbaren) Konkurrenzorgane zu den entstehenden regulären Verwaltungen zu schaffen.
2 Diese Organe trugen bis zu den Wahlen im Herbst 1946 noch die Bezeichnung Landes- (bzw. Provinzial-)*Verwaltung*. Trotz der von der Militärregierung durchgesetzten politischen Dominanz der KPD in diesen Gremien achtete sie andererseits aus bündnispolitischen Gründen darauf, *alle* zugelassenen Parteien mit eigenen Vertretern zu beteiligen.
3 Tatsächlich besuchte Stalin die Stadt erst einige Wochen später, zur Potsdamer Konferenz.
4 Die Gründung der LDP war auch erfolgt, weil viele Liberale den ausdrücklichen christlichen Anspruch der Union ablehnten. Es bedurfte daher keiner nachhaltigen Intervention der SMAD, die zusätzliche Gründung der LDP zu erreichen. Vgl. zur Parteien-Gründungsgeschichte in Berlin die detaillierte Analyse von Harold Hurwitz: Demokratie und Antikommunismus in Berlin nach 1945, Bd. 1: Die politische Kultur der Bevölkerung und der Neubeginn konservativer Politik, Köln 1983, S. 249 ff.
5 Die Registrierung der CDU für die sowjetische Besatzungszone erfolgte erst am 10. Juli 1945. Hier ist der seltene Fall zu konstatieren, daß die Partei auf lokaler Ebene schon vorher lizenziert wurde.
6 Peter Bloch denkt hier offenbar an die Verweigerung der Reisepapiere durch die SMAD, als die Parteiführung im Dezember 1945 das erste (und von ihr initiierte) »Reichstreffen« der CDU in Bad Godesberg besuchen wollte. Kontakte zu den westlichen CDU-Verbänden wurden jedoch nicht grundsätzlich untersagt, auch nicht die Bildung der überzonalen CDU-»Arbeitsgemeinschaft« im Februar 1947.
Der gesamtdeutsche Charakter der in Berlin gegründeten CDU ist, wie man dem Geleitwort von J. B. Gradl entnehmen kann, umstritten.
Die Union hatte sich zwar als »Reichspartei« konstituiert und die Parteibezeichnung wurde auch in den Westzonen (wo man allerdings zu sehr ähnlichen Überlegungen gekommen war) übernommen, zu einem alle Zonen umfassenden Verband mit entsprechenden Organen (gesamtdeutscher Parteitag, Vorstand und Vorsitzender) ist sie dann aber doch nie geworden. Die »Arbeitsgemeinschaft« sollte einen solchen

Zusammenschluß vorbereiten und verwirklichen. Dieses Vorhaben war aber endgültig gescheitert, als im September 1948 die westlichen Unions-Gliederungen die Zusammenarbeit mit der nach ihrer Überzeugung nicht mehr demokratisch legitimierten CDU-Führung der SBZ aufkündigten. (Ob die Besatzungsmächte einer überzonalen Parteigründung zugestimmt hätten, ist zudem gänzlich ungewiß.) Vgl. zu diesem Fragenkomplex: Koch/Müller/Staritz/Suckut: Versuch und Scheitern gesamtdeutscher Pateibildungen 1945–1948, in: Die beiden deutschen Staaten im Ost-West-Verhältnis, Köln 1982, S. 90 ff.

7 Insbesondere Konrad Adenauer begegnete der östlichen Schwesterpartei mit solchem Mißtrauen. Vgl. u. a. Werner Conze: Jakob Kaiser. Politiker zwischen Ost und West, Stuttgart 1969, S. 75 ff. Er bediente sich allerdings einer weniger drastischen Wortwahl.

8 Die Sowjetunion hatte die Überlassung der Berliner Westsektoren an die drei übrigen Siegermächte von dem vorherigen Abzug der anglo-amerikanischen Truppen aus den westlichen Teilen der sowjetischen Zone abhängig gemacht.

9 *Offiziell* war die Bereitschaft zum Block-Beitritt keine Vorbedingung für die Lizenzierung einer Partei, *faktisch* aber doch.

10 Dieses Verbot, parteieigene Jugendorganisationen zu gründen, galt für die gesamte SBZ. Nur in Ausnahmefällen gelang es dennoch, Gliederungen der »Jungen Union« aufzubauen. Ende der vierziger Jahre wurden diese Gruppen aufgelöst und die FDJ als alleinige Jugendorganisation der SBZ/DDR auch von der CDU anerkannt.

11 Auch in den folgenden Jahren sicherte sich die KPD/SED mit Unterstützung der Militäradministration in den Verwaltungen und Regierungen (zumindest) die machtpolitisch wichtigen Bereiche Inneres (einschl. Polizei und Personalwesen) und Volksbildung.

12 Diese Verpflichtung zu detaillierter Berichterstattung gegenüber den örtlichen Organen der SMAD bestand auch in den anderen Kreisen der SBZ. Die Militärregierung informierte sich so umfassend über die Arbeit der Partei.

13 Es bleibt unklar, an welchen Befehl der Verfasser hier denkt. Möglicherweise liegt eine Verwechslung mit Befehl Nr. 253 vom 17. August 1946 vor, der allerdings nur eine gleiche *Entlohnung*, unabhängig vom Geschlecht, anordnete.

14 Die Banken waren durch Befehl vom 23. Juli 1945 geschlossen und unter die Aufsicht der Militärregierung gestellt, aber noch nicht endgültig verstaatlicht worden.

15 Es handelt sich hier um einen Durchschnittswert, nicht um eine verbindliche Einheitsgröße.

16 Die Bildung solcher LPG setzte, staatlich gezielt gefördert, Anfang der fünfziger Jahre ein.

17 Der Befehl Nr. 124 der SMAD vom 30. 10. 1945 regelte die vorläufige Unterstellung bestimmter (vor allem herrenloser) Industriebetriebe unter staatliche Kontrolle (Sequester). Die Mehrzahl dieser Betriebe wurde in der 2. Hälfte des Jahres 1946, nach einem Volksentscheid in Sachsen (77 Prozent waren dort für die entschädigungslose Enteignung der »Kriegs- und Naziverbrecher«) in »Volkseigentum« überführt und waren von nun an »Landeseigene Betriebe« (LEB), ab 1948: »Volkseigene Betriebe« (VEB). Andere, vor allem die industriellen Großbetriebe, wurden in Sowjetische Aktiengesellschaften (SAG) umgewandelt und arbeiteten für Reparationszwecke. Über den Gesamtwert der enteigneten Betriebe liegen im Westen keine präzisen Angaben vor. Der von Peter Bloch genannte Betrag ist als Schätzung anzusehen.

18 Die Politik des CDU-Vorsitzenden in der Frage der Bodenreform war leicht mißzuverstehen. Er unterzeichnete am 13. September 1945 zusammen mit den anderen Parteiführern im zentralen Einheitsfront-Ausschuß (Block) einen Aufruf, der die Bodenreform befürwortete, die Frage der Entschädigung aber nicht ansprach. Hermes brachte in dieser Sitzung gleichzeitig zum Ausdruck, daß die CDU eine entschädigungslose Enteignung nach wie vor ablehnte. Der Öffentlichkeit blieb diese Einschränkung jedoch zunächst verborgen. Für sie mußte die Unterschrift der Union unter der Block-Resolution als volle Zustimmung erscheinen. Vgl. dazu: Peter Hermes: Die Christlich-Demokratische Union und die Bodenreform in der sowjetischen Besatzungszone Deutschlands im Jahre 1945, Saarbrücken 1963, S. 34 ff. und Siegfried Suckut: Der Konflikt um die Bodenreform in der Ost-CDU 1945. Versuch einer Neubewertung der ersten Führungskrise der Union, in: Deutschland Archiv, Jg. 1982, H. 10, S. 1080 ff.
19 82 Prozent der Abstimmenden hatten sich gegen eine *sofortige* Vereinigung mit der KPD ausgesprochen. Eine *Zusammenarbeit* mit den Kommunisten war dagegen von fast zwei Dritteln befürwortet worden.
20 Gemeint ist der Block-Ausschuß der Parteien.
21 Hier unterliegt der Verfasser vermutlich einem Irrtum. Archivmaterialien ist zu entnehmen, daß neun Stellvertreter des Vorsitzenden gewählt wurden, unter denen sich aber nicht Peter Bloch befand. Er war in den *erweiterten* Vorstand gekommen. Erst auf dem folgenden Landesparteitag, im Mai 1947, wurde er zu einem der stellvertretenden Landesvorsitzenden gewählt.
22 Nach parteiinternen Dokumenten erfolgte der Wechsel im Generalsekretariat bereits im Dezember 1945.
23 Nach der veröffentlichten Fassung der Pieck-Rede ging er auf die frühere KPD-Forderung ein, schon vor der Vereinigung beider Arbeiterparteien mit gemeinsamen Wahlprogrammen aufzutreten und so »den Kampf für die Schaffung von Arbeitermehrheiten (zu) führen«. Zukünftige Wahlen in der SBZ sprach er nicht direkt an.
24 Ihre Memoiren erschienen 1958: Margret Bechler/Mine Stalmann, Warten auf Antwort. Ein deutsches Schicksal, München.
25 SMAD-Verbindungsoffizier zur CDU in der SBZ.
26 Heller ging 1950 in den Westen. Er verstarb vor wenigen Jahren.
27 Im Verfassungsentwurf der SED waren solche Forderungen noch nicht enthalten. Bloch greift hier offenbar der späteren Entwicklung vor.
28 Diese »Einstimmigkeit« ist nicht mit dem traditionellen Abstimmungsverhalten gewählter Körperschaften in der späteren DDR zu verwechseln. Die Fraktionen von CDU und LDP hatten im Landtag durchaus die Möglichkeit (und machten davon auch Gebrauch), abweichende Voten abzugeben.
29 Um die Vertretung der Parteien in der Regierung hatte es heftige Auseinandersetzungen gegeben. Obwohl CDU und LDP zusammen über eine Mehrheit im Landtag verfügten, war es der SED nach Intervention auch der SMAD schließlich doch gelungen, sich die Mehrzahl der Ministersitze zu sichern.
30 Wie auch weiter unten noch erwähnt, wurde Steinhoff 1949 Innenminister in der Provisorischen Regierung der DDR. Es erscheint daher zweifelhaft, daß er der Vereinigung von SPD und KPD nur unter Zwang zugestimmt hat.
31 Es ist bisher nicht belegt, daß Herwegen und Lobedanz auf Druck der SMAD in den Vorstand aufgenommen wurden. Auf dem ersten Parteitag wurden sie von den Delegierten in dieser Funktion bestätigt. Vgl. dazu auch: Werner Conze, a. a. O. (Anm. 7), S. 51.

32 Wie unten erwähnt (S. 92), hatte die CDU bereits im Dezember 1945 erste Schritte zur Bildung einer überzonalen Parteiorganisation eingeleitet.
33 Der Verfasser konsultiert hier offenbar (wie bei vielen seiner Ausführungen zur CDU-Geschichte außerhalb Brandenburgs) Werner Conze, a. a. O. (Anm. 7), hier: S. 63.
34 Nach der Darstellung von Elfriede Kaiser-Nebgen, die am Gespräch teilnahm, lehnte Schumacher mit diesem Argument eine *Verlegung der SPD-Parteizentrale nach Berlin* ab. Zutreffend bleibt dennoch, daß Schumacher auch das »Brücken-Konzept« für unrealistisch hielt (vgl. Werner Conze, a. a. O. [Anm. 7], S. 70 f.).
35 Aus taktischen Gründen hielt Adenauer mit seiner Meinung zurück: Er ging davon aus, daß dieser Vorschlag schon an der ablehnenden Haltung Schumachers scheitern würde. So kam es dann auch.
36 Vgl. zum Verlauf der Konferenz die detaillierte Darstellung von: Rolf Steininger: Deutsche Geschichte 1945–1961, Bd. 1, Frankfurt/M. 1983, S. 226 ff.
37 Diese blockpolitische Praxis war vor allem für die Jahre 1948–1950 charakteristisch.
38 Dem offiziellen Protokoll der Sitzung ist solche Kritik nur andeutungsweise zu entnehmen. (Vgl. Nachlaß Jakob Kaiser im Bundesarchiv Koblenz, Akte 134).
39 Gemeint ist der Peter Bloch gehörende Verlag. Er hatte seinen Sitz in Berlin-Schöneberg.
40 Auch dieser Parteitag war von zahlreichen Gästen aus den Westzonen besucht, wie auch der Verfasser noch ausführt.
41 Hier liegt offenbar eine Verwechslung vor. Diese Vorwürfe erhob später Jakob Kaiser gegen die Parteiführung unter Otto Nuschke. Das tiefe Mißtrauen Adenauers gegen Kaiser, den er bereits unter sowjetischem Einfluß wähnte, ist jedoch vielfach belegt und wird hier völlig zu Recht hervorgehoben.
42 Bei der Wahl Kaisers hatte es eine Gegenstimme, bei der Lemmers eine Enthaltung gegeben.
43 Es handelt sich hier um sinngemäße Zitate. Die SBZ war in den Forderungen zur Wirtschaftsplanung nicht ausdrücklich als Vorbild genannt worden. Vgl. zum Wortlaut des Schreibens: Dokumente der SED, Bd. I, Berlin 1952, S. 239 ff.
44 Ergänzende Informationen zu dieser Auseinandersetzung waren aus den zur Verfügung stehenden Archivalien leider nicht zu ermitteln.
45 Es handelt sich wiederum um sinngemäße Zitate. Die Begriffe »Volkskongreß«, »Volksdemokratie« und »Volkskontrolle« kommen in dem Schreiben nicht vor. Vgl. zum Wortlaut: Dokumente der SED, Bd. I, Berlin 1952, S. 254 ff.
46 Es liegen bislang keine Hinweise vor, daß diese Zahlenangabe unzutreffend sein könnte.
47 Vgl. dazu die ausführliche Schilderung bei J. B. Gradl: Anfang unter dem Sowjetstern, Köln 1981, S. 134 f.
48 Die Parteiführung wurde zunächst einem Koordinierungsausschuß übertragen, dem außer Nuschke und Dertinger auch die Landesvorsitzenden angehörten.
49 Die Zahl der Funktionsträger, die in den Westen gingen, war in der Tat hoch. Ob es wirklich die meisten waren, erscheint jedoch zweifelhaft, insbesondere wenn auch die unteren Führungsebenen einbezogen werden.
50 Peter Bloch spricht hier den Aufsatz von Günter Wirth an: »Zur Entwicklung der Christlich-Demokratischen Union von 1945 bis 1950«, ebenda, S. 1577 ff.
51 Die SED hat vermutlich andere Bezeichnungen, etwa »Kampftag der Arbeiterklasse«, verwendet.

52 Selbstverständlich gab die SMA den Feiern nicht diese Bezeichnung. Peter Bloch verwendet den Begriff im übertragenen Sinne.
53 Eine Delegation der Provisorischen DDR-Regierung unterzeichnete im Juni 1950 in Warschau eine entsprechende Erklärung. Schon vorher, im August 1949, hatten alle Parteien in den überarbeiteten Block-Grundsätzen die »neue Grenze« zu Polen anerkannt.
54 Die Funktion eines stellvertretenden Generalsekretärs gab es offiziell nicht.
55 In der Geschäftsstelle war zu Beginn der 50er Jahre auch das »Ostbüro« der CDU untergebracht, zu dessen Aufgaben die Betreuung von Mitgliedern gehörte, die aus der DDR in den Westen übergesiedelt waren.
56 Die Rückgabe enteigneter Betriebe blieb in diesen Monaten jedoch auf wenige Ausnahmen beschränkt.
57 Als erste Massenorganisation wurde im August 1948 der FDGB in den zentralen Block-Ausschuß aufgenommen.
58 Dieses Programm blieb bis etwa 1950 gültig und wurde dann durch den »Christlichen Realismus« ersetzt.
59 Ende 1948 verlor er seine Parteiämter und siedelte kurz darauf nach West-Berlin über.
60 Selbstverständlich bezeichnete die Sowjetunion selbst die Maßnahmen nicht als »Blockade«.
61 Im offiziellen Protokoll sind solche Äußerungen nicht verzeichnet.
62 Nach dem stenographischen Protokoll fand die Abstimmung geheim statt.
63 Bereits in den 1946/47 verabschiedeten Landesverfassungen der SBZ war die Gewaltenteilung nicht mehr verankert.
64 Gemeint ist nicht: ähnlich wie in Kleinmachnow, sondern ähnlich wie oben genannt: 66 Prozent Ja-Stimmen.
65 Peter Bloch meint dies im übertragenen Sinne. Selbstverständlich gibt es schon längst keinen sowjetischen »Hohen Kommissar« mehr in der DDR.
66 Nach anderen Quellen hatte der Offizier den Namen Smorra. Ein Protokoll der Sitzung ist veröffentlicht in: Siegfried Suckut, Blockpolitik in der SBZ/DDR 1945 bis 1949, Köln 1986, S. 521 ff.
67 Ein differenziertes Programm dieser Art wurde auch in den darauffolgenden Jahren nicht verabschiedet.
68 Ergänzende Angaben zu solchen Bemühungen Nuschkes liegen nicht vor.
69 Hier irrt der Verfasser. Die neue Satzung war am 25. Mai 1949 vom Erweiterten Hauptvorstand beschlossen und in Kraft gesetzt worden.
70 Nuschke hatte schon in seiner Eröffnungsrede mahnend darauf hingewiesen, »daß dieses Referat nicht zerredet werden darf«. Bewährung und Verantwortung für Deutschland. Reden und Beschlüsse der 4. Jahrestagung der CDU am 12. und 13. November 1949 in Leipzig, Berlin o. J., S. 15.
71 Das gedruckte Protokoll verzeichnet dagegen nach der Rede Nuschkes »Lebhaften Beifall« und nach der Steidles »Beifall«.
72 Gemeint ist der Block-Ausschuß.
73 Gemeint sind *Landes*minister.
74 Ab Oktober 1949: Staatssekretär im Ministerium für Außenhandel und Materialversorgung der DDR. Ganter-Gilmans verstarb 1955.
75 Die Schilderung dieses Besuches mag auf den ersten Blick sensationell erscheinen. Der Herausgeber hat Peter Bloch kurz vor dessen Tod darauf angesprochen. Er bestätigte ihm nochmals die Richtigkeit seiner Angaben.

Beim Versuch einer realistischen Bewertung dieser Episode sollte zum einen bedacht werden, daß Götting möglicherweise im Auftrage der DDR-Sicherheitsorgane gehandelt hat, etwa um »Abwerbepraktiken« der West-CDU bloßzustellen und das Übersiedlungs-Interesse nur vorgetäuscht war. Die (auch propagandistische) Folgenlosigkeit des Treffens spricht jedoch gegen eine solche Annahme. Plausibler erscheint ein anderer Deutungsversuch: Die führenden Christdemokraten jener Zeit sind, wie die breite Mitgliederschaft, ursprünglich Anhänger eines parlamentarischen Regierungssystems westlichen Typs gewesen. Mit ihrem Demokratieverständnis war eine volksdemokratische Ordnung sowjetischer Provenienz nicht zu vereinbaren. Wie vielen ihrer Äußerungen aus den Jahren 1948/49 zu entnehmen, lehnten sie etwa Einheitslistenwahlen und den gesamtgesellschaftlichen Führungsanspruch der SED entschieden ab. Als sich dann Ende 1949 auch für die DDR immer deutlicher der Weg in die Volksdemokratie abzuzeichnen begann, stellte sich für viele von ihnen die Frage, ob sie diesen Prozeß mittragen wollten oder ob nicht die Fortsetzung der politischen Arbeit in der westlichen CDU (noch) möglich und perspektivreicher sein könnte.

Politische Orientierungsprobleme dieser Art sind – in allgemeiner Form – auch von der DDR-Geschichtswissenschaft konstatiert worden, etwa wenn über Otto Nuschke geurteilt wird, daß sein politisches Handeln in jener Zeit »von zeitweiligen Widersprüchen und Irrtümern nicht frei war« (Gerhard Fischer: Otto Nuschke. Ein Lebensbild, Berlin 1983, S. 290).

76 Mit »offiziell« ist der Kurs in den West-Berliner Wechselstuben gemeint.

Mannheimer Untersuchungen
zu Politik und Geschichte
der DDR

Band 1

Parteiensystem zwischen Demokratie und Volksdemokratie

Dokumente und Materialien zum Funktionswandel
der Parteien und Massenorganisationen
in der SBZ/DDR 1945–1950

Herausgegeben von Hermann Weber
615 Seiten, DM 38,–

Band 2

Bernhard Wernet-Tietz

Bauernverband und Bauernpartei in der DDR

Die VdgB und die DBD 1945–1952
Ein Beitrag zum Wandlungsprozeß
des Parteiensystems der SBZ/DDR

248 Seiten, DM 38,–

Band 3

Siegfried Suckut

Blockpolitik in der SBZ/DDR 1945–1949

Die Sitzungsprotokolle
des zentralen Einheitsfrontausschusses
Quellenedition

620 Seiten, DM 58,–

Band 4

(in Vorbereitung)

Gerhard Braas

Die Entstehung der Länderverfassungen in der Sowjetischen Besatzungszone Deutschlands 1946/47

Ca. 460 Seiten, DM 48,–

Verlag Wissenschaft und Politik · Köln